経営学講義

―世界に通じるマネジメント―

寺岡　寛　著

税務経理協会

寺岡　寛

経営学講義

―世界に通じるマネジメント―

税務経理協会

目次

目次

目次

目次

目　次

最終回　革新について

導入　経営について

経営学とは何か

過去、名著といわれる著作には、書斎にこもって沈思黙考の末に完成したものもある。他方、そうして沈思黙考した内容が講義を通じて、受け手との相互作用・反作用のフィルターをとおして、一冊の著作として完成した名著もある。ヘーゲルの『歴史哲学講義』などはその一例である。

ヘーゲル（一七七〇～一八三一）は「世界史の哲学」の秋学期講義をドイツのベルリン大学で亡くなるまでの五年間行った。この講義はのちに、助手やヘーゲル自身が残していた講義録を基に、学生たちの筆記ノートも参考にしてまとめられた。『歴史哲学講義』としてまとめられた名称の割には、読みやすいのはこの著作のこのような出自によっている。

そもそも、歴史学や哲学なども含め、社会科学全般においてその研究結果などの消費者は誰なのだろうか。社会科学において、職人の世界のようにプロ用、あるいはアマチュア用という区分があるのだろうか。職人の世界においても、プロ用の道具を使った最終製品の消費者は一般の人たちである。社会科学においてもまた、そうではないだろうか。高度で難解な理論を駆使しても、その成果はやさしく最終消費者である普通の人たちに還元される必要がある。

一部の専門家だけに通じる理論などは、あってなきがごとくなのである。社会科学の目的はわたしたちの社会を「より良き方向」へと変えることにある。この意味では、あらゆる学問体系の成果は一部の専門家―そうした専門家といえども、専門領域が違えば普通の人たちなのである―のためではなく、広く多くの人たちに開かれ、消費されなければならない。

本書ではこの点を強く意識して、経営学について論じている。経営学「講義」という名称には、ヘーゲルの水準には遠く及びもしないが、わたしが経営学部や大学院ビジネス・スクールという場で学生―二〇歳代の若者から六五歳の社会人院生まで広範囲に含み―を相手にして論じてきたビジネスと経営学についての講義・対話録である。

経営学の消費者については、どんな人であろうと、財の生産やその流通、あるいはサービスの供給と消費においてビジネスに関わっている意味と範囲において、ほとんどの人がこの範疇に入る。こうしたビジネスに関する著作は、理論書から実用書まで含めわたしたちのまわりに実に多い。概して、産業化が加速化され始める時期から経営関係の著作が多く刊行されてきた。これは日本に限らず、欧州諸国、そして現在では中国においても翻訳書を含めて多くのビジネス関連著作が刊行されるようになってきた。

経営学のそうした著作には、経営理論を中心としたものを別として、さまざまな逸話とともに、ビジネスに関連する経験則も多く含まれている。それらの「教訓」には実際にビジネスに取り組んでいる経営者やビジネスマンから出た口伝的経験則もあれば、一般法則といえないまでもそれぞれの業界の人ならだれもが知っている常識のようなものもある。また、それらにはビジネスを研究している研究者が紡ぎだした文献的かつ考証的な経験則もあれば、明らかに孫引きといってよいものまである。

いうまでもないことだが、そうした経験則のすべてが実際のビジネスにおいて役立つとは必ずしも限らない。なぜなら、それらの教訓は一定の条件の下での自らの経験や知見などに基づいてつくられたものであるからだ。にも関わらず、経営者たちは自らの、あるいは他のそうした経験則を実践しながらいまに至るまでさまざまな企業や事業を運営してきた。

そうした経営者などの日々の営みによって、それぞれの地域において一定の企業が集積し、そうした企業の地域集積が一定の産業集積を生み出してきたのである。さらに、そうした産業集積を詳細にみれば、そこにはさまざまな規模と存立基盤をもった企業が存在してきた。それらには大企業もあれば、中小企業もあり、企業とはいえないような零細規模の自営業もある。

このうち、中小企業の「出自」をみると、地域外からやってきた企業もあれば、地域内で生まれた企業もある。いうまでもなく、そうした企業にはいずれも創業者がいて、起業に至るまでの個人の意思・葛藤・決断・踏ん張りがあり、さらにその後には事業継続への意思と仕組みがあって現在に至っているのである。大企業の場合には、そのような歩みはさまざまなエピソードとともに『社史』に記され、後世の人たちにも伝えられてきた。

きわめて残念なことだが、多くの中小企業の場合、経営者の引退とともに、その日々の歩みや奮闘から紡ぎ出されたような経験則は、歴史の彼方に置き去りにされていく。わたしは地域産業の調査などのときに、業界の古老からの昔話で、名もなき中小企業の名もなき創業者や経営者の謦咳に、間接的に接してその先進性や革新性に感動を覚えたことなど、いままでに何度もあった。

わたしに限らず、多少なりとも中小企業の実態調査に関わった者なら分かるように、とりわけ、初代経営者たちの創業やその後の事業展開に関わる話の豊饒性において、わが国中小企業の歴史的蓄積としての多様性、地域性、複雑性の豊かさに改めて気づかされるのである。そのような個別事例からわが国の産業形成史を捉えると、それら個別企業の歴史はさらに一層豊穣なものになるにちがいない。

そうした個別企業での日々の経営のあり方もさることながら、個々の中小企業の経営者たちが展開してきた技術、技能、市場の開拓に関わる諸行為については、それらをシロクロはっきりさせた単一・単層のガイドライン的な範疇などに取り込むことは容易なことではない。中小企業の個別性は一筋縄で捉えることのできない複雑性と個別性をもっており、そうした複雑性と個別性がつくりだす豊饒性こそがその国の中小企業文化そのものであり、中小企業の存立基盤となっている場合も多いのである。

実際のところ、経営トップの人格や性格に大きく依存する個別の中小企業における事業展開のやり方などは、そもそもビジネス・スクールで単一的なビジネスモデルを前提として教えること自体に対して、強烈な疑義をしばしば突き付けてくるのである。ビジネスがパターン認識化された経験則だけでなんとかやりくりできれば――これはこれで素晴らしいことだが――、これほど楽なことはない。つまり、Aという経営課題には、Aという対応パターンである対応策の実践というように、である。だが、経営はそれほど単純ではない。

ここで「経営」を多少なりとも単純化させて概念定義しておけば、それは経営資源の産入・産出に関わる営利行為である。換言すれば、産入資源、つまり、資本投下に対して産出、つまり利益額がバランスシート上などで大きく記載されれば、それは通常、大いに社会的評価を受ける経営となる。

では、反社会的行為など「なんでもあり」の行為が経営であるかというと、決してそうではない。経営とは「ある種の条件下で」行われた社会的営利行為であることを強く認識し、それを強く意識しておく必要がある。それは、近年、企業の社会的責任ということがいわれてきたことを思い起こせば容易に理解できるであろう。

この「ある種の条件下」ということでは、ある種とはその時期の社会的規範―社会的価値観―に関連する。過去においては労働条件の遵守であり、現在であれば、環境への低負荷が大きな社会的条件となっているし、また、ワーク・ライフバランスで強調されているように労働環境の整備もまた現在の大きな社会的条件となっている。

こうしてみると、経営とは産入・産出の効率性に関わる結果の営利行為であると同時に、その過程もまたきわめて重視されなければならない社会的営利行為なのである。経営とは、産入・産出という結果行為の単一性、たとえば、収益性の高い事業とか低い事業という基準に比べて、その過程は実に多様で多岐にわたり、人間性に富むドラマそのものである。それゆえに、ビジネスとは豊饒性に富むものなのである。

要するに、前者の結果行為にこだわれば、経営にはいくつかの単純化された類型があって当然であるが、過程論にこだわれば経営者の数だけ経営論が存在するのである。当然ながら、絶えず変化する経営環境に対して、いつも同じような対応が可能であるかというと必ずしもそうではない。原理や原則はあくまでも一定条件下の対応基準や標準的行為を示すのであって、実際のやり方にはバリエーション―多様性―が必要なのである。バリエーションを生まない組織や経営は一見、リスクを低減させているようにみえるが果たしてそうであろうか。

何が問題なのか

本書の特徴である。それは本書が取り上げた課題に関わる素材の多くは、わたし自身の三十年以上にわたる企業観察の知見だけではなく、いわゆる「経済小説」にも負っている。わたし自身についてみれば、役所の調査畑の出身であって、好況業種だけではなく、不況業種などの調査にも従事して、経営者のみならず従業員の方々にも接することが多かった。

そうした現実の姿の一端は学者や研究者などの理路整然とした論理的・理論的整合性の美しさを競うような学術論文の世界や、さまざまな調査機関の起承転結がきちんとした報告者などの行間に感じることはできても、その真実性は綿密な取材を重ねた優れた作家たちの作品にもあるように思える。不思議なもので、現役で調査を積み重ねているときには、わたしはそうした経済小説を読むことはほとんどなかった。それは眼前の事実を追うことに精一杯だったからであろう。

だが、いまの時点で、かつてわたし自身が調査した産業―いわゆる地場産業―の多くはその成長期を過ぎ、不況産業となり、そこに存立していた企業の数も大きく減少した。そのような現状はもっぱら倒産や廃業を通じた産業再編―実際には縮小整理―と言い得ても、決して成熟期とは呼べそうもない。もし、成熟期というならば、どれほどの企業が関連分野あるいは新規分野へと活発に参入できたのかどうかが改めて問われてよい。

そのような産業の栄枯盛衰を、実際の個別企業の経営者の謦咳に接することで、その現実的な姿を捉えてきたわたしには、その歴史的経緯を「国際競争力の低下」という一般法則的記述だけで済ますことは、ビジネスという人と事業の間にある豊饒性を支える狭雑物を取り除いた味気のないものとなる。やはり、そこにはビジネスに関わる人間臭いドラマがあったのである。そこから、これからの日本産業、さらに個別の企業の国際競争力を高めるための何かがありはしないだろうか。

よくよく考えてみれば、人生は矛盾と逆説―パラドックス―に満ちている。大学などでビジネスを「教えている」教員の多くには実務経験がほとんどない。では、実際のビジネスを知る経営者だけがそれを教えることができる実質的資質を有するのかといえば、これまた必ずしもそういうわけでもない。教育とはそのように単純なものではない。むろん、少数派ではあるが、稀に両刀遣いもいることはいる。

実際のビジネスもさることながら、ビジネス教育の難しさもそこらあたりにある。人の営みとしてのビジネスを学び、やがてそれを実践するには大学での一方通行的講義や、単に理論書を読むだけで済まされるはずもない。また、実務書や「がんばれ、若者」や「がんばれ、シニア」といった、およそ内容的に空疎な激励書で実際のビジネスをすぐに展開できるわけでもない。この中間を埋めるのがビジネス小説あるいは企業小説、経済小説であるといえるかもしれない。

本書の副題についてである。「世界に通じるマネジメント」という副題は、実際には、現実の企業の「世界に通じるさまざまな実例の本質を読み解く」としたほうが正確であろう。その種の類書もすでに多くある。そうした著作との関係でいえば、本書は経済小説そのものを論じ、読み解いているわけでもない。とはいえ、『経営学講義』だけでは硬すぎる。「人」と「事業」の間には実に多くのドラマと、その本質部分があるのである。そのような配慮と願いで副題をつけた。

すでに述べたが、本書はわたしが過去三〇年間ほどさまざまな企業の関係者にインタビュー調査を積み重ねてきたことを少しだけ振り返って、自分の直接的あるいは間接的なビジネス体験を記したものである。本書ではまとめにあたる終章をつけてはいない。結論は読者がそれぞれに描いてほしい。ビジネスのやり方にはいつもそうであるが、何通りものやり方があるし、また、あってこそわたしたちのビジネスが豊かなものとなるのである。経営学とはビジネスの発想に豊かさとその結果として社会に有用な成果をもたらすものでなければならない。経営学とはそのようなものなのである。

第一回　原理について

企業は何のため

大手食品企業で総務部長や関連会社の社長などを務めた大学の先輩を、わたしの教室に招いて、「企業論」を開講してもらったことがある。いまから十年以上も前のことになる。緊張する学生を相手に、彼は学生たちにイメージする会社の内部組織図を描かせた。黒板には販売部、製造部、経理部……が並んでいった。

そうした会社の組織図を前に、彼は「では、こうした組織を持つ『会社』とは一体、何のためにあるのだろうか」と学生たちに問いかけた。もちろん、さまざまな回答が寄せられた。「売上額を上げるため」、「利益を出すため」等々。最後に、彼は自らの模範解答を示した。「君たちの挙げた組織をもつ会社とはみんなが幸せになるためにある」と。「会社とは何か」という企業論の本質がこの凝縮された解答にあるとすれば、会社とはみんながワクワクする幸せな場であるに違いない。

ここでいう「みんな」とはもっぱらその企業の社員であるが、社員だけが幸せで、その幸せが立地地域の住民たちの不幸や株主などの不幸の上に成り立っているはずはない。必然、彼が言おうとした社員の幸せとは、その企業の関係者の幸せでもある。いま、これは「ステークホルダー論」という言葉と形でいろいろな側面から論じられる。

「幸せ」論に戻れば、「幸せ」とは、まずは社員たちが仕事を通じてそれなりの生活が営めることの幸せである。それは「衣食足りて礼節を知る」のたとえどおりである。この礼節とは衣食足りた「結果」だけではなく、衣食足りるまでの「過程」での礼節も含まなければならない。つまり、社員の礼節をもたらす幸せとは、楽しくてやりがいのある仕事から生まれるものであって、概して苦しくてやりがいのない仕事からは生まれ難いものである。

経済学理論のなかに「効用論」—Utility Theory—がある。財の価値をその生産の労働量ではかるのではなく、「効用」なる概念ではかろうというのである。効用の概念事例は、たとえば、消費の前提はその商品を購入することによって得ることのできる満足度であるとされる。むろん、「効用＝満足度」の恒等式は人、環境、時間において相対的なものである。

砂漠で餓死寸前の人は、パンと水を持っている人と、手元にあるきわめて高価なダイヤモンドを交換するであろう。だが、そのような事態は都会の真ん中でよほどのモノ好きでないかぎり、あり得ない経済行為である。このように、効用の尺度は時間や環境などの基準において相対的なものなのである。

これを承知でわたしたちの労働の対価である賃金に効用概念を適用するとどうなるのだろうか。苦しくてやりがいはないが、賃金がよい仕事の効用と、賃金的にはさほど恵まれていないが、楽しくやりがいのある仕事の効用との関係はどうであろうか。むろん、理想は楽しくやりがいがあって、賃金の高い仕事である。では、現実にそうした効用を高めるビジネスが果たして可能であるのかどうか。そのようなビジネスを本気で展開しようとすれば、経営者のやるべきことはあまりにも多いのである。これがビジネスに関わる原理論のすべてである。すくなくともわたしはそう思ってきたし、また、いまもそのように強く思っている。

そうであるなら、経営の本質とは社員やその周辺の人びとに幸せをもたらす仕事の環境づくりをどのようにマネジメントするかにある。そうした仕事の環境の整備からこそ、創造的で社会的意義を大いに感じる仕事と社員が育っていくものである。マネジメントに関わる本質論＝理想論はこのあたりにある。

ここでいう経営、つまりマネジメントとはただ単に経営の三要素――いわゆるヒト・モノ・カネ――の「管理」――Administration――や「統制」――Control――だけを意味するわけではない。だが、だれでも新製品の開発や新たな市場開拓のような創造的な仕事をしているわけではない。多くの人たちは製造現場や経理などの間接部門でいわゆるルーティン的で管理的な単純作業を多くこなしているのである。それはしばしば単調な仕事の繰り返しなのである。多くの人たちは果たしてそれを楽しいと感じるのであろうか。

もし、現実のルーティン的作業ですら楽しいと感じるには、その労働の先にある目的において、多くの消費者がその製品やサービスの消費行為を通じて幸せを感じることができる確証や信念がなければばならない。この意味では、ビジネスは働く人たちがそうした確証と信念をもちうる「ミッション(使命)」とそれをより明確かつ具体的に描いた「ビジョン(将来への見通し像)」を必要とするのである。これはビジネスに関わる原理論の拡張部分である。すくなくともわたしはそう思ってきたし、また、いまもそのように強く願っている。

だが、これらはあくまでもビジネスに関わる原理論であって、実際の経営スタイルについては、個別の細かいやり方を超えて「日本的」であるとか、「米国的」であるとか、「ドイツ的」であるとか、「中国的」であるとかが冠されて経営のあり方が論じられてきたし、いまも盛んに論じられている(*)。

＊　この種の経営文化論についてはつぎの拙著を参照のこと。寺岡寛『経営学の逆説―経営論とイデオロギー』税務経理協会、二〇〇八年。

日本的・経営論

たとえば、「日本的経営論」である。「日本的」ということであれば、日本人の多くが働く日本企業という組織において、規模の大小、事業分野に関係なく広く共通してみられる経営のやり方―スタイル―が、「日本的」ということになるはずである。もし、それがそのような組織に働く日本人の心情など、内的精神にまで心理的に深く掘り下げられ抽出された概念であるとすれば、この「日本的」なる概念については賛否両論が多彩に展開されて当然であるし、これからも展開されていくであろう。

実際のところ、日本的であるとされたのは、外面的に見える制度としての経営のやり方といって差し支えない。その内実とされたのは「企業内組合」や「長期雇用」という制度であった。とりわけ、後者の雇用形態が日本的経営の象徴的なものとされてきた。だが、わたしのような中小企業研究者にとって、企業内組合の是非以前に労働組合をもたない企業は中小企業で多く、また、長期雇用といっても四月一日付けの学卒一斉採用とそこからの長期雇用という雇用慣行もまた中小企業全般に見られてきたわけでもない。

現実の中小企業の経営者や従事者に実際に接することの少なかった従前の多くの経営学者たちにとって、もっぱらの観察対象となったのは一部の大企業であり、外国の経営学者もまたそのようにして日本企業を観察してきた。この観察結果が日本的経営論の中核部分を形成してきた。しかし、雇用安定度の現実の姿からいえば、日本社会では大企業と中小企業の間には温度差があったのである。ただし、その温度差が一九九〇年代後半から縮まってきた。これは大企業の「中小企業化」という表現で捉えることができる。

そこにはかつての大企業と中小企業との間にあった下請・外注関係が大企業の内部労働市場へも擬制化していった現実もある。「期間雇用」、「派遣」、「請負」などの形態を持つ不安定な就業形態としての非正規従業員の増加で、大企業の雇用形態そのものもまた変化してきたのである。これは「一組織二制度」体制といってもよい。

つまり、それは同じ日本企業とはいえども、そこには多くのフリンジベネフィット―住宅手当、福利厚生など―や昇格・昇給の機会が与えられた正規雇用層とそうではない非正規雇用層が一つの組織に同居するような組織である。これは何も民間企業だけではなく、終身雇用を代表してきた役所などでもそのような二制度が定着してきている。もしそれが実質的に同一労働であるにも関わらず、同一賃金以下であるとすれば、それは単に組織内の就業規則等の労務管理問題ではなく、わが国の労働法制のあり方の根幹に関わるものでもある。

こうした職場の雇用形態の二重性は組立産業である電気機器や輸送用機器の分野で典型的に見られてきたのである。日本を代表し、日本的経営の象徴でもあるトヨタ自動車などでもそうである。トヨタ自動車はゼネラル・モーターズ（GM）が経営危機に陥る一方で、好調さを維持し、日本的経営の健全さを象徴したことで、一般的な日本的経営論ではなく、日本的経営論のなかのさらなる日本的経営論が語られるようになった。

他方、経営危機に陥りフランスのルノー社の翼下に入り、ルノー社から派遣された外国人―非日本人―社長の下で厳しい雇用削減―グループ全体で一時期、一四％ほどの削減―が行われるなかで再建された経緯をもつ日産自動車の場合、好調さを持続したトヨタと対照的に、同じ日本企業とはいえ、日産自動車は日本的経営の行き詰まりを象徴した。

ただし、リーマンショック(*)後に雇用削減を行ったのはトヨタ自動車とて同様であった。それは非正規雇用者を中心に行われた。ただし、トヨタ自動車にとって、非正規雇用の形態である「臨時工」制度は従来から採用されていた。だが、その比率が顕著に増加したのはバブル経済崩壊以降であり、他の日本企業とも同様であった。

＊　リーマンショック―平成二〇（二〇〇八）年に米国の第四位の投資銀行リーマン・ブラザーズが破綻し、その影響が世界経済に及んだ。この背景には、前年の米国でのサブプライム住宅融資が住宅バブルの崩壊とともに行き詰まり、リーマン・ブラザーズはこの損失に堪え切れず連邦破産法第一一条の適用を申請し、実質上の倒産となった。これによりリーマン・ブラザーズ発行の社債や投資信託を購入していた企業などもまた大きな損失を被り、その影響はさらに各国の株式市場や実体経済に負の大きな影響を与えた。

一時期、トヨタ自動車の工場でも非正規雇用者が一万人を超え、工場全体の三割以上を占めた時期もあった。その後、世界の自動車市場も前述のリーマンショックなどの影響を受け、冷え込み、トヨタ自動車もまた生産調整に踏み切った。その際の雇用調整の対象はもっぱら非正規雇用者であった。日産自動車の工場でも同じような傾向がみられた。

ところで、自らも実際に労働現場での参与観察の経験―トヨタ自動車で二〇〇一年七月から三カ月半、日産自動車では二〇〇四年から一カ月間―をもつ社会学者の伊原亮司は、そうした雇用形態を持つ自動車工場の現場について、同じ自動車工場であってもトヨタ自動車と日産自動車では、現場の日本的経営手法は異なることを指摘する。

伊原は日産自動車との対比で、ドラスティックな雇用調整をすることなく従来のやり方を踏襲することで好調さを持続したトヨタ自動車の「現場」を考察している。伊原は期間工―期間従業員―について双方の特徴をつぎのように整理している（伊原亮司「日本企業の労働現場―トヨタと日産の『末端』に焦点をあてて―」『市場経済の多様化と経営学―変わりゆく企業社会の行方―』所収）。

㈠　労務管理方法―トヨタ自動車は直接面接し、期間工を採用する。日産自動車は自社募集せず、請負会社の採用した期間工を受け入れている。

㈡　研修制度―トヨタ自動車は導入教育プログラムを持ち、現場では組長が作業指導を行い、その後も正規従業員と同じような教育プログラムを経験する。日産自動車の場合、導入教育などは請負会社が行い、初日の作業指導は日産の指導員から職場で受ける。

㈢　賃金など雇用条件など―トヨタ自動車は直接、日産自動車は請負会社から支払われる。トヨタ自動車は満了慰労金や満了報奨金などもあり、契約期間を満了させようというインセンティブがある。正規雇用者と一緒のイベントや親睦会、地域ぐるみの盆踊り大会などへの参加機会がある。寮もあり、正社員と一緒に入寮する。工場と寮とは近く送迎バスがある。実際の合格率はきわめて低いが、正社員への登用制度もある。日産自動車には、請負会社の寮、自宅通勤、借上げアパートなどの選択がある。日産自動車には正社員と一緒の会社イベントなどへの参加はない。

㈣　雇用形態と職場の雰囲気―雇用形態に関係なく、トヨタ自動車では職場でのさまざまな取組みでの一体感が強調される。日産自動車では雇用形態ごとのグループができている。

伊原は㈠と㈡についてはトヨタ自動車と日産自動車の間で、勤務期間中に問題を抱えた非正規雇用への扱いに関しては顕著な差があったとして、つぎのように指摘している。

「トヨタでは、職場リーダーが、職場になじめない期間従業員を〝フォロー〟する。職場の人間関係がうまくいかない人、休みがちな人、不良品を頻繁に流す人に、何かと声をかけていた。〝トラブルメーカー〟であっても、すぐに辞めさせたりはしない。持ち場を替えたり面談をしたりして、どうにか契約期間は〝全う〟させようとした。」

日産自動車の場合は、そうした役回りを引き受けていたのはもっぱら請負会社の常駐管理スタッフで、職場になじめないなどのトラブルメーカーについては「日産の管理者が、労働者とはさほど密なやりとりをすることもなく、請負会社に『差し替え』を求める」とされた。

㈢について、伊原は非正規雇用者への関与ではトヨタ自動車のほうが日産自動車よりはるかに強いことを指摘したうえで、「期間従業員を主に活用するトヨタは、非正規労働者も直接的な管理下に置き、工場内外の行動を細部にわたり管理する。自ら採用面接を行い、配属前に新人研修を実施し、現場でも教育を施し、職場リーダーが中心となり『ケア』を行い、手の込んだ賃金制度で労働者から『やる気』を引き出し、『優秀』な非正規労働者は正社員に登用し、『周辺』に位置する労働者のモチベーションを高め、正社員と同じ寮に住まわせ、あらゆる行動を監視下に置き、『トヨタマン』としての意識を植えつける」と述べる。

同じ自動車企業であっても現場の光景として、トヨタ自動車と日産自動車は細部ではこのように異なることはわたしたちの興味を引く。両社とも品質重視でQCサークルなどを重視するとされるが、そこに両社の相違もあるという。伊原は㈣の点についてつぎのように指摘する。

「トヨタの現場では、正規と非正規が同じ『チームの一員』として行動を共にする。仕事前の朝礼、休息時間、終業後などに、組の全構成員が現場内に立てられているプレハブに入る。月に二度のQCサークルや不定期の品質対策会議にも、非正規労働者が『参加』……出席が義務づけられている。……『形式的』な面は否めないが、『一体感』が醸成される。……日産の非正規労働者も、組織上、どこかの組に属していた。朝礼時には組の全構成員が一堂に会す。……休息時、昼休み時、仕事の後は、正規と非正規とが分かれ、それぞれの中でも少数のグループで固まりがちであった。同じ『チーム』の中にも明らかな〝境界線〟が引かれており……トヨタと日産とでは、非正規労働者に対する職場管理のあり方にも違いがみられた。トヨタの方が、全従業員を『一体化』させようとして、正規だけでなく非正規の労働者の行動を細かく管理し、工場内外のあらゆる場や人を監視下に置こうとしていた」。

伊原がとりわけトヨタの工場という作業現場を通してみた「日本的経営」とは、トップやミドルマネジメントのレベルだけではなく、また、正規・非正規の従業者の区別なく「現場の内側にまで管理の手と眼差しを入り込ませ、高密度の労働を巧みに遂行させる。非正規労働者を活用しても、完全には『外部化』しない。正規と非正規とを待遇で分けながらも、露骨な『棲み分け』は行わない。……同じ『チーム』の一員として扱い、できる限り彼(女)らからも『コミットメント』を引き出そうとする。短期雇用者の管理にも、『日本的経営』の『要素』が色濃くみられる」と結論づける。

こうした視点から「ゴーン改革」が進められた日産自動車についてみれば、トヨタ自動車のような期間従業員制度を廃止し、「請負」と「派遣」を活用し、雇用調整をより「柔軟」に行ってきた。ただし、この点は、トヨタ自動車が世界シェアで有利な位置を占めてきたからこそ極端な雇用調整を実施しなくてよかったのであって、世界シェアの点でトヨタ自動車がその地位を低下させれば、日産自動車のような雇用調整を迫られた可能性もあったであろう。この種の議論はいつも卵（結果）が先か鶏（原因）が先かのいわゆるジレンマ的な課題設定に行き着くのである。

伊原は自らのライン作業員として働いた経験―彼の作業者として働いた期間の長短を考慮する必要はあるが―から両社の現場での労働強度について、日産自動車のほうが「比較的に容易に『手を抜く』ことができた」と前置きしたうえで、日産自動車のゴーン流改革を「トップダウンのドラスティックな合理化であり、強力なリーダーシップにより業績を急激に回復させることができたが、現場内部にまでは合理化が及びにくい」とその実情を分析してみせる。

こうしてみると、「日本的経営論」といえども、当然ながら現場においてそれなりにバリエーションがあるのであって、より本質的なことはどのような経営スタイルがそこに共通要素として貫かれているかである。この点では、ここ十数年来比重を増してきた非正規雇用層ではなく、むしろ正規雇用層のあり方が問われていると言ってよい。

多くの日本企業の正規雇用者の採用方針は、現在も依然として新規学卒一括採用であって、四月一日の入社式に象徴されるようなやり方にある。つまり、必要に応じて採用を増減させる外部労働市場に連動した雇用政策ではなく、新規学卒採用をベースにした外部労働市場から隔離された内部労働市場形成へのこだわりこそが日本企業の経営を規定してきたのである。

四月一日採用という点について、三戸公は『会社ってなんだ―日本人が一生すごす「家」―』で、「なぜ三月三十一日卒業四月一日入社か」を問うている。三戸はいう。「全国の新卒者がいっせいに、就職試験を受ける。そして、各社に配分・配置させられる。大学受験のときは、それでも二回三回もチャンスはあるが、入社試験はワン・チャンスしかない。それで一生の運命が決まると観念させられる。そうであれば、少しでも格の上の会社、将来性のある会社を受けよう、入ろうとする」と。「将来のある会社?」といっても数十年先のことなど、誰も分かりはしない。必然、とりあえず、せめて十年先ぐらいは大丈夫な会社を選び、二二～二三歳でしか「受験資格」を与えられない時期に一つでも二つでも良い会社を受けておこうという気になる。三戸は日本企業を特徴づける「日本的経営」なるものの本質の一端であり、日本の教育の現場を荒廃させたのは日本企業による「三月三十一日卒業四月一日入社」にあるとみた。

三戸はこのような日本企業は「職業人を求めていない。会社人間を求めている」とする。三戸は、日本企業はどの会社でも通用する「職業人」ではなく、所属する会社で通用する会社人間を求めているとする。三戸はそうした日本企業の組織原理は「家」の論理であり、「家」の維持・繁栄がその第一義的な目的・目標であることが日本的経営の本丸であるとみなしてきた。ここでいう家は血縁関係から構成される家族でもなく、基本的には経営体としての家なのである。三戸はつぎのように主張する。

「家は何よりもまず、経営体である。経営体だということは、労働の組織体、仕事の組織体だということである。血縁的人間関係としての家族制度が経営体にからみつき、合体していようといまいと、家はあくまでも経営体である。」

この経営体としての「家」の原理は、三戸によれば、血縁に関係なくそこに展開されるのは「命令と服従」、「温情と専制」、「命令と庇護」などの親子関係である。三戸の言葉で紹介しておこう。

「会社は言うまでもなく、経営体である。そして会社のメンバーの基本的人間関係は、目的遂行のための命令服従関係である。だが、それではまだ、会社は家となれぬ。外国の会社が家ではないように。日本の会社の命令服従の関係は、親子関係である。すなわち、恩情と専制の命令にたいする絶対服従、そして庇護の関係である。だからこそ、日本の会社は家である。……日本の会社は、家であり、社員は家族である。労働組合もまた、家族の集団でしかない。社員は、家族は、お家のためだったらなんだってやる。命ぜられたままにやる。会社＝家も、社員＝家族の面倒もみる。」

家族であるから、そこでの原理はそこに長く勤める期間を中心とした長幼の序列＝年功序列である。必然、中途採用者には居心地の悪い場である。

そうだとすれば、「三月三十一日卒業四月一日入社」という物心がつく前の「幼児段階」で採用して、命令服従の関係が当たり前と思えるように「仕込む」のがもっとも合理的となる。いろいろな会社でいろいろと経験して、さまざまな社会感覚と基準を持つ職業人よりは、自分の家＝会社と家族＝同僚・上司・部下しか知らない会社人のほうが「管理」しやすいことになる。

もし、日本的経営がそうした内部労働市場の維持システムと同義であり、それが終身雇用―規定退職年齢まで解雇がないという意味で―あるいは長期雇用にあるとすれば、そうした内部労働市場の維持はいうまでもなく企業の業績に大きく依存しているのである。実際のところ、日本のどのような企業であろうと、過去において経営危機に陥った企業は、その都度ごとに逆流防止弁のように余剰労働力を外部労働市場に排出してきたことを思い出してほしい。

ただし、景気変動に応じ一般従業員についてはレイオフが頻繁に行われ―景気が回復すればまた呼び戻され―、さらには、金融支援というかたちと範囲で、金融機関などから経営トップあるいは経営上の主要ポストに関わる人材が送り込まれ、それまでのトップ層と完全に交代するようなケースは日本においてはさほど多くなかった。

日本の労働市場

日本企業のトップ層の形成ということでは、いままでも内部労働市場内での昇格・昇任のスタイルがきわめて支配的である。要するに、大学新卒者であれば、二〇歳代前半で入社し、四〇年間ほどを同一企業内―むろん、関連会社などへの出向など含め―で過ごした場合の「上がり」がトップということになる。だが、すべてが内部労働市場だけでマネジメント・レベルの向上が図れればそれにこしたことはない。

だが、経営環境が大きく変化するときに、日本企業の対応が必ずしも迅速ではないことは、社内だけでそのような状況に対応しうる人材を確保できないことを示唆している。つまり、そうした時期にはむしろ積極的な外部労働市場に連動したような人材の登用を柔軟に行うことが日本企業の活性化にとって不可欠になってきている。グローバル化の時代において、日本の大企業がすべてと言わないまでも、欧米企業などと比べて必ずしも活発で迅速な動きをみせていないのは、内部労働市場と外部市場連動型のいわばハイブリッド的な人材登用のマネジメントのノウハウが形成されていないことの反映でもある。

四月一日の新規学卒採用から始まる内部労働市場型の人材育成は、日本の大企業がその量的成長の限界を迎え、質的成長に移行せざるをえなかった一九九〇年代にすでに大きな問題を抱えていたのである。実際の企業を題材にする作家の高杉良はその先頭を走るようなかたちをとり、結局のところ深刻な問題を抱えたオーディオメーカーの人事政策の失敗を『指名解雇』で描き、経営の原理とは何であるのかを問題提起している。

オーディオメーカーのエンパイアーパイオニアがモデル企業と思われる―は、創業者以来、オーディオ技術によって世界的にそのブランドが知られるようになった企業であり、初代が外部からスカウトした人材が後に社長となり、レーザーディスク事業を強力に推進し、それまでのスピーカー専業メーカーから脱皮して総合オーディオメーカーへと成長する。他方、エンパイアの所有構造についてみれば、個人筆頭株主は創業者夫人、長男、次男がこれに続いた。結果、三代目社長となったのは創業者の長男であり、次男が副社長となる。

そうした企業の人事第二課長であった木下は、新規採用担当であったにもかかわらず、アメリカ流のリストラを主張する副社長の意向でリストラ候補者のリストアップに取り掛かった同期入社の人事第一課長で、社内人事担当の佐々木と真っ向から対立することになる。高杉は木下につぎのように語らせている。

「生涯雇用がバイタリティーなり、ダイナミズムをもたらしている面は否定できない……最近の若い社員は会社への帰属意識が乏しいとか言われる。世代によってその差はあるとしても、生涯雇用を否定する人の方が圧倒的に少ない。」

ましてや、エンパイアは雇用調整をやらざるをえないまでに経営難でもなく、会社業績そのものは業界トップであり、今回の雇用調整はきちんとした社内手続を全く踏んでいない思いつきのようなものであり、それは不当解雇であると木下は憤る。

木下はこれからの業界を取り巻く経営環境の厳しさを実感させ、意識改革のためとはいいながら、役員会にもはからず、副社長の特命事項として、明確な展望もなく、員数合わせのようにして人事考課から評価の低い社員三十数名を思いつきだけで選ぶような作業に携わる同僚の佐々木と抜き差しならぬまで対立する。やがて、副社長のリストラ計画は社長や他の役員の知るところとなり、紆余曲折をへて経営会議で説明を求められることになる。副社長はつぎのように発言する。

「まず言っておきたい。それはリストラなどという大袈裟な問題ではない……わずか三五人の管理職に辞めてもらうというだけのことだ。それも札付きのダメ社員ばかりだ。……社員にインセンティブを与え、社内の引き締めを図るのが狙いで、リストラ、雇用調整などでは断じてない。……アメリカ企業のリストラの例をみると、日本企業の手ぬるさが厭でも実感できる。わたしは一年も前から人事部長に口が酸っぱくなるほど低考課の管理職を解雇するよう警告してきた。……勧奨退職はどこの企業でもやっていることで、三十年も四十年もそれをやらなかった当社のほうが異常だと言うべきである。温情主義で企業が存続できるほど環境の甘くないことを認識すべきで、これを機会にわれわれはもっと危機感を持つ必要がある。経営会議に諮らなかったことが諸君の不満らしいが、そんな大袈裟な問題でも重大な問題でもなく、事務的に、日常的に行われて然るべき問題だと心得てもらいたい。」

興味あるのは、新卒採用で入社し昇進してきた木下に、副社長の指名解雇を撤回するよう働きかけを頼んだ上司たちは、いずれも外部からスカウトされてきた人たちであったことだ。彼らは創業以来の家族主義をむしろ支持したのである。また、長兄の社長の意向など無視して勝手気ままにふるまう副社長などは、もし創業者の次男でなければ、果たして今の地位に昇格できたほどの能力をもっていたかどうか。皮肉にも、そうした外部人材の幹部たちこそが副社長の経営者としての器を甚だ疑問視した。場合によっては真っ先に副社長の指名解雇の対象となるのは、副社長のような人物であることがなんとも皮肉すぎるのである。

副社長と人事第一課長で極秘裏に進めていた指名解雇がやがて一般社員に知られることになり、また、新聞記事にもなる。御用組合といわれた社内組合も反発する。木下は指名解雇の対象となった社員はかつて大きな貢献をしたものの、適材適所という人事配置がとられなかったために最後のポストで低い評価しか得られず、また家庭の事情で十分な働きができないなど、そうした点を考慮に入れれば、彼らが指名解雇の対象となりえないことに気づく。

木下は機械的に現時点での評価によって、意固地になりなにがなんでも「生贄」的に指名解雇を実行しようとする副社長たちに怒りを顕わにする。反面、木下は年功序列だけの上司も包み込む家族主義にいら立つ若手社員の反発も受けていた。

日本企業の先頭を切って来るべきリストラ時代の先兵たらんとした副社長の思惑を越えて、エンパイアは同族経営、家族主義、右肩上がりの時代からの年功序列賃金制度、世代間の会社への帰属意識の濃淡に揺れ動くことになる。むろん、そうした社内の問題のほかに、日本社会の企業内福祉に依存しすぎた社会福祉制度上の問題がそこにもあったのである。むろん、これは単に一社だけの問題ではない。

たしかに、エンパイアを嚆矢としてその後にリストラに踏み切っていった日本企業のなかには、高くなりすぎた管理職給与の削減を図るために、年俸制を導入していったところもあった。年俸制の導入については、管理職たちにすぐに達成できないような高い業績目標を掲げさせ、できなければ翌年の年俸を切り下げ、さらにできなければ退職に追い込むような意図的な人事制度であると批判されても仕方がないような制度設計もあったのである。

こうした制度の導入が皮肉にもむしろ企業の活力を奪う結果となったケースもあった。より重要であるのは、人事における公平・公正な基準であって、社員の能力や経験に応じた適材適所の配置を行うことができる経営のあり方である。そうした基準が不明確なままに、あるいは、部下を判断する上司の評価能力の向上なくして、人事制度などはそもそも最初に意図したとおりに正常に動くはずはない。

小説では、結局のところ、木下は同族企業ゆえのわがままの副社長「天動説」を中心に動き始めたエンパイアを辞め、同級生が経営する会社―皮肉なことにこれもまた同族会社であるが―へと移る。高杉はその後のエンパイアの状況にはふれていない。参考までにエンパイアのモデルとした企業のその後をみておくと、同族経営が継承されつつも、同社は過去最高の利益を上げたが、その後は赤字部門のテレビ事業からの撤退が遅れたことなどでほぼ毎年、赤字決算を続けることになる。

たしかに、敗戦から立ち上がり高成長を続けてきた日本企業も曲がり角を迎え、低成長となることが予想される時代にあっては、成長によってポストと年功序列賃金を維持できたような人事制度は明らかに変革せざるをえないと認識した副社長の見方は、時代を先取りしたかたちとなった。

結局のところ、社内の猛反発のなかで、この生贄的指名解雇は子会社への転出などを含む緩やかなものとなるが、それでも社内の士気を大きく引き下げ、やがてその代償は大きなものになっていくことになった。そこに欠けていたのは、突然指名解雇の通知を受けた個別社員への配慮だけではなく、その先にあった「何のための」という会社の存立目的と、社員などが共有すべき幸せを達成しようというミッションであり、そのためのより具体的なビジョンであった。

ビジョンなき長期雇用は、容易にビジョンなき解雇へと転化しうるのである。元々、新規学卒四月一日の一斉採用を中心として形成されてきた内部労働市場依存型の企業経営は、当然ながら帰属企業への忠誠心を高めるが、他方でそうした企業への忠誠心を外の社会へと飛び出すことへの恐怖心と表裏一体のものとさせる。

と同時に、そうした内部労働市場依存型の企業経営は、非正規雇用という外部労働市場依存型の雇用形態のつっかい棒なくしては維持できなくなったのである。同一労働同一賃金の原則からいえば、新規学卒の若いころにその後の運命を決めてしまう不均衡な社会秩序がそこにある。人生には何回となくチャンスが与えられるべきなのである。

その結果、日本社会においては「会社」員の意識がなかなか「社会」人の意識へと昇華しない。そこにあるのは奥村宏たちが批判してやまない「会社主義」であって、日本社会全体の社会福祉基準の引き上げや、個別企業でバラバラの労働条件改善に無関心な多数の会社員を生み出してきた側面を無視できない。社内においては本工と臨時工―正規社員と非正規社員―、社外にあっては元請企業と下請企業との厳然たる格差が経営トップへの物言わぬ社内ムードを醸成してきた。

さまざまな産業で繰り返されてきた労働災害や不公正な取引の実態などをみると、改めて企業規模に関わりなく、あるいは、雇用形態に関わりなく、わたしたちの憲法が定める労働条件などの達成が必要であり、それこそが冒頭に掲げた「会社とはみんなが幸せになるため」のビジネス原理であり、そのためにどのようなマネジメントが必要であるかというビジネス原則が展開されなければならないのである。城山三郎や高杉良などの企業小説作家が、繰り返し取り上げたテーマの根幹はこの点にあるのではないだろうか。

城山三郎は倉敷紡績の基礎を築いた大原孫三郎（一八八〇～一九四三）の生涯を描いた『わしの眼は

十年先が見える』で、孫三郎の跡を継いでビニロンの工業化を成功させた息子の大原總一郎（一九〇九〜六八）が苦しい闘病生活のなかで「社内報」へ寄せた社員たちへの遺言ともいうべきメッセージを紹介している。

「第四二回創立記念日おめでとう……おめでたい創立記念のための条件は第一に、会社は日本あるいは世界において存在理由のある会社であるかどうか、第二に、この会社に働く人たちが本当に生きがい働きがいを感じているかどうか、にかかっています。……会社の中での会社対人、人対人の関係に空洞ができないようにするためには、どんなところに欠陥があったか、どうすれば、より明るい、より希望に満ちた職場となり、生活の場となりうるかをよく考えてみなければなりません。そして、すべての社会の幸福は一方通行では得られないことをよく考えて、互いに自分のもっている善意をつくしてあたたかい環境をつくり出すようにしていきたいものです。」

城山は大原總一郎のこのメッセージについて「会社は『一方通行』の組織であってはならないが、そこで生きがい働きがいを見出すのは『すぐれた人』であり、さらに一緒に働く人にまで楽しさや希望を与えるのは『非凡な人』である。やはり『受身』の人も多いのだから、会社はその人たちを含めて働く喜びが湧くように、環境を整えるべきである。……人生を、生甲斐を、人間をと、孫三郎以来の願いをあらためて訴える感じである」と解説を加えている。ここにビジネス原理の本質がある。

第二回 原則について

原理から原則へ

一般に、「原則」は「原理・原則」という言葉もあるように、「原理」と一体化させて論じられることがきわめて多い。だが、「原理」と「原則」はやはり異なるのである。原理は英語ではラテン語源をもつ「プリンシプル（principle）」である。原義は「最初」や「先頭」を表し、王や君主を指すプリンス（prince）や校長を指すプリンシパル（principal）と語源的には同一である。つまり、原理とは何をおいても真っ先に優先させなければならないことなのである。そこに例外はない。

他方、原則はルール（rule）であり、この言葉自体はラテン語源で「定規」から来ている。要するに、原則は原理の下位概念である。つまり、原則は原理という定規にそった行動規範といってよい。先にみたようにビジネス原理は、経営活動を通じてそれに関わる人たちが幸せになることを意図することである。それを実現するにはどのような定規、つまり原則が必要なのだろうか。わたしなりにわたしの考える五原則を列記してみる。

㈠　社外的―社会的―な正義・公正・公平への感受性の維持―企業としての持続性はつねに社会的

な正義・公正・公平と営利行為という企業の経済的合理行動の均衡―緊張―の上に成立している。

㈡　社内的な正義・公正・公平への感受性の維持―公正・公平な人事方針とその実施がこの原則のすべてといってよい。

㈢　地域経済への関与と貢献への強い意識―複数の事業所を各地域に抱えている企業も含め、企業はその立地する地域の栄枯盛衰と深い関係を有する。地域経済の活性化なくして地域企業の活性化はない。

㈣　組織の健全性とはそこに働く人の健全性のことである―人の集合体である組織は、個人の幸福の上に成り立ってこそ健全なものとなる。

㈤　組織として決して変えてはならない保持すべき部分と、時代に応じて自由に変えてよい部分の峻別―前者はビジネス観や経営理念などであり、後者は具体的なビジネスの展開方法などのことである。

一つめの点は、現在では企業の社会的責任論―CSR, Corporate Social Responsibility―として重要視されてきた。その表現は別として、ビジネスにおける最重要原則である。これは単に法律遵守とかいうような外部強制的なものではなく、より積極的にビジネスの価値をどこに求めるのかという根本的な課題設定でもある。ビジネスとは価値を価格に転換させることである。また、ビジネスに関わる原理とは「その事業に携わる人たちの幸せ」にある以上、そこでの企業行動を支える原則は、まずは、その事業の社会的有用性にあるのは当然すぎるほど当然である。

企業の行動は個人―家計―や他の企業にいわゆる外部経済効果を及ぼす。公害が典型的であったように、健康を害するような製品のみならず、その生産の過程で生じた有害物質等の遺棄は多くの社会的問題を引き起こし、社会にとって外部不経済効果を与える。これは製品やサービスに関わるものだけではなく、そこに働く人たちの労働条件から、企業が立地する環境や景観などの維持についても同様なことがいえる。

企業の正しい行動基準の前に、そこに属する人たちの健全な社会人意識が必要である。技術者であれば、その帰属組織の一員以前に専門家としての行動基準や矜持が必要であることはいうまでもない。新聞記者出身の作家真山仁は技術者としての良心と国や企業という組織の論理のなかで苦しむ原子力技術者を主人公とした『ベイジン（北京）』で、社会という「ヨコ」意識と会社という「タテ」意識の間の問題を取り扱っている。

中国の紅陽核電の技術顧問で運転開始責任者の田嶋伸吾は、日本の原子力発電装置の大手企業の大亜重工業の子会社である大亜エンジニアリングから、北京オリンピックの開催に合わせて原子力発電をスタートさせたい中国企業へと出向している。二〇〇八年八月八日午後八時の開会が迫るなかで、田嶋は中国人技術者たちと営業運転開始の準備に追われている。大連の近くに建設され、運転が始まれば世界最大となる紅陽原子力発電所はオリンピックと同様に、中国が世界の注目を集めることになる。

そうした緊張が走る原子力発電所のなかで、田嶋は「安全に著しい疑問が出たので、原子炉を停める。それが私の責務です」と原子炉停止を命じた。それを聞いた中国側スタッフの鄧学耕は「今日がどういう日が分かっているんですか。しかも核電は既に三日前から、出力一〇〇％の状態で何の問題もなく動いている。北京への送電だって始まっているんです。運転開始なんて、書類上の手続きじゃないですか。なのになぜ、この期に及んで停止するんですか」と田嶋と真っ向から対立することになる。

田嶋が原子炉停止を命じたのは、停電時に非常用電源として起動するはずの非常用ディーゼルエンジンの起動が期待できないことが判明したからであった。原因はディーゼルエンジンから軽油が何者かによって抜き取られて、規定の一〇％ほどしか軽油が残っていなかったのだ。ほかにも、原子炉付近の清掃も徹底されていないことにも田嶋は不安をもったのである。原子炉付近に少量の水たまりやシミがあっても、それが原子炉とは関係がないことが証明されないかぎり、取り返しのつかない大事故へと発展する可能性がある。

五輪会場の大スクリーンに発電開始の模様が映し出される予定の時間が迫る中で、ひるむことなく原子炉停止を主張する田嶋に対し、鄧は警察署長にその身柄を拘束するよう命令を下した。田嶋は「事故が起きた時、誰もあんたを庇ってはくれないんだ。わたしの判断を信じなさい」となおも抵抗する。党幹部の意向だけを気にする鄧に対し、原発という怪物の暴走の怖さを知る田嶋は、警察署長に「紅陽核電は危ない。俺の勘が、そう言っているんだよ。このままでは死人が出る……」と憤りをぶつける。

そこには、田嶋など日本から技術顧問として派遣された技術者たちの現場での安全への思いをはるかに超えて、中国指導部上層部の権力闘争も複雑に絡みあっていた。いうまでもなく、それは世界最大の原子炉の始動をめぐる技術上の単なる問題ではなく、北京オリンピックと中国の技術大国を象徴するはずの原子力発電所の起動をめぐる権力闘争そのものでもあった。この成功をテコに中国政府上層部へと上り詰めたい幹部たちの思惑が交錯していたのだ。

田嶋は原子力建屋や関連施設や設備などの信じがたい手抜き工事、政治家たちの思惑だけで採用されるほとんど素人同然の作業員、厳しくあるべき現場管理への認識の甘さ、軽油が抜き取られた非常用ディーゼル発電機などの状況の中で、原子炉停止を命じたのだった。原子力の怖さに麻痺している中国人作業員とのいざこざがインターネット上に流され、それを中国人蔑視と見なした中国民衆の激しい抗議のなかで日本に帰国させられたもう一人の技術顧問の門田は、かつて日本の原子力事故で友人を亡くした経験をもっていた。現場作業員の士気の重要性を知る門田が、中国人作業員に厳しかったのはそのためでもあった。真山はそのような状況をつぎのように描いている。

「──水滴を見つけたら、事故の端緒と思え！──門田は口うるさく言い続けた。細かさは、ひとえに安全運動に対する彼なりの哲学だった。多くの原発事故は人為的なものだ。気の緩みは慢心、そして危機感の欠如が招いた結果と言える。原発は、我々に素晴らしい恩恵を与えてくれる。だが、人間の心に隙が生まれた瞬間、神の火は、劫火に変わる。事故で命を落とした親友が、日記に記していた言葉だった。田嶋と門田はそれをコピーして、常に持ち歩いていた。原発が内包しているものを決して忘れないためだ。」

やがてこの杞憂が眼前の現実となる。原子炉が始動され、その様子が五輪会場の大スクリーンに映された。その後、原子力発電所は突然の停電に見舞われる。「さっきまでの不夜城のような明るさが消え去り、核電そのものが消失したかのような漆黒の闇が広がった」。直後、停電で冷却装置を作動できず冷却機能を失った原子炉の内部は空焚となりメルトダウンの危険に晒される。それはまさに福島第一原発の事故そのものである。

「五輪に向けた突貫工事のツケが重なった」ほかにも、配電盤室用に使われるべき不燃性のビニールテープが不燃性のものでなかった手抜き工事で、そこから出火した火災はあっという間に広がった。田嶋は警官等の拘束を振り切り、中国人技術者とともに発電所に戻った。田嶋は非常用ディーゼル発電機の作動を命じた。だが、軽油の満タンであった発電機はたった二台であり、電力を送り込めない。その間に、原子炉建屋の屋根が爆発で吹っ飛んだ。田嶋たちは貯蔵プールのバルブを開き、冷却水を原子炉に送り込もうとするが、それは大連上層部の関連企業の技師が工事に当たったものだった。それは誤って溶接され、バルブが固定されるという考えられない手抜き工事であった。

田嶋たちは急遽それを溶接で溶かし、バルブをなんとか開こうとするがなかなかうまくいかない。そのため、海水による冷却が試みられる。この小説は、真山が平成二〇（二〇〇八）年に発表したものであるが、その三年後に福島原子力発電所で起こった事故を正確に予想したような内容となっている。

ここで描かれているのは原発の怖さを知り抜き、安全性を第一義に考える現場の技術者たちと、経済性にこだわるトップ層との確執であり、日本のみならず世界の原発現場で繰り返されてきた悲劇の姿である。それが現実となったのが東京電力の福島第一原発の大事故であった。

改めて、企業としての持続性は常に社会的な正義・公正・公平と営利行為という企業の経済的合理行動の均衡の上に成立すべきものであることを確認せねばならない。

公正と企業倫理

そうした社外的な公正・公平はいうまでもなく社内においても留保されなければならない。それは企業のいわゆる社会的責任において、社内外で公正・公平性の温度差があってはならない。健全な内部告発は重視されなければならない。これが二つめの点である。

これについては、ピーター・ドラッカーの著作などがビジネスやマネジメントのあり方を考える上で多くの示唆を与えてくれる。ドラッカーの考え方の軌跡を知る上でわたしたちの興味を引くのは日本経済新聞社の「私の履歴書」への彼の連載である。これは後に『知の巨人―ドラッカー自伝―』というかたちでまとめられた。この中で、ドラッカーは大きな影響を受けた経営者としてあげるのは、ゼネラルモーターズのアルフレッド・スローン（一八七五〜一九六六）である。ドラッカーはスローンの誠実な人柄とともに、経営に対して私情は挟まないその公平な矜持についてつぎのような逸話を紹介している。

「経営者として注目すべきスローンの資質は私情をはさまないことだった。この点では異常なまでに徹底していた。本社のエレベータの中で新顔のボーイを見つけ、名前を聞いた時のことだ。『ジャックと言います』との答えが返ってくる。顔を真っ赤にして『私はあなたの姓を聞いているのです』と言い、しかも最後に『サー』をつけるのを忘れない。ボーイでさえこうなのだから、同僚に対してファーストネームを使わなかった。『職場で友人をつくるのは許されない。特定の人間を贔屓しかねないからね』。私もずっと『ミスター・ドラッカー』であり、戦後も含め親友と呼べるような関係にならなかった。」

ドラッカーはスローンの後継人事についても、「そんな調子だから、自分の後継者選びでも私情を排除した。自ら後継者を指名すると『うり二つの人間が選ばれ、そんな人間は必ずダメな経営者になる』。企業統治に対する認識が高まった現在でさえ、取締役会の指名委員会に後継人事を一任できる経営者はまれだ。それほどスローンは特異な存在であった」とスローンの人となりを紹介している。

ただし、ゼネラルモーターズのような大組織は他方において、社内だけではなく、社外においても多くの利害関係者をもっており、トップの専横はときにきびしくチェックされる。しかしながら、中小・中堅企業、あるいは、大企業といえども、とりわけ、所有と経営が分離されていない、いわゆるオーナー企業の場合、公正・公平な人事は「言うは易くして行うは難し」の格言通りである。人事問題が企業小説におけるもっとも大きなテーマとして繰り返し取り上げられてきたのはこのためだ。

高杉良などの企業小説に共通するテーマは、組織におけるいわゆる「適材適所」を欠いた人事政策の顛末であるといってもよい。そこにあるのは、一見、利潤拡大という経済的合理性を追求している企業といえども、内部に入ってみればさまざまな立場のさまざまな人たちの人生観、人間関係や思惑などが複雑に交錯するような感情の世界であることだ。そうしたなかで、いかに公正・公平な人事が困難であり、経営のトップになればなるほど、好き嫌いだけの感情ではなく、将来を見据えた合理的な判断が必要である。と同時に、そうした合理的判断を貫くためには、人びとの感情を十二分に忖度したやり方が求められている。

高杉良は、中堅損害保険会社の栄和火災海上で社長を務めたあと、代表権をもつ会長として、保身のために人事権を振り回すトップの姿を『人事権』という小説で描いている。栄和火災海上会長の石井の趣味は絵画である。石井は日曜画家として描いた二十数点の作品を、秘書室次長の相沢の慫慂を容れて個展を開催する。大手証券会社会長の田端は個展を訪れ、石井の描いた「ベニスの赤い家」を絶賛したことで、石井からプレゼントされることになる。

この後、石井には田端からお礼ということで一千万円の商品券とイタリア製の高級服地が送られてくる。相沢は石井からこの話を聞いて、石井に服地は別として多額の商品券はすぐに返却することを進言し、石井はその旨を連絡する。だが、結局のところ、石井は田淵の申し出を受け、二百万円を個展の開催に尽力したお礼として相沢に贈った。困った相沢は秘書室の関係者にも分配して受け取った。

田淵にそれなりの下心がないわけはない。半額増資を計画していた栄和火災海上はその引受証券会社を検討していたなかで、田淵の大手証券会社の引受シェアは必ずしも高くなかったのである。社内では、増資を証券各社にどのように振り分けるかについて、社長の山本などの意向を飛び越えて、石井から田淵の会社の引受シェアを高めるよう直接、指示が下された。むろん、石井と田淵の絵画をめぐるやりとりなど、社長の山本や役員たちが知る由もない。六十歳半ばを超えた石井は会長に退いたとはいえ、人事問題で社長と意見の対立などがあったときは、常にトップダウンで決定を下してきたのである。

高杉はこの構図を「二人の年齢差は八歳だが、石井の体力、気力の衰えと共に人事権も自然山本に移ってゆくと思えるが、少なくとも向こう二、三年は石井時代が続くとみなければなるまい。会長、社長の定年制が制定されないので、本人がその気になれなければ死ぬまで人事権を手放さない、ということもあり得る」と描いている。

石井の証券会社の引受シェア変更について、栄和火災海上の次期社長候補の一人と目されている常務の宮本は反対して、石井の支持通りの引き上げ幅をカットする。当然、社内にも石井からの突然の証券会社の引受シェア変更の背後に何かがあったと勘繰る動きも広がっていく。石井は宮本を専務に昇格させ、関西総合本部長へと異動させ、社長への昇格の途を断った。石井は社長の山本の説得にもまったく応じず、自らの意を通したのである。そして、相沢もまた関西支店へと人事異動となる。

仕事もでき、人望もあり、将来の栄和火災海上にとって必要な人材と見なされていた宮本が、相沢の石井に勧めた個展とその結果である多額の商品券のためにむざむざ埋もれることについて、高杉は相沢の心のうちをつぎのように描く。

「石井が代表取締役会長に君臨している限り、宮本の目はないかもしれない。巨大総合化学会社で八十歳をとうに過ぎた会長が人事権を放さず老醜を晒している例もあるが。そんなのは例外中の例外だろう。石井があと十年も人事権を握っているなんてこと考えられるだろうか。だが、六十二歳の専務の定年を考えると石井が退任するよりも宮本が栄和火災を去るほうが早いと見るほうがより可能性が高いとは言えるだろう。」

関西総合本部長となり、大阪に赴任したばかりの宮本にもプライベート上のさまざまなことが起こり、役員任期の二年を待たずして会社を去ろうとする。宮本はオーナー経営者が友人である会社へと移ることを相沢にほのめかす。ほどなくして、宮本は社長の山本に辞表を提出した。だが、山本は受理せず遺留に努める。「宮本程度の男は掃いて捨てるほどいると思うが、そんなにいいのかねえ」と突き放した石井に、山本は「いま宮本に辞められることは会社にとって大きな損失なんですから、会長も本気になっていただかないと」と説得し、宮本にも翻意を促し続ける。

この結末はあっけない最後となる。石井はクモ膜下出血で突然亡くなったのだ。こうしたなかで、石井が引こうとした次期社長への路線も大きく狂う。山本は宮本に次期社長を打診するが、宮本は固辞する。「しかし、自分にすり寄っても来ない宮本専務を後継者に指名しようとする山本社長は立派ですねえ。山本社長も副社長時代、石井社長の後を襲うために草履取りまがいの苦労をしたという話を聞いたことあります」と話す相沢に、宮本は「人間関係は好きか嫌いかでほとんど決まってしまうが、ちょっとしたことで好きになったり嫌いになったりいろいろあるもんだよ」と応じている。このあと、一旦辞意を表明した自分の言動に忠実で筋を通す宮本が社長になったかどうかには、高杉は言及してはいない。

三つめの地域経済への関与と貢献への強い意識はどうであろうか。地域への環境負荷の軽減だけではなく、地域の雇用の拡大・維持もまた企業の地域貢献の代表的なものである。地域に長く立地し、大きな成長を遂げなかったものの、すこしずつ年輪を重ねるように「急がず、慌てず」着実に事業を展開してきた中小企業も多いのである。伝統的な健康食品、肢体不自由な人たちのための補助具―病状の悪化や改善によって小まめな訪問と調整が必要である―などで注目すべき企業も多い。

とはいえ、企業小説としては、あまりにも地道で地味な取り組みを信条としてきたような地方企業を取り上げた作家はきわめて少ないのである。そうした興味ある事例は、むしろ中小企業研究者の論文やケーススタディーに結構埋もれているものだ。

個人と組織の間

四つめの組織の健全性と、そこに働く人たちの健全性は表裏一体の関係にある。これは二つめに挙げた点にも深く関係する。組織の健全性は社内的な正義・公正・公平への感受性の維持によって支えられるべきであり、その根源には組織を離れた個人の権利、尊厳、自由意思の尊重がなければならない。日本航空の御巣鷹山への墜落事故を扱った山崎豊子の『沈まぬ太陽』は、航空会社の安全と採算性との危うい関係を取り上げたと同時に、会社と個人との健全性の関係を取り上げている。

「東京大学法学部卒のエリート社員」の主人公恩地元は、転職した黎明期の航空会社でひょんなことで労働組合の執行委員長に選ばれる。正義感の強い恩地は、会社の経営陣と労働条件の改善などの交渉で激しくやり合ったために、会社による第二組合の結成がはかられるなかで、パキスタンのカラチ、イランのテヘラン、ケニヤのナイロビへと一〇年間近くの海外勤務を強いられることになる。

そうした恩地が日本へとようやく戻されたのは、一九七〇年代初めにニューデリーやモスクワで相次いだ航空機事故の直後であった。国内勤務となったものの、恩地は営業本部付きという社内身分で、仕事を与えられず、いわば飼い殺しの日々が続いていた。恩地は自ら再び海外勤務を願い出て、ナイロビ駐在員として、それまで現地で築いてきたネットワークを利用してアフリカ路線の充実に情熱を傾け始める。

自社機が整備ミスから群馬県の御巣鷹山で墜落事故を起こした後、名門紡績会社の経営者が首相などの説得に応じて旧経営陣に代わって会長に就任した。急遽、恩地はナイロビから呼び戻された。恩地は会長室部長となって旧経営陣の不正の是正など社内改革と取り組む。だが、会長は第二組合、旧経営陣の流れをくむ役員たちとの社内抗争のなかで、マスコミや政治家たちからも批判を受け、改革半ばにして辞任に追い込まれる。恩地もまた会長室が廃止されると、「沈まぬ太陽」の国ナイロビへと三度目の駐在となる。

この小説の実在モデルの人物とされた小倉寛太郎は、評論家の佐高信と『沈まぬ太陽』という小説の背後にあった航空会社の労働組合問題と、小倉自身の処遇問題について対談を行っている。このなかで、小倉は自らの世代の特徴として、「戦争が私の人間形成の上でというか、社会観の上でやはりずいぶんと大きく影響していると思います。私も人並みの軍国少年、そうしてみんなが騙されて多大の犠牲が出たということで、もう騙されないぞということがひとつありましたね。それで戦後の世の中、政治、経済、その他の動きを見ていても、ひょっとするとまた騙されかねない動きがでてきている。それは日本の国民の将来のためにも、われわれのためにも防がなければならないという気持ちは、若い時代であればあるほどありました」と語っている。

昭和五（一九三〇）年生まれの小倉は敗戦時に中学生であり、小倉の思いは昭和七（一九三二）年生まれの作家小田実の世代にも共通している。物事の道理を考え始める中学生にとって、敗戦後一夜にしてそれまでの価値観が一変したことは、人の依って立つ価値観はどうあるべきかを考えた世代でもある。とはいえ、同世代であっても、会社ではきわめて打算的に、あるいは長いものには巻かれろ、という同世代もいたはずである。小倉はこの対談で組合をめぐる分裂騒ぎで筋を通した人、会社公認の第二組合へと移った人たちをめぐって「打算の公認」が闊歩するなかで、これではまるで戦争中と同じではないかと思いを強くしたという。

小倉は組合が分裂し、航空会社は運輸省の強い管理下にあるなかで、トップの人事や採用人事も含め政治力学で決定されてきた――小倉の言葉では「国会で日本航空のＰＴＡができるというぐらい、国会議員の子弟、甥、姪がぞろぞろ」――状況そのものが、社員の無力感や安全性への過信を生んでいったことを指摘する。小倉はそうした企業風土では「外の風」を会社に入れる意味でも、組合の役割が重要であったことをつぎのように佐高に語っている。

「労働組合の第一の任務はいうまでもなく組合員の生活向上、権利の擁護でしょうが、ただ、今（二〇〇〇年当時―引用者注）の日本のようにこれだけ政治も経済もめちゃくちゃというところでは、組合の第二の任務というのはみんなはっきり認識したほうがいいかと思うのです。というのは、企業のいいかげんな経済、安全を無視した経営、そういう経営に対する監視役という役割、それをもう一度見直したほうがいいのではないか。（中略）それからこの前の臨界事故のバケツ問題（ＪＣＯ）にしてもそうで、あれだっておかしいと思った人が皆無だったはずはないんです。だけど、その〝おかしい〟という問題が提起できる風通しのいい職場であるかどうかで、事故の起き方が変わってくると思います。おっしゃるように、雪印もそうでしょう。

ですから、その点で、組合がしっかりしていなければ経営がもたないぐらい、今の経営者はみんな無責任で無能だと、もう、それを前提にして考えた方がいいのだと思います。残念ながら、組合は組合員の生活の擁護と権利の向上だけやって、経営はちゃんと経営者がやってくれるというような時代ではない。あまりにも無能、無責任な経営者が多すぎるのではないでしょうか。」

では、「優れた経営者の資質とは何なのか」という佐高の問いに対して、小倉は「面白いもので、優れた経営者は自分と違ったタイプの人間を育てるし、それから人間的器量の拡大再生産をします。ところが劣った経営者は自分のタイプでしか後進を引き上げない。しかも自分より人間的器量が大きい者は排除する。ですから経営者の器量の縮小再生産が行われていきます」と指摘する。これは、さきほどのアルフレッド・スローンの指摘と見事なまでに合致する。

こうした人事の先にあるのは、社内の不正・不正義に対して物言わぬ社員の再生産である。これは人の安全と生命に直結する航空会社だけではなく、食品分野などについても同様である。こうした物言わぬ社内風土の根幹には、人としての社員への人格の軽視があることはいうまでもない。小倉はこうした対談以外の場でも、自由な発言が許される雰囲気こそが企業を活性化、健全化させることを強調しつづけたのもこのためであったろう。

その反面、巨大企業の労働組合もまた巨大組織である。組合の指導者が本来の役割を離れて、その政治力と資金力を濫用すればどうなるのか。高杉良はかつての日本のトップを占めた自動車企業における社内政治の醜さを扱った『労働貴族』と『破滅への疾走』で、労働組合もまた組織運営の健全性を失ったときに多くの人びとを不幸に追いやることを描いている。

『労働貴族』では、日産自動車での川又克二と塩路一郎との関係が描かれている。日本興業銀行出身の川又は日産自動車で長くトップの地位にあり、社長を辞した後も会長職にとどまっていた。川又が労働組合トップの塩路一郎を重用するようになったのは、戦後の激しい争議のなかで戦闘的な組合に対抗するために、塩路に第二組合を結成させたことからであった。やがて、そうした関係は労使癒着となり、塩路は社内人事などにまで権勢を揮うようになる。そうしたなかで、日産自動車とトヨタ自動車の市場シェアは、両社間でますます大きな差が開くことになる。

高杉は『労働貴族』が実名小説ということもあり、経営上の合理的判断が下されず、社内の公正であるべき人事もまた歪み始めた企業の末路がいかなるものかを淡々と描いている。他方、高杉は『破滅への疾走』では、日産自動車を「一年を十カ月で暮らす〝大平〟といわれたくらいストが絶えない」太平洋自動車に、主人公の二人を高瀬英明と塩野三郎に置き換えてストーリーを展開させ、この自動車企業の内情を丹念に描き、その実態に肉薄している。

太平洋自動車―日産自動車―では第二組合が結成され、一年もかからないうちに第一組合は壊滅する。当初の第二組合委員長の宮原の配下で頭角を現したのは、私立大学夜間部卒の塩野であった。旧帝大系などエリート大学卒の社員の多い太平洋自動車にあって、労働組合という場で「出世」をめざす野望が塩野に芽生える。やがて、塩野はあらゆる手段を使って宮原やライバルたちをつぎつぎに追い落とし、潤沢な組合資金を私利私欲のために不正使用しながら―むしろ、本人はその意識はないが―、組合トップへと駆け上がっていった。

塩野は工場のライントップという強硬手段の実行をちらつかせながら、経営トップの高瀬との関係を強め、社内人事に大きな力を持つようになる。組合において塩野の方針に刃向えば、左遷が待っているような権勢を誇るようになり、太平洋自動車は、高瀬や塩野に対してもの言えぬ組織と化していくことになる。巨大な資金と人権権を握った労働組合のリーダーは、向うところ敵なしになる。高杉は社員の胸の内をつぎのように描く。

「人事という経営権の根幹に属する問題を労組のリーダーに真っ先に相談する社長も社長なら、それを吹聴する塩野の神経もおかしい。そういえば、太平洋自動車では生産現場の中核ともいうべき組長・係長の任命権が実質的に組合側にある……」

そうした社内政治が社内だけではなく、部品などの納入先との取引関係にまで及び始めると、その先にあるのは企業の存立危機以外の何物でもなくなる。事実そうなった。経済評論家の中沢孝夫は『破滅への疾走』に寄せた解説で、太平洋自動車─日産自動車─での一見「労使協調」のような社内政治の跋扈がどういう結果をもたらしたのかについてつぎのように指摘する。

「本来の仕事よりも媚びへつらいが優先され、『企業内の覇権』をめぐる労組と経営の確執により仕事が停滞し、一九五〇年代から七〇年代の後半まで、トヨタとシェアーを巡って一位争いをしていた日産は八〇年代に入って長期低迷に陥り、ホンダに追い抜かれるだけではなく、経営危機からルノーに実質的な身売りをせざるを得ない事態を招いたのである。クルマに限らない。品質・価格・納期・ブランド性あるいは技術といった経済合理性の他に、『社内政治』の要素が強く取引に混入すると、企業の体力がだんだん削がれてしまうのは当然ともいえる。……カルロス・ゴーンが協力メーカーの再編に乗り出すことができたのはそれ故である。ゴーンには過去の経過、つまりしがらみがなかったから、経済合理性で行動することができたのだ。」

組織の健全性に関わる原則は、労使癒着ではない健全な労使協調路線の基本であり、経営側であろうと労働組合側であろうと、貫かねばならないものなのである。

最後に五つめの点である。組織として決して変えてならない保持すべき部分と、時代の変化に応じて自由に変えてよい部分の峻別はいかにあるべきなのか。ときに前者は創業者たちが事業を興した精神であり、その後も永く事業を継承していく上で、守られるべき倫理コードともいうべきビジネス観や経営理念などである。変えてもよいことは、事業を具体的に継続させていく上での具体的なビジネスの展開方法などのことである。

企業倫理と個人

企業倫理―business ethic―コード（規定）たるべき経営理念については、日本経営史に大きな足跡を残した経営学者の土屋喬雄が、米国流マネジメントがもてはやされていた時期に、日本の長寿企業などを支えてきた底流としての経営理念を、丹念に彫り起すような地道で堅実な仕事を残している。

土屋は『日本経営理念史』で、安易に紹介されはじめた輸入経営学の跋扈の風潮について、「アメリカをはじめ諸外国の経営理念をも充分に摂取して、日本経営哲学を確立すべきである。自国の歴史・伝統という土壌を踏まえないで、外国の理念を直訳的に輸入することも、まったく無益と言うべきではあるまいが、弊害もあり得る」と指摘し、経営理念などは自国社会における経済人の歴史的固有性に十二分に注意を払ったうえで確立されるべきものであると主張した。借り物の経営理念は、所詮借り物にすぎないのである。

「経営理念」自体について、土屋はそれを「『経済人』の精神たる『資本主義精神』に対する対立理念」、もしくは「『資本主義精神』の崩壊の上に経営者の間に普及し支配しつつある」理念と定義づける。では、「経済人」の精神とは何であるのか。土屋はそれを「利益の極大化をひたすらに志向する営利至上主義・企業家エゴイズムの精神」であるとみる。要するに、それは資本主義経済＝市場経済制度の下で私利だけを求めることである。

こうした資本主義精神が日本社会にも浸透しているものの、他方でピーター・ドラッカーの『経済人の終り』などが日本の経営者に読まれてきたのは、資本主義の精神に結びついた「私的利益」の追求だけが経営理念であるべきなのかと自問する日本の経営者たちの現実の迷える姿があったともいえる。つまり、本来の経営理念には私利を超えた公共利益への視点がなければならないのである。

土屋はこうした問題意識の下に、渋沢栄一（一八四〇～一九三一）の研究へとやがて向かうことになっていった。土屋は渋沢が主唱した「道徳経済合一主義」―論語算盤説―に着目することになる。土屋は渋沢の『道徳経済合一主義』についてつぎのように指摘する。

「『論語算盤説』とも呼ばれ、『義利両全説』ともいわれた。……このような思念は彼の少年時代に芽生えたものであろう。渋沢が生まれた江戸時代後期の教育が儒教中心であった……彼は村方豪家の子として、少年時代に四書五経などの儒教の経典を学んだ。特に『論語』は、少年時代から最も尊重して学んだものであるが、重要なことは、その『論語』からの教訓の汲み取り方に、武士のそれと異なるものがあったということである。と言うのは少年時代の渋沢は……生家の家業すなわち農耕・養蚕・藍葉買い入れならびに藍玉の製造販売を手伝ったので、自然に経済問題に関心を持ち、したがって儒教に含まれた教訓中、経済問題に関係あるものには特に注意を払った。」

土屋はこうした渋沢が明治政府の役人の職を辞し、野に下るときに同僚たちに語った抱負をエピソードとして紹介している。引用しておこう。

「国家の基礎は、商工業にある。政府の官吏は凡庸でもよい。商人は賢才でなければならない。商人賢なれば、国家の繁栄保つべきである。古来日本は武士を尊び、政府の官吏となるを無上の光栄と心得、商人となるを恥辱と考えるのは、そもそも本末を誤ったものであって、わが国現在の急務は、一般人をしてつとめてこの識見を去り、商人の品位を高うし、人材を駆って商業界に向はしめ、商業社会をして社会の最も上流に位せしめ、商人は即ち徳義の標本、徳義の標本は即ち商人たるの域に達せしめなければならぬ。私は従来商業において経験に乏しいが、胸中一部の論語がある。論語を以て商業を経営し、……」。

渋沢栄一はこうした若き日に抱いた理想の確立には、まずは「官尊民卑」の打破と、さらに「論語」に見られる儒教を商業道徳の根本に据えることが重要であり、そうした商業道徳に支えられた民間企業の振興こそが日本社会の発展をもたらすとみたのである。

また、土屋は渋沢と同様に儒教道徳だけではなく、キリスト教倫理の影響の下に明治日本の事業家にも注目している。土屋はキリスト教徒の経営者の企業家精神と商業倫理のあり方も追い求めている。土屋が取り上げたのは、運輸・製材・銀行などの経営者であった金原明善（一八三二～一九二三）、大日本印刷などの佐久間貞一（一八四八～九八）、第一生命の矢野恒太（一八六五～一九五一）、伊勢丹の小菅丹治（一八八二～一九六一）、ノリタケなどの森村市左衛門（一八三九～一九一九）、グンゼの波多野鶴吉（一八五七～一九一八）、鐘淵紡績の武藤山治（一八六七～一九三四）、倉敷紡績の大原孫三郎（一八八〇～一九四三）、新宿中村屋の相馬愛蔵（一八七〇～一九五四）などである。

土屋がそれぞれの業界で一時代を築いたこうした事業家たちに共通して見出したのは、彼らは時代の変革期にあってある種の求道者として、いずれも私的利益と公共利益の間の均衡をつねに求めるような経営理念を掲げていたことである。しかし、わたしたちが再考すべきは、明治期の事業家の精神形成は江戸期の精神風土のなかですでに形成されていたのであって、それまでの封建性から解き放たれた私利追求がうなりを上げていく明治期以降ではなかったことである（*）。土屋が挙げた事業家のすべてといわないまでも、かなりの事業家たちは渋沢を筆頭に武士層でなくとも、儒教教育を受けることができた名望家層から輩出していることにも着目しておいてよい。

＊　この点については、つぎの拙著を参照。寺岡寛『学歴の経済社会学―それでも、若者は出世をめざすべきか―』信山社、二〇一〇年。

それゆえに、時の経過とともに世代交代が進むなかで、公共利益を考慮すべきかつての儒教精神に変わるべきものを追い求める内的精神を持たない事業家や企業家などの危うさを土屋は強く危惧し、日本企業による借り着ではない、ぶれのない自らの経営理念の確立を強く求めたのではあるまいか。

土屋が自国の歴史・伝統という社会的土壌を強調したように、個別企業の経営理念もまた他社から安易に借用して済まされるものではなく、それぞれの企業や経営者が経営のいろいろな局面に直面し、そこでの課題を丁寧かつ真剣に解決してきた道筋のようなものであり、時を超えて次世代経営者などに継承されうるものなのである。わたしは、土屋が主張した経営理念は先にみた五つの原則に合致したものであったと解釈している。

日本の敗戦処理に関わり、その後、貿易庁長官や東北電力の会長を務めた白州次郎（一九〇二～一九八五）は日本の敗戦から四半世紀が過ぎた昭和四四（一九六九）年に、占領軍のお仕着せ憲法という借り着から自分たちの身の丈にあった自らの新憲法の制定へという当時の光景のなかで、雑誌『職人』へ「プリンシプルのない日本」という論稿を発表し、戦後日本のプリンシプル―原則―の無さと戦後社会についてつぎのように苦々しく指摘している（白州次郎『プリンシプルのない日本』所収）。

「占領軍からのお土産品のデモクラシーも……新憲法も……かりものの域を脱しているとは思わない。我々のほんとに心の底から自分のものになっているとは思わない。新憲法なりデモクラシーがほんとに心の底から自分のものになった時において、はじめて『戦後』は終わったと自己満足してよかろう。……ここで思い出すことはプリンシプルのことだ。……日本の明治維新までの武士階級等は、総ての言動は本能的にプリンシプルによらなければならないという教育を徹底的にたたきこまれた……残念ながら我々日本人の日常は、プリンシプル不在の言動の連続であるように思われる。」

白州は当時の政治や外交に言及して「日本語でいう『筋を通す』というのは、ややこのプリンシプル基準に似ているらしい……何でもかんでも一つのことを固執しろというのではない。妥協もいいだろうし、また必要なことも往々ある。しかしプリンシプルのない妥協は妥協ではなくて、一時しのぎに過ぎない」と主張し、当時の日本政府の自動車産業への保護育成政策と自動車業界におけるプリンシプルの無さにも言及しているが、白州の主張は個別企業におけるビジネス上の原則を考えるうえでも重要な指摘ではないだろうか。

原則―プリンシプル―なき企業や経営者の存在はやがて役員たちの背信行為と隠蔽工作を招き、企業の消滅を生み出すことは、いままでにも繰り返されてきたいわゆる大型倒産などに豊富な事例をみいだすことができる。

また、役員ぐるみの損失隠しによって廃業に追い込まれた山一証券のケースや日本を代表する野村証券や大和証券、第一勧業銀行などの損失補償をめぐる総会屋や政治家を巻き込んだスキャンダルもまたプリンシプルなき企業の実態がいかなるものであるかを示している。

この意味では、ビジネスとはそうした原理・原則を追い求める過程であり、この過程の持続性こそがビジネスの原理・原則をさらに生み出していくものではないだろうか。

第三回　直観について

意思決定と直観

わたしたちは自らの日々の経験によって賢くもなれるし、また、愚かにもなれる。むろん、そうした経験には失敗体験もあれば、また成功体験もある。創業者である初代経営者と、その継承世代である次世代経営者との違いは、この経験の有無以上に、どの程度、失敗経験を乗り越えてきたかによって大きくもなれば、小さくもなる。成功とは最終的に失敗を乗り越えてきた者への褒美といえないこともない。

初代はそれまでのビジネス経験に基づいてある程度の見通しと成功を期待して起業する。だが、ほとんどの場合、多くの番狂わせが起こる初期段階、自分の力でもって獅子奮迅の勢いでやらざるをえない。必然、得意なことでうまくいっても、不得意なことで足を引っ張られる。創業期は、一歩前進、二歩後退を繰り返し、やがて二歩前進、一歩後退となり、ようやく事業が前進しはじめる。

この時期、往々にして、創業者は日常的で細々した些細な失敗から、自分のビジネスの屋台骨を揺るがしかねないような大失敗も経験することになる。起業後の五年間ほどを「死の谷」とはよく言ったものである。より正確には、「死なないために生きようとする」谷底といった表現のほうがぴったりする。

そうした失敗経験から学んだ者だけが苦しい創業段階を切り抜け、つぎの企業の成長段階へと進めるのである。だが、企業の成長はその後も順当に進むわけではない。経営環境は創業時からつねに変化し続けるからである。そこにはいつもマネジメント上の大命題が存在する。つまり、外部環境の変化と経営者たちの意識の変化は、なぜ同様にシンクロしないのか。それは経営感覚にはそれまでの成功体験という慣性力が働いているからである。意識変化はどうしても外部環境の変化よりは遅れるのである。

そうした変化を乗り越え、さらなる成長を目指そうとする経営者にとって、変化に対応するためにいくつかの大きな意思決定を実行することが必要だ。変化を受け入れ対応するための意思決定や大決断なしには、さらなる成功などは望めないのである。わたしは、ある時期、そうした経営者の意思決定—決断—のあり方に興味をもち、中小企業を業界トップ企業へと押し上げた経営者たちにインタビュー調査を重ねたことがあった—会ってもらうまでが実に大変であったが—。

たとえば、製造業分野の経営者たちは自社の命運をかけた設備投資や、あるいは、既存工場の閉鎖や工場などの再立地、研究開発への膨大な投資、予想もしなかった災害からの復興、ライバル企業との特許紛争などで、大きな意思決定をときに周囲の常識論を押し切って行っていた。

結果として、そうした意思決定はその後の企業成長に決定的な影響を与えるものである。では、そのような意思決定に当たって、どのような基準が決め手となったのか。経営者のなかには、最終的には「迷いに迷った末にカンに頼った」＝「直観」と応じた人たちも多かった。耳を傾ける分析者には実にやっかいな回答である。そこにあるのは当人のみが感じている暗黙知的な世界が広がっている。

直観による意思決定という回答は、計数的な数値という合理的な決定論を期待しがちな研究者―わたしも含め―をがっかりさせるものである。つまり、それは数字的なデータで裏付けされた経営計画を積み重ねた総和としての値ではない。ときに、それは計数を重視する人たちにとって虚数に近いこともある。あきらかに、そうした決定はそれまでの「連続的」なかたちとしての意思決定ではないのである。そこにあるのは、たとえば、財務諸表上のシミュレーションの結果、あるいは市場開拓計画とキャッシュフローとの連動性基準などによって、この程度なら大丈夫という末の意思決定ではない。むろん、このような試算は為された上での話ではあるが、そこにはある種のジャンプ、非連続的といってもよい判断がある。だが、あくまでも結果として、経営者のなかではそうした経験などが将来の経営環境等の変化なども考慮に入れられた、きわめて合理的なものであったともいえる。誰しも容易に真似が困難な、あくまでも幸福な結果論である。

実際には、大胆な直観的判断で危機を乗り切った事例以上に、失敗した事例も多いであろう。しかしながら、その種の調査を行った経験をもつ研究者なら納得できるだろうが、自らの倒産経験を積極的に語ってくれる経営者などは容易に見つかるものではない。わたしが調査ができた経営者たちは、いずれも失敗のあとにもう一度挑戦して再び成功を収めた人たちばかりである。

こうした成功と失敗を分ける分水嶺の危うさを承知の上で、ビジネスにおいて計数的な管理の延長上にある意思決定が可能な領域と、そうではない領域がやはり存在している。要するに、人にはパターン化された、あるいはパターン化されうる行動がある。当然、人の展開するビジネスにもそれなりにパターン化された部分も多い。いわゆる「成功パターン」論である。それらは財務など計数的に把握できる判断基準にもとづく。ビジネススクールで教えることのできるのは、パターン化されたビジネスに対するパターン化された対応というマネジメント手法である。これは火災における初期のマニュアルにそった消火活動のようなものである。

問題はパターン化されない事象への対応である。この場合、近似的にもパターン認識されないゆえに、人びとは往々にしてパニック—何も対応しないままにしておくことも含め—に陥る。要するに、人はパターン化された知識の在庫からしかパターン化された行動基準を見つけだすことができないのである。このことほど人を不安にさせることはない。それは海図がないままにとりあえず航海にこぎ出すようなものである。行き先のはっきりしない航海は人を疲弊させる。

実は、徒手空拳から始めたビジネスの局面においては、いろいろな意味と範囲で、創業者にはそれまでパターン化されない場面に出くわしてきた人たちが多いのである。多くの創業者は被雇用者—サラリーマン—から飛び出してきた人たちであって、給料をもらう生活意識から給料を自ら生み出し、給料を支払う側への意識転換にはそれなりの試行錯誤と苦労が要るのである。とりわけ、ベンチャーというそれまでのビジネスモデルにはない事業を展開するときはまさにそうである。

日本市場にとってそれまでなかったスペシャリティーコーヒー（*）・ショップの出店を思い立って悪戦苦闘することになったタリーズジャパン創業者の松田公平（一九六八〜）の経験もそうであった。コーヒービジネスとは全く無縁であった松田は、さまざまな失敗を重ねた創業初期のころからやっと一息つき、ビジネスの急成長を狙って次なる店舗展開を進めた。松田はこのころ、コーヒーショップチェーンの専務であった女性を副社長に迎えた。

＊ スペシャリティーコーヒー――世界的基準のような定義は存在しない。ただし、一般的に、産地・栽培農園・品種などを詳しく表示して、特別の気象条件などをもった産地のコーヒー豆の持ち味を引き出す焙煎で提供する「特別なコーヒー」のようなイメージである。

松田は彼女の入社によって確実な成長を大いに期待した。だが、彼の期待に反して、彼女は自らが絶大な自信をもって主導した新規出店で手痛い失敗を犯したという。そこにあるのは、彼女が過去の成功というパターン化された意思決定からなかなか一歩も二歩も踏み出せず、失敗を失敗と認められないある種のパターン行動であったという。彼女は自らの失敗を自らの失敗として認めなかったのである。

より正確には、彼女は自らの失敗を認めることができなかったのである。彼女は、悪いのは彼女自身の判断ではなく、彼女の判断を受け入れることができない客の「誤った」判断にその失敗原因を求めたのである。これは彼女のなかにあったかつての成功者としての誇りと驕りに起因していた。松田はこの顛末を自伝『すべては一杯のコーヒーから』でつぎのように語っている。

「私はこの一件で、社運を左右するような重大事項は必ず自分が最終決断をすることの重要性を改めて学んだ。たとえ理論的には正しくても、何か嫌な『空気』を感じるものには手を出さない。……情報を重視し、徹底的に分析は加えるが、理論だけでは決められないことも多いのがビジネスなのである。『カン』に頼って最後の決断を下すというのは、唯一、経営者だけに与えられた特別な権限だと信じている。」

わたしは「『カン』に頼って最後の決断を下す」ことのできるのは創業経営者に与えられた大きな特権とする松田の意見を支持する。企業がある程度の成長を遂げた段階で継承した次世代経営者にとっては、徒手空拳から創始した第一世代と比べてすでに守るべきものが大きく、また多いのである。そこには初代とはまた異なった心情の判断基準がある。

大阪南部で繊維業を一代で興した創業者と二代目経営者にインタビューをしたことがあった。もう二〇年以上の前のことだろうか。日本の繊維業がますます苦しくなるなかで、その企業はコンピュータ付きの革新織機を全面的に導入するなど巨額の投資を行っていた。会長となっていた創業者の独断ともいえる意思決定であった。彼はわたしに昼間からブランディーがたっぷり入った紅茶を勧めながら、つぎのように言った。

「多分、息子にはこんな大規模な投資ができないだろうな。アジア諸国からの厳しい追い上げのなかで、会社の起死回生をかけてわたしは一生懸命やる。どうせ、失敗しても、最初のようにゼロとなるだけじゃないか。」

その傍で、息子の社長が「わたしなら怖くてやれない意思決定だった」と言っていたことをわたしはいまでもよく覚えている。同じような話は、軍隊から復員後に創業した婦人服企業を一代で大きく成長させ、それまでの量販店向けの商品から専門店向けへと大転換させた創業経営者からも聞いたこともある。「この転換に四苦八苦した最初の一年間はよく眠ることができた日などなかった……」と語った彼のことばが印象的であった。いうまでもなく、周囲の経営幹部たちからの猛烈な反対の中での創業経営者の下した大きな意思決定であった。

あるいは、大阪府下でビニール卸業を創業し、やがてビニールを接着させる機器を作っていた町工場を買い取り、高周波を使った接着機器の開発・製造会社を興し、さらにその技術を使って医療機器へと進出した初代経営者にインタビューした経験がある。初代は技術者養成の専門学校を出たわけでも、大学で経営学を学んだわけでもない。傍らで東京の有名私大を出た専務―彼の長男―もまた「わたしにはできない決断であること」を語っていた。だが、やがて初代は去り、二代目が経営トップになれば、いつの日か同じような決断を迫られるに違いない。

作家の高杉良は、戦時中に大阪で興した小さな町工場を一代で日本を代表する化学メーカーへ―㈱日本触媒―と育て上げた八谷泰造（一九〇六〜一九七〇）を描いた『炎の経営者』という実名小説で、創業経営者ならではの周囲の常識的判断を超えた意思決定にまつわる逸話を紹介している。

大学で化学を専攻したわたしは、同様に化学専攻であった八谷の同級生たちやあるいはその恩師筋にあたる人物がわたしのまわりにもいて、八谷の技術者のみならず経営者としてのスケールの大きさについて講義中に何度も聞いた記憶がある。

八谷は全くの素人から化学事業を興こしたのではなく、大阪大学で工学博士を取得していることからもわかるように自らが研究者であり、戦前には化学工場などで技術者としての経験もある。八谷は化学者であり、技術者であり、経営者であろうとしたのである。必然、怖いもの知らずのビギナーズラックに期待するような人物でもない。

八谷は新しい工場建設などの決断で、化学技術者らしく専門的に緻密な計算をしたうえで、最終的には、周囲の人たちの反対を押し切って当時としての破格のスケールの化学プラントの建設に乗り出している。八谷にはやがて時代が自分の見通しに追いつくという直観があったのである。

同じように、ヤマト運輸で宅急便事業を新たに興すことで父親から受け継いだ運送業を再生させた小倉昌男（一九二四〜二〇〇五）の決断も、また彼の直観から切り離して論じることができない。時代は小倉の直観に追いつくのである。

戦略論と直観論

こうした経営判断上の「直観」について、米国コロンビア大学ビジネススクールで「戦略論」の教鞭をとってきたウィリアム・ダカンによれば、直観とはある種の「ひらめき」であることを強調する。ただし、彼が説くのは「漠然とした予感や本能的な」感情の一形態である「単なる直観」とは一線を画す「戦略的直観」の重要性を主張する。彼はこの戦略的直観について、『戦略的直観―人の偉業のに指摘する。
創造的ひらめき―』（邦訳『戦略は直観に従う―イノベーションの達人に学ぶ発想の法則―』）でつぎのよう

「感覚ではなく思考なのだ。明確で傑出した思考をもたらす突然のひらめきが、人々の脳裏にある霧を晴らす。ひらめきを得た瞬間、感情的に高揚しつつも、思考自体は冷静沈着である。ついに自分が進むべき道が明確となり、気持ちが高ぶってくるだろう。即断とも異なる。即断とは厳密にいえば『専門的直観』であり、過去の経験値から瞬時の判断を下す。瞬間的な思考の一形態である。」

ダカンにとって、直観、とりわけ、彼のいう戦略的直観とは感覚ではなく、思考なのである。人はひらめきなど直観を合理的思考から全く遊離したものとみなすために、そうした直観にもとづく判断や意思決定の正しさを疑うのではないだろうか。もし、直観もまた合理的思考の一環であるとすれば、直観への考え方も変わるのはいうまでもない。

ダカン自身はそこに合理的思考の正当性を見出そうとしているように、わたしには思われる。そこで、ダカンのいうこの「専門的直観」と「戦略的直観」のあり方とその特徴について、わたしなりに整理しておこう。

「専門的直観」―「人は仕事に精通するに従い、類似した問題をパターン化し、処理スピードを上げることができる。この瞬間、専門的直観が作用している。……専門的直観は、過去の経験と未知の世界の間に何らかの類似点を探し出し、戦略的直観の到来を待たずに即断を下してしまう可能性がある」。要するに、パターン認識の豊富さがしばしば専門性の高さ―専門的直観―とされるのである。

「戦略的直観」―「専門的直観のスイッチを意図的にオフ」―先入観など―にして、過去の経験や事例などの関連性に拘泥せずに、新しい事象などのつながりを重視するなかで戦略的な直観が出てくる可能性がある。過去の成功体験というのは専門的直観のスイッチに連結しているものであって、かなり意識しないと、そのスイッチを切ることはそう容易なことではない。

この二つの直観比較において、ダカンは「ひらめき」に関する最近の脳科学や認知心理学などの成果にも依拠しつつ、たとえば、科学上の発見などは最初から既存の価値観や見方などから遊離したところで起こってきたことを指摘する。ダカンは、まずは目標を設定して取り組むこと自体からひらめきが起こる可能性を疑問視しているのである。つまり、ダカンの説くところは、「まずは目標を設定するな」となるのである。前述のスイッチを「オフ」にするとはこういうことなのである。

その理由について、ダカンは「一般的には、成功を収めるにはまず目標を設定し、その目標に向かって邁進せよと教えられる。しかし、これは現実的でない。達成すべきは目標の設定そのものが、ある種の成功といえるからである」とする。とりわけ、この視点は新たな商品・サービス開発のマネジメントにおいて重要である。何を作り出すのか分かれば何も問題はない。だが、何を作りだせば良いのかが分からないからこそ問題なのである。その何かを探ることが真の意味での研究開発力や創造力なのである。

たしかに、人の思考はどこに目標を置くか、あるいはその思考枠によって、規定される。同じような目標に関わる過去の営みと自分の現在目標との間にある種の類似点を見出そうとすれば、そこにはダカンのいう専門的直観が働く余地が生まれてくる。反面、戦略的直観は生まれ難くなる。生まれ難いがゆえに、生まれれば、それは大きなイノベーションを登場させることになる。

ダカン自身はそうした戦略的直観の持ち主を、マイクロソフトのビル・ゲイツ（一九五五～二〇一二）やグーグルのロシア生まれの創業者サーゲイ・プリン（一九七三～）などに求めている。では、アップルの創業者のスティーブ・ジョブス（一九五五～二〇一一）はそうでないのか。ダカンはビル・ゲイツなどを新しい産業としてのＩＴ産業の興隆を生み出したとみなすものの、アップルの登場がパーソナル・コンピュータの登場を促したが、新しい産業を生み出したわけではないとみているからであろう。

では、この種の直観とは生まれつきのものなのか、あるいは後天的に身につけることが可能なのだろうか。この種の議論と事例展開は必ず最終的には教育論に行きつくものである。ダカンもこの点を自問している。ダカンのいう「ひらめき」などの戦略的直観は教育によって獲得することが可能であるのかどうか。むしろ、それは日々の実践などのなかで失敗などを重ねながら形成されるものであるといえないだろうか。

たとえば、本田宗一郎や井深大はともに企業の研究開発戦略において直観や直観力の役割を強調した経営者であったことで知られている。彼らは自らの経験にもとづき、実践という教育の場でこそ身につくことを語っている。

このうち井深についてみれば、『わが友本田宗一郎』でラジオやテレビの開発における自らの取り組みを振り返って、本田と同様に直観をきわめて重視したことをつぎのように語っている。

「論理も何もなくトランジスタにとびついたのですが、ラジオで使っていたゲルマニウムのトランジスタでは、テレビの大きな出力には間に合わず、たいへんな苦労をしました。結局、シリコンのトランジスタを開発し、最初はクロマトロン式でやったのです。これは失敗しました。直観で動いていると、こうしたことも起こりますが、この失敗がのちのトリニトロン方式の成功につながりますし、このときの苦労のおかげで、日本の半導体技術も進んだと思っていますから、直観に頼るのも悪いことではありません。……

本田さんも私も理屈を考えずに、『よさそうだ』と、なにかカンというか、直観的にひらめいたことには、パッと飛びついていくところがあります。とくに私など、本田さんにくらべると、理屈っぽいように思われているようですが、案外、カンに頼ってきたようなところがあるのです。」

ここでいう「カン」とは単なる思いつきといった単純なものでなく、またダカンのいう「専門的直観」でもないと解釈しておいてよい。本田自身も井深との対談で「僕等も随分仕事をやってね。直観力で、あっ、こうやったほうが早いとか、いろいろあるんです。やると、その通りになっちゃうね。その時は正当に考えたんじゃないですものね。直観力でやっているうちに、それ自体が本当に正当化して、どんどん動いていいるね……」と応じている。

本書の「技術について」でもふれるように、本田宗一郎や井深大には、それぞれの技術分野において目指すべき明確な理想像―「こういうものをつくろう」―があり、「それ以外のところは、それほど深く考えない」でより本質的なところにこだわったことで、小さな失敗に打ちひしがれないことがカンやひらめきを産んだともいえないだろうか。

本田宗一郎のエンジン開発においても、自然法則的にあるべき姿―根本原理―を追い求めることで、枝葉末節にこだわらずズバッと本質を求める理論派的側面から生み出された直観的発想が意外に強かったのではなかったろうか。

失敗と直観の間

ここで井深のさきほどの指摘に再度戻っておけば、それは製品開発における連続的技術蓄積の上に立ったやり方と、そうではなく、非連続的な技術開発の上に立ったやり方の違いを強く示唆している。後者は一見、非連続的な感じを与えるが、それは理論的・原理的発想から出ているゆえに、前途に克服すべきさまざまな障害がすぐに立ちはだかる。そうした場合、人は過去の経験を生かしてなんとか改良的に難問を解決しようとする。そして、それがしばしば小さな成功を生み出すことによって、最終的に大きな壁を築くことになる。そこで、人はあきらめる。他方、理論的・原理的発想にこだわれば、最初から大きな壁と失敗が立ちはだかるが、克服すべき課題がより明確になるのである。

なお、井深は失敗について「本田さんにしても私にしても、ひとつのことを成功させるために、ずいぶん失敗を繰り返しています。その失敗のひとつひとつが、アイデアやひらめきを生む〝材料〟になってくれるのです。本田さんは、繰り返し、失敗のだいじさを説いています。最後の対談のときでも、『何千でもいいから、お釈迦になってもいいから、作ることだね。もったいないようだけど、捨てることが、一番巧妙な方法だね。捨てることを惜しんでいる奴は、いつまでたってもできないね』と、失敗のすすめを強調されていました。」

ここでいう「もったいないようだけど、捨てることが、一番巧妙な方法だね。捨てることを惜しんでいる奴は、いつまでたってもできないね」とは、「捨てること」が実はそれまでの努力を無駄にするということを意味しているのではない。むしろ、それは逆の効果を及ぼすのである。つまり、失敗を失敗と認めることは、並行して別のルールを追い求めるエネルギーへと転化することなのである。もちろん、最初から失敗を目指して失敗をする人などいない。だれでも成功を目指して失敗するのである。技術における失敗は技術開発などにおける直観力養成の必要コストであり、それは埋没費用（サンクコスト）では決してない。それは、技術開発などを含めて経営戦略の選択においてもまたそうである。そこにマネジメントの本質もある。

一般に、企業の経営戦略の選択は、それが素晴らしいものであっても、その策定時期と実行時期が一致しないことによって失敗に繋がることも多いのである。多くの戦略は一定の経営環境を想定して、あるいは将来の変化を予想して立てられる。その有効性と実現性については、財務的なアプローチやマーケティングからのアプローチ、あるいは生産計画などからすれば、何通りもの選択肢が可能であろう。だが、そこから最適案を簡単に絞れるだろうか。問題は、最終的にもっとも優れた戦略案をどのようにして絞れるかである。

やや技術開発に偏して直観論を展開してしまったが、企業経営というより包括的で総合的な判断においても、最終的な選択はしばしば経営トップの直観力によることも多い。この種の話は、わたし自身、その企業にとって社運を賭けたような設備投資計画、あるいは、事業転換などをどのような基準で選択したのかを聞いたことがあるが、ときに拍子抜けたように「最後はカンに拠った」という経営者たちもいた。だが、そこにいたるまでの思考時間は膨大なものであり、さまざまな経験知や基準などによっても分析され、比較されてきたに相違ない。

「情報を重視し、徹底的に分析は加えるが、理論だけでは決められないことも多いのがビジネスの現状」であるという松田の指摘もこの点を浮き彫りにしてくれる。経営者は日々、さまざまな意思決定をしなければならない。さまざまな情報と周囲の意見具申を最終的に統合したのが直観的な判断ともいえよう。

この意味では、直観とは著作や人との交わりなどを通じた専門的知識、実務を通じて形成された専門性、さまざまな人とのやり取りの中で形成された感情などの総合力と言い換えることも可能である。そうした直観が戦略性を帯びるのは、そこに時間の要素が加味されるからである。眼前にある問題の解決だけではなく、企業としての持続性を考えた場合に「いま」だけのことではなく、「これから」のことを考えざるを得ない。これを強く意識したときに、直観は戦略的直観となるのではないだろうか。

それでは、「直観」と「感情」との関係をどのように位置づけるべきか。この両者はしばしば同一視されないまでも、その重複するところも多いと考えられてきた。たとえば、人に対する第一印象などによる判断という直観は、その人の好き嫌いの感情がそこに大きく働くことは心理学者などが分析するところである。反面、人を好き嫌いでという感情で判断しすぎることの弊害を直観で分かっている人たちは、感情と直観との重複部門の比重がその他の人と異なっている。

直観と感情の間

大学院で心理学を専攻し、ニューヨークタイムズ紙で一二年間ほど行動心理学のコラムを書いていたダニエル・ゴールマン（一九四六〜）は、一九九五年に『感情の知能指数（エモーショナル・インテリジェンス）』（邦訳『こころの知能指数』）を出版し、ベストセラーとなった。彼は人の「感情（こころ）」の働きを取り上げ、通常の知能指数（ＩＱ）に対して感情指数（ＥＱ）論を展開した。

ゴールマン自身は当初から彼のＥＱ論がビジネス分野に大きな影響を与えることを予想していたかどうか分からない。この本の出版一〇周年のときに、彼が記した同書の序論を読むと、彼が一般論として展開したＥＱ論が経営者の大きな関心を呼んだことについては、彼自身が必ずしも予想してなかったことが分かる。それだけに、ＥＱ論が誤解もされ、拡大解釈されたことにいら立っていることがゴールマンの文章の行間に感じられる。

その後、同書が欧州諸国や隣の韓国、そして日本でもそれなりに読まれたことは、ゴールマンが依拠した脳科学や認知心理学などがそうした諸国でも流行したことがその背景にある。要するに、人びとは難解な脳科学などの分かりやすい成果と教訓を彼の著作に求めたのである。

ゴールマンは、わたしたちの判断でなにがなんでも感情を重視しなさいとは言っていない。むしろ、わたしたち人類の進化の過程で、脳のなかでは「感情」と「知性」は別の領域にあり、「知性」よりも先に「感情」が動き、それが不適切な判断となることもあることを彼は指摘している。わたしたちがこうした感情の動きをよく知り制御することが、直観による判断への信頼感を生むのである。とはいえ、直観と経営戦略上での意思決定について感情がどこまで関与するのか。これには一般論があっても、個別論は経営者の数だけあることだろう。

この著作の訳者である土屋京子は、「エモーション」や「エモーショナル」を「情動」や「感情」と訳したり、「こころ」と訳したりしている。ゴールマン自身は「エモーション」について、「感情はすべて本質的に行動を起こそうとする衝動であり、進化の過程で私たちの脳に刻みつけられた反射的な行動指針だ。そもそも『情動』(emotion) という言葉の語源は『動くこと』を意味するラテン語の〝motero〟に『分離』を意味する接頭語の〝e〟がついたものだ。つまり、『情動』という言葉はもともと『行動』に結びつくニュアンスを含んでいる」と解説している。

ゴールマンの著作でときにエモーションは、外面的な行動に直結する直情径行と同義の「情動」であるものの、訳者の土屋がエモーショナル・インテリジェンスを「情動知能指数」や「感情知能指数」ではなく、「こころの知能指数」と日本語に移し替えていることは、日本語の「こころ」という言葉には、ゴールマンが情動や感情のなかにある種の合理的な知能を認めつつ、「エモーション」という言葉を使っているためであろう。

ゴールマンは日本語版への序文で、米国版では回りくどい説明を加えている「エモーショナル・インテリジェンス」なる言葉についてすぐに説明を加えているのは、日米の言語の違いを意識していたからかもしれない。ゴールマンはつぎのように定義づけている。

「ＥＱすなわち『こころの知能指数』とは何だろう？　それは、知能テストで測定されるＩＱとは質の異なる頭の良さだ。自分の本当の気持ちを自覚し尊重して、心から納得できる決断を下す能力。衝動を自制し、不安や怒りのようなストレスのもとになる感情を制御する能力。目標の追求に挫折したときでも楽観を捨てず、自分自身を励ます能力。他人の気持ちを感じとる能力。集団の中で調和を保ち、協力しあう社会的能力。」

さらに、ゴールマンは日本人読者を意識して、「『こころの知能指数』には、日本の社会では珍しくない概念もかなり含まれている。『日本的なるもの』の真髄に通ずる部分があると言ってもいいかもしれない。思いやり、自制、協力、調和を重んずる価値観は、日本人の本質だ。ある意味では、『こころの知性』に注目しはじめた世界の変化は、世界の国々が日本社会の安定や落ち着きや成功を支えてきた中心的な要素に気づいた兆候とも言えるだろう」と付けくわえているが、他方で「最近の日本からは気にかかるニュースも聞こえてくる。日本社会も変化しはじめているのかもしれない」として、高校生の犯罪事件、長時間労働による父親不在の日本家庭、いじめによる児童の自殺、行き過ぎた偏差値教育の弊害などの事例にも言及することを忘れていない。

日本への礼賛の真偽は別として、ゴールマンの掲げるEQとは、わたしたちの「感情」や「情動」のなかにある「自制」、「熱意」、「忍耐」、「意欲」から構成される「こころの知能指数」であり、いまから百年ほど前に米国スタンフォード大学の心理学者などが考案した筆記式の知能指数（IQ）とは真っ向から対立しているわけではないが、必ずしも整合性をもっているわけではないと主張する。ゴールマンが示す事例から平たく言えば、ペーパーテストで優秀な人たちがビジネスなどの社会で必ずしも出世しているわけではないと言っているのだ。

ゴールマンは「エモーション」やEQとIQとの関係について、「感じる知性」と「考える知性」という対概念を持ち出してつぎのように説明を加えている。

「『感じる知性』と『考える知性』という分け方は、だいたい『心』と『頭』の区別に相当する。何かが正しいと『心』で感じるときは、『頭』でそう考えるときより確信が一段と強いように思われる。理性と情動は相反する力関係にあって、情動が強ければ強いほど『感じる知性』が支配的になり、『考える知性』は無力になる……。

『感じる知性』と『考える知性』は、ふだんは緊密な連繋を保ち、たがいに大きく異なる認識モードを撚り合わせながらうまくバランスをとりあって働いている『感じる知性』は『考える知性』に情報をインプットし、動作を指示する『考える知性』は『感じる知性』のアウトプットをよく検討し、ときには拒絶したりもする。とはいえ、『感じる知性』と『考える知性』は基本的には別々の神経回路によって働く独立した二つの機能だ。」

ゆえに、ゴールマンはこの二つの知性のバランスを強く主張している。ゴールマンはいう。「ある意味では、私たちのなかには二種類の脳、二種類の知性がある。考える知性と、感じる知性と。IQと同じようにEQ（こころの知能指数）も大切なのだ。感じる知性がなければ考える知性は充分に機能できないのだから。大脳辺縁系と大脳新皮質（あるいは扁桃核と前頭前野）は、たがいに補いあって精神生活を支えている。この協調関係がうまくいくと、EQもIQも向上する。この考え方は、理性と感情を対立する精神活動として捉える従来の考え方をくつがえすものだ。……情と知が調和した生き方をするためには、私たちはまず感情をかしこく操縦する法を知らなくてはならない」と。

必然、ゴールマンのEQ論は容易に人の感情を読めば良きマネジャーになれる、あるいは、出世ができるという安易な成功論やリーダーシップ論に横滑りを起こしやすい。難解な認知心理学や脳科学の理論を知ること自体よりも、より世俗的にその成果を実生活に応用したい読者は、より具体的なノウハウを求める情動をもつのである。ゴールマン自身もその後、EQ論から接近した「リーダーシップ論」を書いているのは、EQ論が一人歩きし始め、ベストセラー作家となった者の「宿命」であったろう。

わたしはダカンやゴールマンたちの直観論や感情論、井深や本田、そして松田が自らの経験として語った直観―カンーは、ある時点からある種の合理性を獲得した結果、戦略化し、知性化するのではないかと考えている。つまり、井深や本田のように、人はある何かの機会に克服すべき課題や問題を発見することで、そうした課題などの克服への強い意思が強く働き、「無意識」と「意識」の領域が交差することで、知性と感性の交流領域が一気に広がるのではないだろうか。

この点については、ゴールマン自身も「熱意」や「忍耐」といった人のこころのあり様に言及して、目標達成―たとえば、本田にとっては実現可能かどうかは別として、理想的なエンジンの姿を思い描いたこと―にむけての「考える知性」と「感じる知性」の協働作業の成果の重要性に着目しているといってよい。

ゴールマンも「思考し計画を立てる。高い目標に向って訓練を続ける、問題を解決する、といった知的な能力を情動が阻害するかによって、持って生まれた才能をどこまで発揮できるか、ひいては人生でどこまで成功できるかが決まる。また、自分のやっていることに熱意や喜び―あるいは適度の不安―のような情動による動機づけがあるかどうかによって、目標の度合もちがってくる。才能を生かすも殺すもEQ次第なのだ。その意味で、EQは才能の総元締めといえる」と。

この意味では、ゴールマンのいう感じる知性である「EQ」、さきほどのダカンのいう「戦略的直観」、井深や本田のいう「カン」は次図で示している「無意識」と「意識」という領域と「いまは困難である」が、「将来、達成したい」という領域とのさらなる交差が人間のすばらしい直観力を生み出すのではないだろうか。それはスポーツでトップアスリートがしばしば指摘する「身体で覚える」=「感性で覚える」ということなのかもしれない。このことを次図で確認しておこう。

人の意識領域と克服・直観形成領域

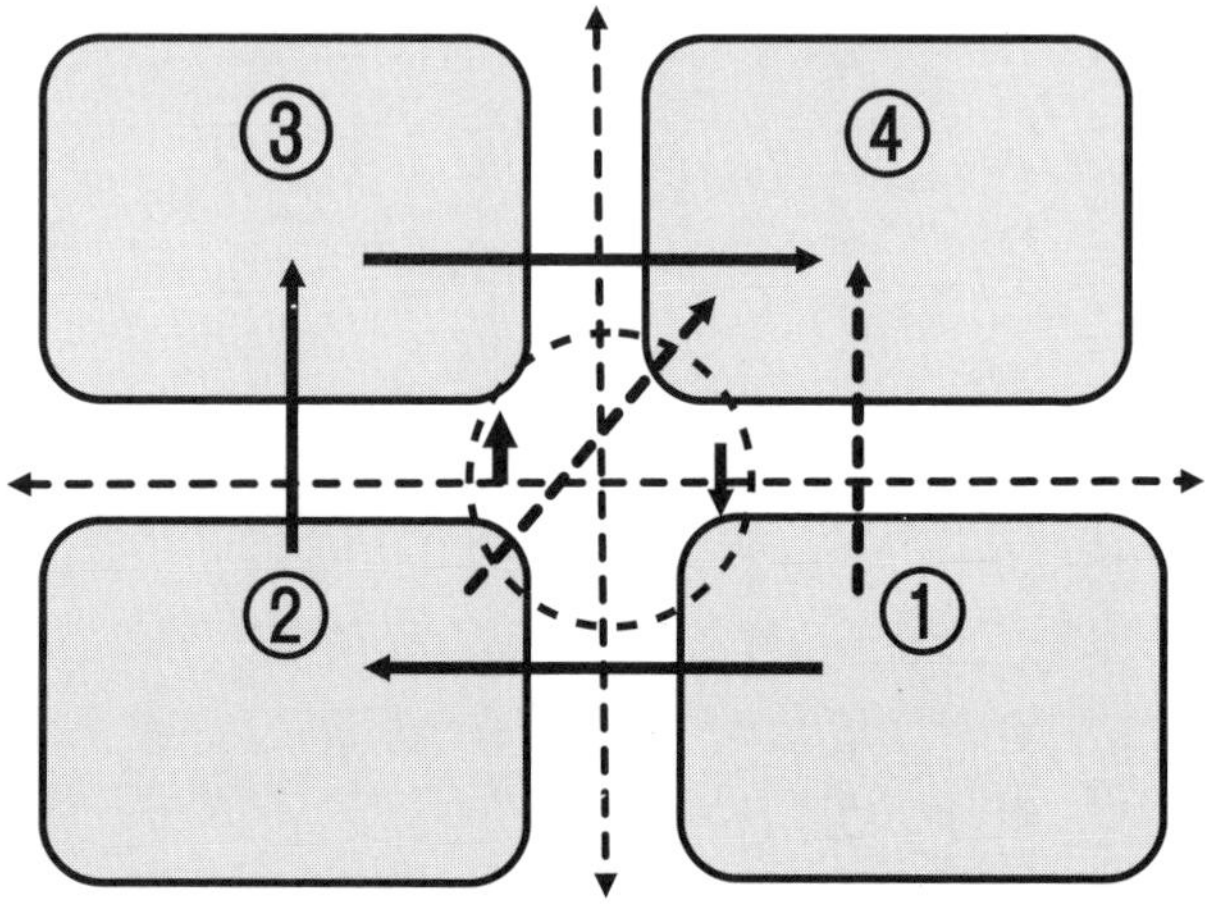

上図では縦軸に「いまは困難である」領域＝「克復困難」領域と「将来、克復したい」領域＝「克復可能領域」をとっている。横軸には「無意識」領域と「意識」領域を取っている。そうした縦軸と横軸からは四つの領域が設定されている。すなわち、

①の領域—研究開発や新たなビジネスモデルなどを試行錯誤的に探っているいわゆる「モヤモヤ」としての状況である。この場合、理想的な商品開発やビジネスモデルを追い求めるが、その達成困難な要素ばかりを思い描いている精神状態である。

②の領域—「モヤモヤ」している研究開発目的はビジネスモデルがより鮮明になってきた段階であるものの、その達成困難な要素をどう克服するかについて具体案を思い浮かべることができない精神状態である。

③の領域―より鮮明化された研究開発目的やビジネスモデル開発に向かって、ようやく克服すべき要素が特定され、その解決に向かって進みはじめた精神状況である。

④の領域―目的と課題が当たり前のようになり、それを実現するための要素の解決に向かって努力するのが当たり前のようになった精神状態である。

多くの場合、企業や個人での研究開発や新しいビジネスモデルの開発にあたっては、①の領域から創始され、②の領域→③の領域→④の領域へと順次展開するのが普通である。実際には、このサイクルがうまく回転するとは限らず、②の領域にとどめる場合も多いのである。これはわたしたちのこころのなかに「おそらくダメにちがいない」という情動を抑制して、どのようにして最終的に④の領域に持ってくるのかという課題でもある。

この過程は、すでに言及したが、トップアスリートたちが理想とするフォームや試技を失敗しても、そのあるべき姿を強く「意識」して何度も練習して、やがて「無意識」のうちに実際の試合において発揮できることになる状況に近似しているのではあるまいか。これをうまくサイクル化する上に重要な鍵をにぎるのは、前図のまん中に示したサークルであり、これは「自分のやっていることに熱意や喜び―あるいは適度の不安―のような情動による動機づけがあるかどうかによって、目標の度合もちがってくる。才能を生かすも殺すもＥＱ次第なのだ」というゴールマンの指摘にある人びとの感情的な働きでもある。

もちろん、理想的にはこうしたサークルが短縮されたかたちで①の領域から④の領域へと「ジャンプ」することが望ましい。あるいは、②の領域から④の領域へと「飛び級」することである。だが、最初からこのようなジャンプや飛び級が可能ではなく、人は一つ一つの困難な課題を克服するごとに、そうしたジャンプや飛び級が可能ではないかとこころが反応するようになる。

井深や本田たちが、自らの直観やカンを重視し、研究開発でまわりの多くの人たちが不可能や困難と判断し反対するなかで、また技術課題をそれまでになかった発想で一挙にそれまでの技術上の壁を崩したのは、ダカンの戦略的直観やゴールマンのいうEQの働きでもあった。直観は一見、合理的な判断がときに大きな失敗を生み、一見、非合理で直観的な判断が最終的に大きな成功を呼び寄せた事例を考えるとき、計数管理とはべつに経営学で無視できないマネジメントに関わる課題なのである。

したがって、直観とは単なる感情の延長にあるさらなる感情ではなく、①のように本来、無意識、換言すれば、さほど意識せずに自分では実現困難であると思ってきた領域、たとえば、財務などの苦手意識、意思決定における優柔不断さ、研究開発上における自分の専門領域とは異質の部分への取り組みへの遅れ等々が何かの機会で自分の実現困難意識に気付くようになる。つまり、②の領域が自分のなかで形成されるのである。

前図の①から②への移行は自らの手痛い失敗、あるいは自分にはできないことを平気でやり通す人物が出現することなどで起こる。先に述べたように、自ら取り組むべき課題が明らかになるのが③の領域である。人は意識化するとは努力化の過程を自らに取り込むことであり、そこには反復練習化の意識が強く働き、やがて無意識にできるようになる。これが直観であり、そこには無意識↓意識↓無意識のサイクルが働く、これは単なる経験則ではなく、よりダイナミックで統合化された知の総合化こそがそうした直観を支えるものである。

第四回　教育について

ビジネス教育とは

ビジネスを学校の正式な教育課程として教えることができるのか。あるいは、できないのか。その答えは肯定的に用意もできれば、かつ否定的にも用意できる。いうまでもなく、それはビジネス教育が対象とするビジネスそのものの内実をどう捉えるかによるのである。ビジネス教育の本質を経営実務であるとすれば、社内教育などと同様に財務諸表の作成の手順を教えることなどがその一環となる。

それは化学の実験手順や法律での執行手続きのように、実務に即したようなテキストなどを通じて習得することができる。他方、ビジネス教育の本質を適切・迅速な判断にもとづく意思決定を行える経営者の育成、あるいは、起業者の育成にあるとすれば、そもそもそれらは学校教育だけに求めてよいのかどうかのさらなる問題を浮上させる。

要するに、ビジネスの本質論がまずあって、そのつぎにビジネス教育論のあるべき姿が展開される必要がある。わたし自身は、ビジネスを財やサービスの社会的有用性という価値を、それを市場で求める人たちへ適切な価格に変換させて提供することであると考えている。ここで留意すべき基軸の一つは、社会的有用性の有無である。もう一つの基軸は、市場における市場価値性の有無である。この均衡点を求めつづけることが経営―マネジメント―の中核であり、それを明らかにすることが経営学の本質である。

こうした社会的有用性と市場価値性の均衡をいかに具体的に達成するのかが経営上の主要命題であり、経営戦略とはその筋道を明確にすることをその主要課題とする。この二つの均衡性こそがその事業の継続性と正当性をもたらすのである。そこには社会性に密接に関連する倫理性がなければならないのである。しかし、そうした経営戦略は消費者にただ迎合するだけの市場論理性ではけっしてなく、消費者と財やサービスの提供者である企業の絶えざる対話と相互の学びがなければ成立しない性格のものでもある。

大学などの教育の場で教えることのできるのは、この二つの基軸の接点が重要性を持つことへの確認であり、この二つの基軸の接点からみた経営史である。つまり、過去における企業経営者のこの二つの基軸をめぐる悪戦苦闘の歴史的事実の確認とその現代的な意義を探ることである。

そもそも、企業の持つ社会性とは一体全体、何かという点を学生たちに意識させること、そのこと自体がもっとも重要なのである。この点は企業の社会的責任論（CSR, Corporate Social Responsibility）に矮小されて理解されてはならない。それはしばしば企業のイメージ戦略を形成しており、具体的なイメージ像として企業のウェブサイトなどに掲載されている内容に矮小されて理解されてはならない内容でもある。

そうしたいわば「ウェブサイト」型の社会的責任論の具体的内容としては、「地元貢献」と「地球貢献」という二つのイメージが想定されてきた。一つめの地元貢献については、たとえば、従業員によるごみ拾いから、地元小中学生を集めた工場見学会などがその事例として、その活動の写真とともに掲載されている。二つめの地球貢献では、地球環境への負荷の軽減ということでクリーンエネルギー採用、発展途上国へのさまざまな支援などに関わる事例が写真とともに紹介されたりしている。

だが、真剣に考えておくべきは、企業の社会性といった場合、それは企業の社会的責任論のイメージとして表出されたそのような活動だけではなく、企業自体の事業の正当性が問われる必要がある。社会そのものを深く広く知ることとなくして、社会のニーズなどに関わる経営を知ることはできないのである。企業には次章でも取り上げるように、自らのゆるぎない社会的存立性がなければならない。経営戦略の要諦とはこれに関わるのである。ましてやそれは企業のさまざまな経済活動を支えるだけの単なる技術的な手法でもない。

経営者のなかには、経営戦略論を中国春秋時代の兵法書である『孫子』から学んだという人たちもいる。だが、孫子はいわば戦術的戦略論であって、そうした戦略・戦術を支える社会性や倫理性が語られているわけでは必ずしもない。そうした経営戦略論はしばしばきわめて経営戦術論である場合が多い。戦術論の場合、技術や技能として教育を通じて獲得がある程度は可能であろうが、戦略論はこれとは明らかに異なる。

金融機関などに勤めた経験をもち、中小企業の調査研究に長年関わった酒井俊行は「ビジネス教育と中小企業」（『商工金融』二〇一一年六月号）でこの問題を取り上げ、つぎのように主張する。

「経営学の分野で学ぶべきことは大きく分ければ、経営戦略論と経営管理理論である。前者の戦略論は達観すれば経営の極意であり、ビジネス経験のない学生がチャレンジするにはハードルが高すぎる。他方、後者は基本的に現在機能している体制・制度を学ぶことが中心である。これを学ぶことはビジネス経験を持たない学生が、企業を理解する上でもっとも有効である。ここで組織の役割分担がまず示され、組織内で行われる具体的な仕事の中身やコミュニケーションの実際が提示されれば、より企業というものの立体的な理解が可能となるはずである。」

たしかに、実務経験など社会での実体験を持たない学生たちに、具体的な経営戦略の何たるかを教えることは容易ではない。では、生産の現場、販売の現場、財務管理の現場で必要な実務知識の総論たる経営管理手法を、これまた実際の実務経験のない学生に教えることができるのだろうか。これもまた容易ではない。それは学生側だけの問題ではなく、教える側の教員の問題でもある。実務経験を全く持たない教員が、経営実務に関わる経営管理理論を教えることができるのかという問題がそこにある。

むろん、この種の課題設定はしばしば経営管理理論については実務ではなく、理論を教えることでその正当性と有効性が留保される。だが、実務を対象にした科目が実務をまったく無視して理論のみで展開できるだろうか。そこが経営学部での教育が工学部などの実験を伴った実践的教育プログラムとは大いに異なる点である。

たとえば、わたしが受けた工学部の化学教育などについてみれば、講義科目として化学反応に関する理論科目があり、化学反応の基本的なメカニズムについて知識を深めることができる。だが、実際の化学反応において、その通りに起こるのかどうかは分からない。それは化学実験の条件によって異なるからである。必然、プラント規模で化学反応を進めるときにも、化学反応に関わるタンクなどの容量によってもその結果は異なる。

学生たちはこうした理論と実験という二つのプログラムの存在によって、理論値と実験値が必ずしも一致しないことを学び、反応条件についてより現実的な知識を得ることができる。この場合、実際に化学会社などで働いた経験をほとんど持たない教員と化学会社の技術者から大学へと移った教員の違いはあるにしても、その差は経営学におけるそれよりははるかに小さい。では、経営学部でも実務経験を持つ教員を多数配置し、実務に直結するさまざまな経営管理理論を担当してもらう教育プログラムを展開すればよいという論理も成立する。

その場合、現場に即した話を中心にしかできない教員の講義がどれほどの正当性と有効性を持つのかという点が問われる必要がある。まず、問題なのはその正当性である。多くの場合、現実の状況は過去の経験よりもさらに進展していくのが普通であって、現場の実務から離れた教員は「日々に疎し」ということになる。

そうした教員が常に最先端の現場実務を経験することなど困難である。たとえでいうと、かつて十年前の航空機のパイロットが操縦方法の基本を教えることができても、その後、つねに最新鋭機を操縦して、自らの実務経験を最新なものにしておくことが困難であるのと同様である。現場とそれに関する実務もまた時代とともに変化を続けているのである。

また、有効性という点では、日本の場合、長期雇用で一社しか経験してこなかった人たちが、企業全般の実務について教えることがはたして可能であるのかどうかである。そうした背景を持つ教員が語っているのはもっぱら「うちの会社」の事情であって、内外他社の事情にも正確にふれて、経営管理論を展開できるかどうかである。この意味では、日系の海外子会社だけで働いた人が、グローバル企業の経営について語る資格を持っているかどうかも問われているのである。このような問題は実務経験の有無ではなく、その内実こそがより本質的な問題なのである。

そうした意味では、かつての日本帝国海軍の士官を育ててきた広島県江田島の海軍兵学校のように、操船理論や兵術理論などと、実際の艦隊勤務と実戦経験をもつ士官たちが教員として教育に当たっているのが理想のようにも思える。ただし、この海軍兵学校の校長—在任期間、昭和一七（一九四二）年一〇月〜一九（一九四四）年八月—を務めた井上成美（一八八九〜一九七五）—海軍大将、海兵三七期—は、前線から帰還したばかりの教官が生徒たちに実戦のリアルな話をすることを、生徒の静かな勉学と理性的な思考育成の妨げとなるとして禁じていたことは有名である。

それは経営学における簿記や会計などの資格試験などの勉学も含め、そうした実務教育の先にあるものが一体何であるのかということが重要なのであって、そこに経営学教育が意図する本質論があるからである、とすくなくともわたしには思える。自らをリベラリストとした井上は、形式—前例—主義や凝り固まり、柔軟性を欠いた思考を嫌ったのである。

海軍兵学校最後の卒業生であり、石川播磨重工業─現IHI─の役員などを務めた徳川宗英（一九二九〜）は、『江田島海軍兵学校─究極の人間教育─』で、海軍兵学校でのそれまでの伝統という形式主義を改革しようとした井上成美の教育哲学についてつぎのように紹介している。

「下士官や兵を指揮する士官は、『何を、いかに、いつ、どこで、どうすべきか』を、自分で考えて決定せねばならない。つまり、自由裁量がもっとも大切である。それなのに、やがて士官となるべき生徒たちに、まるで家畜のような生活をさせている、と感じたのである。……将来、人の上に立つことになる生徒たちは、心の豊かな紳士に成長していくべきなのに、このようなこせこせした生活を送っているのは大問題だと感じた井上は、『規律やセレモニーが多すぎる。もっとアット・ホーム、ナチュラル、イージーな空気をつくれ』と教官たちに命じ、生徒の生活を束縛するだけであまり意味のないルールを廃止していました。」

そうした井上は、「覚える」よりも「自分の頭で考える」ことを生徒たちに促す教育プログラムの実践に腐心している。井上は海軍兵学校の卒業生全員が海軍士官任官にあたって最低限の能力である「徳・知・体」の能力を身につけることを求めていたのである。

徳川はこの点について「第一に退校者や落第者をなくすこと、第二に全生徒が少尉任官の水準に達するよう全体の成績を向上させることにある、と井上は考えたのでした。教育とは、できない者をできるようにすることである。天才や秀才は放っておいても勉強するし、伸びてゆく。組織として大切なのは、落ちこぼれをつくらず全体の力を底上げすることである」と指摘する。

事実、井上の校長時代、教官たちは落第しそうな生徒を日曜日に官舎に呼び補習を行っていた。そうした機会を通じて、生徒たちが「自啓自発の姿勢」――「教えられるがゆえに学ぶ」から「学ばんと欲するゆえに教えを乞う」への転換――を身につけることを求めたという。海軍兵学校の最後の生徒として戦場ではなくその後、ビジネスの現場へと巣立った徳川は井上の考え方をつぎのように指摘する。

「このように井上は、『自分の頭で考えること』をたいへん重視していました。それは、生徒たちが兵や下士官の上に立って航海や戦闘にのぞむとき、自分で考え、判断する力が絶対に必要になるからです。航海を人生に、戦闘をビジネスに置き換えれば、この考え方はいまの社会でも変わりないと思います。」

井上の考え方も含め、実務―実戦―経験を語るときにもっとも留意すべきは、その位置づけである。実務経験に限らず人の体験というのは、個別歴史性を持つものである。それは常にその時期の、あるいは、その時代の、その場所の、その条件の下での個別経験という歴史個別性を持つのである。必然、その再現性は不可能とまでいえないものの、きわめて困難なのである。

井上が前線から帰ったばかりの教官に生々しい実戦話を開陳することを禁止したのは、その種の話が個人的経験の範囲ではなく、より広い視野から語るには時間を要することを知っていたからにほかならない。これにより生徒の思考性が停止することを危惧したのである。井上の指摘の輝きはいまもけっして失せてはいない。

何を教えるべきか

同じことはビジネスの実務経験も同じである。ましてや、業種業態によって、その人のビジネスの経験などはきわめて偏ったものになりかねない。企業規模によってその人のビジネス体験は異なる。大企業であれば、専門部署が存在することできわめて分業化された仕事の内容に精通していても、必ずしも仕事の全体像を把握していないケースもあるだろう。

逆に、中小企業、さらには小零細企業の場合には、一人が何通りもの役をこなすことでその人のビジネス経験も大企業などと比べて異なる。また、意思決定を伴うトップマネジメントを経験した人たちと、管理が主であるラインマネージャーといったミドルマネジメント層の人たちのビジネス体験が異なって当然である。

大企業出身の教員が、ほぼ一社だけの経験で「うちの会社」とそのライバル企業の周辺論を展開できても、中小企業の経営のあり方を熟知して中小企業経営論を正確に展開することは必ずしも容易ではない。それが可能であっても、それは発注側の親企業からみての中小企業のあり方であるかもしれない。また、中小企業出身の教員―実態的にはきわめて少数であろうが―が、大企業のあり方を語るには下請・外注関係からそのあり方をとらえ過ぎであるかもしれない。

実務出身の教員が気をつけるべきはこの点にある。自分の体験を個別歴史として客観的に位置づけられることができる学識が必要であり、さらにそれを論理的に教えることのできる理論力を最低限必要とするのである。

こうした点について、前述の酒井は「翻って理論とはそもそも何ものであるだろうか。……経営学者はその他の社会科学者と同様に、様々な実業界で起きている事象を集め、それを整理・分類し、そうした分類結果から共通の普遍的法則性を発見する。しかしながら経営学においてこうした作業の結果、新しい真理を発見することなどはほとんど皆無と思われる。……仮に、経営学の実態がそうしたところに止まるものと達観した場合、では純粋教員の存在意義は奈辺に求められるであろうか」として、実務家教員と純粋教員とのあり方についてつぎのように自説を開陳する。

「真理の追究にあまり期待が持てないとすれば、残るのは方法論、すなわち、分析の枠組みの理論化である。数多の先行研究から、優れているとされる研究の方法論と理論的枠組みをマスターし、それを自らの問題意識の発展に活用する。また、そうして演繹された定説が科学的思考の産物と認識されれば、その定説を導いた方法論は科学的方法論として認知される。『実務家教員に理論が足りない』という言い振りは、多分にそういうことであるのではないだろうか。ただ、ただここまで考えてきて、今ひとつわからないのは実務家教員は経験に頼るばかりで、なぜ理論研究への努力を払わないのであろうかということである。ビジネス経験を持たない純粋教員に出来ることが、なぜ実務家教員に出来ないのだろうかという大いなる疑問である。」

「実務家教員は経験に頼るばかりで、なぜ理論研究への努力を払わないのであろうかということである」という酒井の疑問については、この約一〇年間にわたり複数の社会人ビジネススクールで教鞭をとったわたしの「経験」からすれば、やはり実務経験の長い人の場合は、経営学理論が指し示す事象について我田引水的にそれまでの経験の範囲で解釈しようという傾向がある。この意味では、経験から理論を捉えることが得意でも、理論から経験を捉えなおすことが不得意である人たちが多い。

しかし、実はこれにも個人差があるのである。若いころは、経営理論や経済理論に興味を持ち続け、論文など執筆したり、学会で発表したりすることこそなかったものの、継続的かつ系統的に経営学分野などの読書を続けた人たちはいるものである。その種の背景を持つ人は、「実務家教員にもできる」ことを証明してくれるに違いない。

欧州諸国や最近ではアジア諸国などの経営者には博士号を持つ人たちも多い。他方、日本では工学分野は別として、社会科学系の分野で博士号—名誉博士号は別として—を持つ経営者の数は非常に少ないのが実態ではないだろうか。これは、とりわけ、欧米諸国と比べ、日本では博士課程修了者には民間企業で働く可能性が未だに閉ざされ、いまも相変わらず学部卒の四月一日の一括採用という人事政策が取られているからにほかならない。

こうしてみると、酒井が疑問視する問題は、日本のある種の制度的な障害のために、実務家教員と純粋教員の差が他国よりもはるかに大きいものになっているのではあるまいか。この意味では、経営学理論とさまざまな経験則との整合性あるいは乖離性を絶えず意識することが重要である。実務経験者がすぐ教壇に立ってもっぱらその経験を「語る」のではなく、自分の実務経験をより客観的に位置づけるためには、一定数の論文や学位論文を執筆した上で教職に就くことが理想的ではある。

さて、再度、経営戦略を教育プログラムの一環として教えることの可能性と実現性に戻っておく。

この場合、経営という限定性をはずして、戦略ということであれば、国防関連の教育機関でもある種の手続き論として教えられているように、代表的企業の過去の成功事例をベースにケーススタディーとして教育プログラム化することは形式的には可能である。

事実、米国を中心として設立されてきたビジネススクール―社会人大学院―でのケーススタディーをベースとした経営戦略論はこの典型ともいえる。日本でも実務経験者を一定数抱えた専門職大学院や独立大学院のかたちでのビジネススクールが増えてきた。しかし、ケーススタディーそのものの理解が経営戦略立案ではない。つまり、ケーススタディーが指し示すものは、Aという事態に対してはBという対処方法があり、その時点でBがきわめて有益であったことである。むろん、Aという問題にはA，BにはB，CにはC……というある種のパターン認識による対応が可能であればそれに越したことはない。

しかしながら、人というのは、往々にしてそのどれにも妥当しないケースが出てくれば戸惑うものである。とりわけ、事態が急を告げ、早急な対応を必要とする事態であれば、人はパニックに陥って身動きがとれなくなるのもよくあることである。その場合、人は自ら情報を収集し、自らの頭で考え、「何を、いかに、いつ、どこで、どうすべきか」という判断と行動を自ら率先してとれなくなることである。

必然、妥当なケースが思い浮かばない場合、人は次善の策としてそれまでのA、B、C……に近似した対応策をとることを選択しようとする。だが、それでもそれが正しい選択ではない限り、根本的な解決にはならないのである。こうしてみると、あらためて経営戦略とはパターンを「覚える」のではなく、現状や将来の変化を見据え自分の頭で考え切り、新たなパターンをどのように探し出すのかが、経営戦略を考える以前に重要なこととなる。

その場合にも、経営戦略は社会的責任観の上に構築されるべきものであり、そのためには普段からの経営倫理―Business Ethics―の確立が重要である。この経営倫理については、ここ十数年来、欧米のビジネス教育でも強調され、それはしばしばコンプライアンス―法律遵守―の課題として設定されたりしてきた。

渋沢栄一（一八四〇～一九三一）は、そうした社会的規制を法律としてではなく、経営者のより内的精神のあり方に経営倫理の根源を求め、儒教倫理を強調し、より具体的には孔子の考え方を敬重し、自らの事業遂行上の経営倫理とした。と同時に、若い経営者や経営者をめざす若者たちに論語教育の充実を図ろうとした。

渋沢のビジネス教育への関心は商法講習所―のちに農商務省管轄の東京商業学校、東京高等商業学校、さらに文部省の管轄の東京商科大学、一橋大学へと発展―との関わりからである。商法講習所は外交官の森有礼（一八四七～八九）が明治八（一八七五）年に私塾として商法講習所を設けたが、森が清国大使となったため東京市へと譲渡された。

その後、渋沢たちが明治一一（一八七八）年に開設にこぎつけた東京商法会議所がその運営にあたることになる。渋沢は明治二二（一八八九）年の東京高等商業学校の第一回卒業式で商業―ビジネス

—に従事する人たちへの評価が低い日本人の官尊民卑観を強く批判したが、終生、その姿勢を一貫させるとともに、日本の商業—ビジネス—教育への協力を物心両面で惜しまなかった。

たとえば、渋沢は大倉喜八郎（一八三七〜一九二八）が自らの還暦記念として私財五〇万円を投じて商業学校—大倉商業学校、のちの東京経済大学—の設立構想を発表したときに、その設立委員の一人としてその実現にも協力している。さらに、大正三（一九一四）年にわが国最初の高等商業学校となった高千穂高等商業学校の設立にあたっても、渋沢は大きな役割を果たした。また、国立・私立を問わず、多忙のなかでも各地の商業学校での講話を引き受け、若者たちに官尊民卑の風を是正するには、私利と公益のバランスのとれた商業道徳の実戦が重要であることを終生説き続けた。その際に、渋沢が若者たちでも理解しやすいような表現として「論語」と「算盤」という比喩を用いたことはよく知られている。

現在、教育機関で「論語」が講義されているとすれば、文学部であっても、経営学部などで論語とビジネスとの関係が論じられているケースはそう多くないであろう。では、せめて経営学部でも論語講義を開講する必要があるのかどうか。この判断は渋沢がなぜ論語にこだわらざるを得なかったのか、その時代的背景にある。

渋沢が日本に株式会社というかたちでのビジネスを広めようとした時期には、そうしたビジネスに関する制度やこれを支える法律などが未整備であった。反面、日本の近代化という資本主義制度の普及は、ややもすれば、なんでもありの私利私欲を一挙に開放させ、改めて事業倫理の問題を浮上させた。渋沢が求めたのは節度ある資本主義の精神であり、それを江戸期以来の儒教精神に求めたのである。渋沢が自ら慣れ親しんだ論語の精神の中に私利に対抗しうる公益の精神を見たのである。

先ほどの酒井の実務家教員と純粋教員の区分からすれば、孔子（前五五一～四七九）はこの双方を満たした人物であったという。幼くして両親を失った孔子は苦学をして学問を続け、国事に携わったことがあるということでは実務も体験している。たしかに、そうした孔子の残した論語にはいまでもビジネスに役立つような内容の箴言が多い。たとえば、

「子曰、道千乘之国、敬事而信、節用而愛人、使民以時」（学而第一）――「先生がいわれた、『諸侯の国を治めるには、事業を慎重にして信義を守り、費用を節約して人々をいつくしみ、人民を使役するにも適当な時節にすることだ』。」（金谷治訳）ここでの「信」は論語の中心思想をなす。たとえば、つぎのようなことである。

「有子曰、信近於義、言可復也、恭近於禮、遠恥辱也、因不失其親、亦可宗也」（学而第一）――「有子がいった。『信（約束を守ること）は、正義に近ければ、ことばどおり履行できる――信はうそをつかず約束を守る徳。それが確かなものとして完成するには正義に結びつかねばならないという意味――。うやうやしさは、礼に近ければ、恥ずかしめから遠ざかれる。たよるには、その親しむべき人をとり違えなければ、本当にたよれる』。」明治維新後の混乱のなかで商売上の信はあらためて守らなければならない倫理であったのだ。

「子曰、人而無信、不知其可也、大車無輗、小車無軏、其何以行之哉」（為政第二）――「先生がいわれ

た、『人として信義なければ、うまくやっていけるはずがない。牛車に輗のはしの横木がなく、馬車に軏のはしのくびき止めがないのでは、(牛馬をつなぐこともできない) 一体どうやって動かせようか』。」この「信」は経営者をはじめ指導者にとって不可欠な条件である。さらに「信」より上位のモラルとして説かれるのはつぎの「仁」である。

「子曰、人而不仁、如禮何、人而不仁、如栄何」(八佾第三)─「先生がいわれた、『人として仁でなければ、礼があってもどうしようぞ。人として仁でなければ、楽─音楽、礼義と並んで人間の容儀・品性をととのえる─があってもどうしようぞ』。」その後に、このような「仁」が具体的に何たるかも説かれている。

「子曰、居上不寛、為禮不敬、臨喪不哀、吾何以観之哉」(同)─「先生がいわれた、『人の上に立ちながら寛容ではなく、礼を行いながらつつしみなく、葬いにゆきながら悲しまないというのでは、どこを見どころにしたものか、わたしにはわからない』。」

渋沢も孔子の説くこうした仁を好み─好仁─、不仁を憎む─悪不仁─精神が江戸封建制度から解き放たれて私利私欲を追い求める市場経済のなかで、日本の企業人たちに改めて仁を求めたのである。渋沢は「里仁第四」編にある「子曰、放於利而行、多怨」─利によりて行えば、怨み多し─という指摘も何度も読み返したことであろう。欧米諸国のように資本主義制度の弊害を規制・調整するための法整備がいまだ行われていない当時の日本の経済社会にあって、渋沢は公益＝仁あっての私益を主張したのである。

では、現在でもビジネス教育において渋沢が主張したように、片手に「論語」、片手に「算盤」という精神は有効なのだろうか。ビジネスが法律を遵守するだけのコンプライアンスで正統性と継続性が保持されるだけでは十分ではなく、それ以上に論語＝倫理、算盤＝営利の均衡の上にこそ事業の正統性と継続性を図ることが経営の本質であることを考えれば、渋沢がさまざまな機会に若い学生たちに説いた経営倫理観はいまも有効性をもっている。

ビジネスと社会性

ビジネス教育論として取り組むべきは社会性への鋭い感覚とともに、教育プログラムとしての経営者教育とはどうあるべきか、という点である。日本の経営学では、教育プログラム論においていまにいたるまで欠けてきたのは「経営者をつくる」プログラムであった。どんなに先進的な経営学理論―そのほとんどは輸入経営学知識の伝授あるいはその時々の話題企業の経営スタイルの紹介―を説こうとも、経営者というリーダーのあるべき姿を想定して、それを経営教育プログラムとしてどう組み立てるのかという視点が見事なまでに日本の経営学のなかから欠落しているのである。

それは戦後、あまり考察の対象とならなかった軍隊組織でのリーダーのあり方やその育成方法への関心の薄さがその傍証ともなる。中小企業などを除き、定期的中途採用というかたちではなく、新卒四月一日一括採用となった日本の大企業や中堅企業にとって、経営者とはそうした一般社員として採用され、順次、昇進し係長、課長、部長、役員―むろん、会社によっては異なる名称もあるが、階層組織としてのライン職であることは一緒である―の上がりとしての経営者であるとすれば、果たして経営トップ層として相応しい度量をもった人物が組織の頂点に辿りつく保証などは全くない。

階層社会学を提唱したローレンス・ピーター（一九一九〜一九九〇）の指摘を受けるまでもなく、いつも有能な人材がトップに立つわけでもない。このピーターが指摘した「有能な人物は無能になるまで昇進する」というピーターの法則の内実を具体的に示せば、つぎのようになる。たとえば、販売部門でトップセールを挙げた人物がいるとしよう。それを統括する販売部長には、そうしたトップセールスマンが昇進することに本人も周りの人間も納得する。ここで販売部長に要求される能力を考えてみれば、単に一人のセールスマンとして販売額を増進するスキルだけではなく、売上げが低迷しているセールスマンを指導できる能力、販売戦略を立案・実行できる能力、販売先とのさまざまな提携を交渉できる能力などが必要となる。だが、売上額がトップであるだけの人物がそうした能力を発揮して、販売部門全体を指導できるかどうかは実はよく分からないのである。往々にして、確かに一人のセールスマンとして能力を発揮できた人物がトップになった途端、販売部門全体が混乱に陥るケースもあるのである。つまり、その人はそうして無能になるまで昇進するのである。

わたしたちの周りの管理職などの人物を改めて見渡して、わたしたちの経験感覚に鋭く訴えるピーターの法則が示すものは、一役員として専門の部門を率いることのすばらしい能力をもつ人物がその能力と実績ゆえに、組織のトップに立って、全体を引っ張ることが得意であることには必ずしもならないことである。極端な例でいえば、課長にも、あるいは部長にもなれず係長職にとどまった人物が社長としての能力を持っている可能性を否定できないことにもなる。

こうしてみると、一企業内の内部労働市場内で順調に昇進してトップになった人物は、なるほど社内の政治や事情に詳しく、さまざまな意見をまとめて、平均的な対応策を「調整」できても、それが経営者として相応しい決断であるかどうかはまた別の話になるのである。これは先にみたビジネススクールでのパターン認識による経営感覚とも共通する。企業が大きな転換期を迎え、それまでと同じ対応ができない状況にあるときには、大きな決断などはむずかしいことになり、ただ混乱だけが始まることになる。

日本の敗戦後の混乱期に、公職追放があり、日本の企業のトップにはそうした内部労働市場内の双六の上がりのような昇格人事が困難となり、経営陣が一気に若返ったことがあった。彼らは若くしてそれまで経験したことのないようなさまざまな判断を迫られ、失敗を重ねながらも、大きな決断を行いつつ、企業を成長させてきた。やがて、そうした困難な時期を過ぎると、とりわけ、大企業には四月一日一括採用が当たり前となり、内部労働市場の上がり人事が復活していった。

わたし自身、テレビ局のアナウンサーであり、多くの戦後第一世代の経営者にインタビューをした経験をもつ人物に、非常に興味のある話を伺ったことがある。彼の戦後日本の財界人物評では、ある時期から日本の大企業の経営者の資質が変わったというものであった。第一世代あるいはこの世代に鍛えられた世代の一部は、トップに上ってこのような改革を行うとか、または、いまは困難でもこのような事業を新しく始めたいという明確なビジョンがあったという。

だが、やがて社内でトップになることが自己目的化されたような昇進レースが展開され、トップになってから、さて何をするかを考えるような人物が目立ってきたという。語るべきビジョンのない人物からは、ただ空虚な内容のないインタビューが形式的に展開するだけの時間となったという。ビジョンなき経営者の登場である。

こうしてみると、経営者とはビジョンを自ら描くことのできる能力を持ち、大局を見ながら、学級委員長のようにクラスのみんなの意見を平均化するような意思決定ではなく、正しい意思決定にはときに周囲の反対を押し切ってでも大きな決断をし、最悪の結果に備えて最善の努力をするように社員たちを引っ張っていける能力を必要とすることは間違いない。むろん、そのような能力を生まれながらにして持っている人物もいるかもしれないが、そのような人物が経営者になるとは限らない。

とすると、多少ともそのような人物を教育プログラムで育てることができるのかどうかが問われる。第三回で示した図でいえば、若いころから経営者になることを意識化させることが重要であり、そのような機会を提供するのが経営者教育ということになる。ふりかえって、経営学部、あるいはビジネススクールにはそのような講座や教育プログラムがあるのであろうか。指導者論は語られてもその実践的プログラムはどうであろうか。あるいは、経営学部で経営者育成論があるのであろうか。

実際には、そのような教育プログラムは軍隊組織における士官養成プログラムで行われていても、経営学教育では意識されているわけではない。換言すれば、大は大きな艦船から小は小さな艦船にいたるまで、艦（船）長の指揮が重要な鍵を握る艦艇では、そのような指揮官をどのように育成するかをめぐって理想論と実践論が繰り返されてきた。そのようなプログラムでは、当初から指揮官になるべき人たちの指揮官になるべく教育を行うのが普通である。内部労働市場での上がりとしての経営トップへの意識とは根本的に異なる世界がそこにある。

日本の敗戦後、帝国海軍から海上自衛隊への転換期にそのような教育プログラムを模索した人たちがいた。ドキュメンタリー映画の監督などを務めた手塚正巳は彼らの模索を記録した『凌ぐ波濤—海上自衛隊をつくった男たち—』でそのような関係者たちの軌跡を紹介している。手塚は海上自衛隊の生い立ちについてつぎのように指摘する。

「海上自衛隊は旧海軍軍人たちの手によってつくられた。このことを多くの日本人は知らない。……陸と空は米軍の主導の下に組織が作られ、部隊が運営され、隊員の育成が行われた。つまり、アメリカの陸軍と空軍を丸ごとコピーしたものと言っても過言ではない。海上自衛隊には旧海軍の伝統と精神がそっくり継承された。」

海上自衛隊の創設に関わった人たちは戦前の海軍士官教育の何を重視し、何を継承させようとしたのか。手塚はその一人である谷川清澄—海軍兵学校六五期、病気のため卒業六六期—の戦後の歩みを追っている。谷川は昭和一三（一九三八）年に卒業、少尉候補生として第一期実務練習である半年間に及ぶ近海航路、中洋航海—前年までは世界一周の遠洋航海—のあと、第二期実務練習のために艦隊勤務に就いている。谷川は少尉任官後、戦艦陸奥の航海士となった。その後、谷川はいろいろな性格の艦長の下で実戦経験を積んでいくことになる。

手塚はこうした軍歴を持つ谷川へのインタビューを重ねながら、谷川が陸奥勤務中に犯した忘れられない失敗について紹介している。事前準備のないままに演習に参加して、旗信号の解読を誤り、間違った場所に占位してしまったことに対して、艦長や航海長からの厳しい叱責を覚悟したが、「以後、気をつけるように」と声を荒げることもなく、また拳骨が飛んでくることもなかったことについて、「いささか拍子が抜けた。だが大目玉を食らっていたら、失敗したことはいつか忘れてしまうだろう。ところが、『叱らない叱り方』で叱られたことは、骨身にこたえていつまでも記憶に残った」という。

そうしたなかで、谷川が将来艦長となった時に、心から尊敬でき、手本とすべき人物を探し出していくことになる。谷川が自らの範とした三人の艦長は、実戦においても訓練と変わらない声音であり、危急の事態でも常に冷静で、乗員が「艦を沈めない指揮官」であると感じさせるような人物であり、敗戦後の海上自衛隊においても育成すべき指揮官像となっていくことになる。

手塚は谷川の一期後輩であり、「海上自衛隊にあって海軍兵学校を首席で卒業した唯一の旧海軍軍人で、海上幕僚長を務めた」中村悌次にもふれている。中村は実戦経験のなかで二人の名艦長の指揮ぶりから「『指揮官とは何ぞや』という疑問に、答えを得た」とする。手塚は中村の回想をつぎのように紹介している。

「どのような情況にあっても、目先の結果にとらわれることなく、まずは部下の意見を受け止めて、それが最良の方策であるならば、即座にこれまでの考えを捨てて、新たな行動に移る。往々にして、猪突猛進型の指揮官が第一等と思われがちだが、それは指揮官の役割のほんの一部でしかない。敵味方入り乱れての戦場では、様々な要因から刻々とその様相は変化する。これに対応するためには、常に頭脳を覚めた状態に保って、臨機応変の姿勢で臨まなくてはならない。ときには味方の損害を避けるために、さっさと戦場を引き払って撤退する。このときの吉川艦長（艦隊司令―引用者注）は、突っ込み、引き払い、さらに東艦長（叢雲艦長）の意見を容れて、再度の突撃に考えを変えた。瞬時にしてのこの判断、単なる猪武者ではできない柔軟な思考である。

吉川艦長の指揮官としての底知れぬ力を目の当たりにして中村は、ただ感服した。……戦況の読みと尋常ではない敢闘精神に、畏敬の念を強く持った。東艦長のことを今井は、『あの方は命などいらなかったんですね。まったくの平常心ですな。あれはとにかく物凄く強い人でしたね』と述懐している。彼にとって東艦長の存在は、どんな教範にも書かれていない貴重な教訓となった。」東はその後も二隻の駆逐艦の艦長を務め、終戦後は不沈艦といわれた駆逐艦「雪風」の最後の艦長となった人物である。また、中村が五ヶ月間、水雷長として接し、その後、ガダルカナル撤収作戦で戦死した吉川艦長から敗戦後発足した海上自衛隊の指揮官はかくあるべしとする教訓を得たことを手塚につぎのように語っている。

「吉川艦長は自分に与えられた任務に対して、右顧左眄せずに全知全能を捧げてやり抜くということが一番の基本にあると思います。しかもただやるだけではなくて、なぜ……ということをいつも考えておられたと思うんです。それから度胸がすわっているんです。困難な状況になればなるほど、冷静に事態の本質を見抜くのには、度胸がすわっていなければできないですよ。……吉川艦長というモデルを見とるもんですから、あのようにやりたいと、やらなければいけないということは分かりますから、それができる、できないというのは、あとの自分の修業ひとつでしょうね。」

これは第三回の「直観について」での図で示した④という人物像なり、その人のもつビジョン、つまり④という領域が明確であれば、①から②を経て③にある自分は努力という過程を経て④という領域に進むことを意味する。おそらく、中村が敬愛した吉川艦長自身もそのような過程を経て④という領域へと進んだに違いない。

いずれにせよ、こうした経験をもつ旧海軍出身者が海上自衛隊、さらには幹部候補生学校の発足については米軍との関係や戦後の背広組とのいろいろな経過があったものの、「結局は兵学校の教育方法を参考にしている」ところも多いという。ではあらためて海軍士官の教育の場であった広島県江田島の海軍兵学校の教育の本質は何であったのか。それは単に精神教育だけが強調される面があるが、そうではなく基礎教育が重要であったとの指摘もある。

先に紹介した海兵六七期で海上自衛隊の第一一代海上幕僚長となった中村悌次は、『今こそ知りたい江田島海軍兵学校―世界に通用する日本人を育てたエリート教育の原点―』で、「滅びたものは美しい。私は兵学校を美化しすぎたかもしれない」と断ったうえで、つぎのようにふれている。

「学術教育は、井上成美校長が喝破したように、『丁稚教育ではなく学士教育』であった。卒業してすぐに役立つ教育ではなく、長い海軍勤務の基礎作りというわけである。私は、四年の学業の予定が三年四カ月に短縮され、後の方で習う予定の発射法とか電撃法といった、水雷長には必須の科目はすべて未習で卒業した。卒業後二年余で駆逐艦水雷長を命じられ、開戦を控えて死に物狂いで勉強した。その時役に立ったのは、微積分とか公算学などの基礎知識であった。精神科学として教わった哲学の基礎知識は自己啓発の動機となった。……」

当時の海軍兵学校の科目配当表をみると、海軍士官が担当する技術・実戦科目としては運用術、航海術、機関術、砲術、航空術、通信術、兵法、戦術、戦史などの科目の他に、一般教員が担当する基礎・教養科目として数学、物理学、化学、衛生学は当然としても、外国語、日本文学、漢文、心理学、論理学、統帥学、経済学、法律学などが見られる。もちろん、このほかに軍事訓練もあった。

では、スタート時点で旧海軍士官たちが創設に関わった海上自衛隊の幹部養成過程に学んだ人たちはどのように感じているのだろうか。海上自衛隊で海将となった左近允尚敏―海兵七二期―は同書で、「戦争に負けた海軍とはちがう新しい海軍を作るんだと意気込んでいた」海上自衛隊幹部も二〇期、三〇期と重ねても、「自分たちは海軍兵学校出身者の後輩だという気持ち」を持つようになったとした上で、その理由について旧施設が使用されたこと、勝った米国海軍士官から負けた旧海軍士官への尊敬、旧海軍関係者がすべて海上自衛隊から去った昭和六二（一九八七）年ころまでに良き伝統を伝える努力が為されたこと、などを挙げている。

こうした江田島の海軍士官の教育プログラムのすべて正しかったわけでも、あるいはすべて間違っていたわけでもなく、その良質な部分の何を経営者を育てるために継承すべきであるのか。いまの日本の教育、とりわけ、経営学教育に完全に抜け落ちているのは、経営学部教育における経営者というリーダーを育てる視点である。

江田島の海軍兵学校の伝統が「指導的任務に就くこと……武人としてだけではなく一流の紳士たるべく、……職務に必要な基礎的なものだけでなく、指揮官として人の上に立ち、さまざまな状況に対応し、いかなる場面においても的確な判断ができる人材を育成する」ことにあったとすれば、それは経営学教育においても継承されるべきではないだろうか。と同時に、改めて企業という組織内における経営者育成教育の必要性についても再考を迫っているのである。

第五回 社会について

企業と社会の均衡

小説の素材を企業の実際の「事件」に求める作家の高杉良は、企業の社会的責任をテーマにした『懲戒免職』―旧題『エリートの叛乱』―において、内部労働市場依存型の日本企業においていかに不正に対する社内告発が容易ではないことを真正面から取り上げている。

日本を代表する合成繊維の財閥系化学メーカーに勤める森雄造は、東京大学卒で正義感の強い人物として描かれる。森はかつて化学反応プラントの開発で会社に大きな貢献を為し、社長賞を取ったほどの技術者でもあった。しかし、同系列の財閥系銀行から転じてきた北見社長の懐刀的存在であり、筆頭副社長の速瀬の覚えもめでたい営業担当常務の川井一郎は「中小企業ならともかく、あるいは森が司直の手に追われるような悪事をしでかしたらということならいざ知らず、川井の剛腕を以ってしても、まず不可能である」と言われた森を懲戒解雇にしようとする。

むろん、これにはそれなりの理由があったのだ。三年前、川井が合成繊維原料の輸入を強行しようとしたときに、森は安定供給の面で輸入依存のリスクが高いことを理由に断固反対し、直属の上司などを飛び越えて副社長に直訴し、川井案を撤回させようとした。この一件で森に恨みをもった川井は原料部の課長から森をライン業務から外し、総合企画部付きの課長に左遷させる。

結局のところ、川井は基礎原料の三分の一程度について系列商社を通じて米国から輸入することにする。森が川井のこうした輸入だけではなく、そのシェア競争一点張りの高度成長時代の考え方から脱することのできない赤字続きの営業戦略も批判してきたのである。さらに、この背景には、森が川井について突き止めた不正事件もあった。川井が社長を務める香港の関連会社が巨額の赤字を出していたのだ。このきっかけは、森が香港へ出張したときに、日本の銀行の香港駐在員の秋山から川井についての情報入手であった。秋山はいう。

「投機の失敗で十二億円の穴をあけ、それを埋めるために二十五億円のヤミ資金を香港トーヨーにプールし、十億円を日本に還流したが、川井社長が二億か三億自分のポケットに入れたようなことを言ってました。東京本社の社長に手紙を出したが、十日ほど経ったが反応のないところをみると、本社の社長と川井社長は共謀しているに違いないとも話していましたよ。」

森は、香港支店がありながら、別法人を作った川井の意図と明らかな為替管理法違反と脱税行為、さらには特定個人に対する取引だけを、香港法人を通じた取引にしていることにも不信を抱くことになる。川井が森を疎ましく思うようになったのは、森が川井の不正に義憤を抱き、それを明らかにしようとする姿勢にもあった。森は「川井常務ほどのキレ者がきみのような人材をなぜつぶしにかかったのかね。私的な好き嫌いの感情だけで動くだろうか」という疑問をもつ、もっとも信頼できる大学の同級生で同期の仁科に対してつぎのように応じている。

「俺は身近で二年近くあの人を見てきたが、キレ者かもしれないけど、決してじっくり冷静に判断する人ではないし、会社よりも自分の利害を優先するような人だよ。ダーティーな面も相当ある。そのへんのところを俺に見られているから、俺が憎くてしようがないんだろう。もう一つは速瀬さんとの対立関係がある。俺が速瀬ファンであることはおまえも知ってると思うが、川井さんは速瀬さんによくないから、速瀬さんに社長になられては困るんだ（中略）リチャード・アダムスというイギリスの児童文学者の書いた〝ウォーターシップ・ダウンのうさぎたち〟という本を読んだことがあるが、群れのリーダーたるものはつねに危機に対する予知能力をそなえていなければならない。企業も同じことで、リーダーたるものの情勢判断が的確で、シビアに行えなければならないが、わが社の上層部では、その条件を満たしているのは速瀬さんだけだ。川井さんに至っては、進め進めの勇ましいだけがとりえで、シェア競争に走ったのも情勢判断のつたなさ以外のなにものでもない……」

速瀬一郎は森のかつての上司であったが、取締役会で子会社の樹脂メーカーの社長へと転出させられ、川井は代表権をもつ専務へ抜擢されることになる。川井が速瀬という後ろ盾を失った森に、香港での不正事件の罪をかぶせるなど難癖をつけて解雇しようとするなかで、人事課長で同期の仁科は森を懸命にかばおうとする。森は有給休暇をとって、香港へ出張し、川井の不正を調査する。高杉はそこまでやろうとする森に、その理由をつぎのように語らせている。

「もし、俺がこんな理不尽な暴力に屈服して依願退職にしろ、懲戒解雇にしろ黙って受けていたら、両親に対し、妻子に対し、友人や恩師に対して顔向けできると思うか。俺はその人たちを人間として赦すわけにはいかない。批判精神を認めようとせず、自分たちの野心のさまたげになる俺を暴力的にクビにしようとする。そんなやり方に唯々諾々と従っていたら、俺の人生に陰が出来てしまう……」

反面、森をよく知るまわりの友人などは、正義感が強すぎることをたしなめるが、同時に部下思いの性格に好意を寄せる人たちも多くいる。森の懲戒解雇をめぐっては、人事課長の仁科、副社長や常務の反対があったものの、川井は処分を決定する。これに対して、森は大学時代の同級生で弁護士となった友人に相談して、東京地裁に「地位保全仮処分」の申請を行う。新聞もこの問題を取り上げることになる。さらに週刊誌や経済誌がこの「エリート課長の造反」劇に注視し、取材合戦が過熱化していった。

会社側はあわてふためき、解雇ではなく「課長代理への降格処分」を発表する。そうしたなかで、新聞は東京国税局が香港子会社のヤミ資金問題を脱税容疑で調査に乗り出したことをスクープする。その後、優柔不断の経営トップたちは川井の常務への降格を決め、香港子会社の撤退処理後の関西工場長への左遷を打ち出すなかで、森は地位保全申請の取り下げ手続きを行った。

森は長い社内での戦いをようやく終えた。銀行出身のトップは社長を空席として、会長と社長を兼任しつつ、川井を降格させ将来に温存させた。森自身は財団法人の工業開発研究所へ移り主任研究員として新エネルギーの研究に携わることを決意する。森自身の戦いは、企業という組織を構成する人たちのモラル低下への強い抗議であり、その反社会的行為に向けられたものであった。だが、森の批判の中心には反社会的行為を唯々諾々と容認する同僚たちの貧しい精神、さらにはそれを麻痺させる時代精神への猛烈な反発があったのである。

森が批判してやまなかった川井の脳裏に巣くっていたものは高度経済成長下で形成された思考でもあった。では、高度経済成長思考とは一体何であったのか。ノンフィクション作家の佐野眞一は、このテーマを強く意識して、ダイエーの創業者であった中内功を取り上げた『カリスマ―中内功とダイエーの「戦後」―』を著している。佐野は一九九〇年代末のダイエーの経営危機に「五十数年前フィリピン戦線で命拾いした」中内功といえども、日本経済の構造変化のなかで自らの指針を失ったことで、「第二の敗戦」＝「本当の戦死」を迎えているのではないかと感じたという。

戦後のいわゆる「団塊世代」である昭和二二（一九四七）年生まれの佐野にとって、高度成長は自らの精神形成にとっての与件であり、自身の作品の多くが高度成長をテーマとして設定してきたなかにあって、戦後、あっという間に急成長を遂げ、戦後の日本の物質的繁栄を象徴してきた中内ダイエーの凋落と危機は、日本経済そのものの凋落と危機であり、日本の戦後そのものであるとみる。佐野は同書のプロローグで中内功とダイエーに関する本がこれまでに百冊近く出版されてきているにも関わらず、なおも自らの筆でもって描かざるをえなかった理由をつぎのように述べる。

「高度成長時代とは、まさしく日本の経済と企業のドラマがつくられた時代だった。それを描くには、巨大な消費社会を短期間で築き上げ、われわれの生活を一変させたもっとも〝戦後的人物〟である中内功の足跡と、ダイエーの興亡の歴史をとりあげる……戦後そのものの終焉にも重なる時期に、中内ダイエーは何を考え、どう行動しようとしているのか、……ダイエーという一私企業の問題にとどめるものではない。四十数年にわたる中内ダイエーの歴史は戦後日本の生きた歴史であり、……二十一世紀の日本社会や企業のあり方を問う上できわめて重要な示唆を含んでいる。（中略）中内は単に強欲なスーパー経営者でもなければ、涙もろい人情家でもない。中内は戦後という時代と高度経済成長のうねりを自ら体現した。もっとも代表的な日本人だった。」

世代論からすれば、「戦後という時代と高度経済成長のうねりを自ら体現した。もっとも代表的な日本人だった」中内は大正生まれである。この世代は戦争に駆り出され、多くの同級生が戦死し、復員後は日本の復興に活躍している。中内は大正一一（一九二二）年に大阪市に生まれた。

もう一人の日本の高度経済成長期を代表した人物であった田中角栄は、大正七（一九一八）年に新潟県に生まれた。だが、佐野は田中に言及していない。ただし、佐野はファミリーレストランのロイヤルホスト創業者で、大正一二（一九二三）年生まれの江頭匡一や、ギリギリ大正世代の日本マクドナルドの創業者で、大正一五（一九二六）年生まれの藤田田には言及している。

佐野は、中内たち大正世代は米国の物流に圧倒された世代であり、「中内のフィリピン戦線における飢餓感はそのまま、圧倒的物流に対する信仰的ともいえる崇拝心につながっていた」と強調し、中内が米国の物量的豊さの象徴としてのスーパーマーケットに引かれていった心情を忖度してみせるのである。それは米国のファミリーレストランへ憧れた江頭や、米国のハンバーガー普及に意欲的であった藤田にも共通した。

そうした中内の晩年において悲劇であったのは、経営環境、もっと大きくいえば、社会環境や社会的価値観が大きな変動を迎えつつあったときに、変化を指摘する周囲の声に謙虚に耳を傾けることができなかったことにあるのではないだろうか。残念ながら、人は自分が生まれ落ち、育った環境から逃れることはできない。

だが、環境は変わる。変わる中で、人びとの社会的価値観もまた変わる。だが、ビジネスやマネジメント手法をすぐに変えることなどできない。人は過去の時代の感性からまったく自由ではありえない。経営者もまたそうである。人は価値観という時代を背景にした慣性力のなかで生きざるを得ない。ゆえに、個人のみならず企業という組織にも「変えてはならない」倫理観と社会の変化に従って「変えても良い」論理観が必要なのである。

この意味では、明治の経営者たちは江戸期の精神で明治の近代化を支える事業を展開したのである。同様に、高度経済期に育った経営者たちは、高度経済成長期の感覚で高度経済成長終焉以後の日本のビジネスのかじ取りを行った。同様に、バブル期に育った経営者たちはバブル期終焉後の日本のデフレ経済のなかで事業のかじ取りを行っていたのである。

社会意識と慣性力

人は過去の慣性力のなかで現在を生きざるを得ない。ゆえに、わたしたちは日々の事業展開を行いつつも、いったい何が変わりつつあるのかを強く意識しなければならない。かといって、何でも社会の変化に迎合することが良いとは限らず、そこには社会にとって有用性とは何なのかという問いかけが常に為されなければならない。

経済には、じっくりと振り返ると、必ず転換点がある。それは景気の山や谷という短期的な転換ではまったくない。それはより長期からみた歴史的ともいえる転換である。そうした経済構造の転換点がテコになり、社会もまた転換点を迎えていく。いうまでもなく、マネジメントの本質は単に所与の条件の下で事業を適切に運営することではなく、そこに常に時間的要素を考慮に入れ意思決定を行う点にある。この意味では、所与の与件そのものがどのように変化しつつあるのかを予想し、その予想の精度を常に高めることがきわめて重要なのである。

戦後の日本経済に話を絞っても、敗戦から高度経済成長への時期が最初の転換点、つまり、この時期は恒常的に近い「コストプッシュ」型と「デマンドプル」型の物価上昇がインフレの所与の前提となり、企業の投資、家計の消費が米ソの対立という世界的構図のなかで行われ、企業活動が展開した時代である。人びとの経済行動を支える深層心理はそのような底流のなかで形成されていたのである。

こうしたなかでは、米国は西側諸国のリーダーとしての政治外交論理を優先させつつ、東側経済圏に対抗する経済・外交のルールを決定しうる中心国家として、ドルを世界通貨とする西側経済圏維持の経済コストを負担せざるをえなかったのである。結果、やがて米国は政治外交―軍事―コストを自ら賄うだけの経済力の保持が困難となり、欧州諸国や日本に対して「受益者」負担を促し、自らはそれまでの米国一極型の世界ルールに課されたコスト負担軽減の外交戦略に乗り出した。昭和六〇（一九八五）年のプラザ合意による通貨調整は、そうした米国の政治外交姿勢を反映したものであった。日本経済にとって、プラザ合意による円高誘導は明らかに日本経済の戦後第二の転換点であった。

わたし自身への自戒も含め、経済学者や経営学者が見落としがちであるのは、先にも述べたが、こうした転換点である。それが明らかになるのは、十年後あるいは数十年後になってからである。わたしたちは往々にしてこの間に起こりつつある変化のかすかな動きを見落とす。たとえば、プラザ合意による円高基調の定着は、それまでの日本国内のみに生産拠点を持つ企業に対しても海外直接投資を促した。やがて多くの企業がそうした動きに同調することで大きなうねりとなり、日本の製造業のあり方を根本的に変えることになるのである。

日本企業の当初のそうした海外生産へのシフトを促したのは、円高によって日本からの輸出競争力が低下したことへの対応であった。日本での生産コストが対ドル為替レートの変化によって割高になり、さまざまなコストダウン努力が為替変動によって一瞬にして吹き飛ぶような結果となったのである。多くの企業は米国市場など輸出先市場における自社シェアの確保から、アジア太平洋圏での生産体制の構築へと向かった。その結果、日本企業は米国での直接生産以上に、アジア諸国での生産展開を進めることになった。

その後のアジア太平洋圏での生産体制についてみれば、各国の自由貿易圏への誘致政策や優遇措置がとられ、やがて現地調達率の向上を求める政策が導入されたこともあり、当初は大企業だけにみられていた海外生産もやがて中堅企業や中小企業へと拡大していった。このように、プラザ合意は日本産業の空洞化―国内脱工業化―を推し進めると同時に、アジアの世界工場化の大きなモーメントを形成する転換点となった。

三つめの転換点は、平成三（一九九一）年一二月のクリスマスに、プラザ合意が行われた一九八五年に旧ソビエト共産党の書記長に就任して以来、ソビエト連邦の自由化・民主化を推し進め、米国との新外交路線―デタント―をとってきた大統領―共産党書記長―ミハイル・ゴルバチョフ（一九三一〜）の辞任であった。ゴルバチョフの辞任と旧ソビエト連邦の政治的混乱のなかで、それまでソビエト連邦の翼下にあった共和国が独立宣言を行い、ソビエト連邦から離脱したことであった。そうした動きを受け、ポーランド、東ドイツ―ドイツ民主共和国―など東側諸国も市場経済体制と民主化を打ち出していくことになる。

それまでの世界経済圏は、米国を中心とする西側経済圏と旧ソビエト連盟を中心とする東側経済圏に二分されていたのが、一挙に垣根が取り払われ統合されることになった。この変化は需要と供給の両面に現れていくことになるのである。前者は数億人の規模を持つ東欧諸国の市場が、西側諸国の企業に開放され、のちに中国の十数億人の市場もこれに付け加わることになる。他方、後者は生産拠点がそうした旧社会主義圏にも拡大していくことになる。要するに、需給両面で、資本主義経済圏が一挙に地球規模に拡大したのである。東西を分けていたイデオロギーという「規制」が全面緩和されたのである。

このように一九八〇年代を境に、世界経済のあり方は大きく変容しはじめ、一九九〇年代の東西冷戦の緩和はさらにこの動きを一挙に加速させていくことになる。この変化を「自由化」─それまでの規制の緩和─と恒常的な「インフレ」を組み込んできた経済環境の終焉と言い換えても良い。これがここ四半世紀あまりのグローバル化といわれてきた世界経済とわたしたちの社会の変容である。

こうしたなかで資本の移動が無人の野を行くように、一国経済を超えて旧社会主義圏をも含めた世界経済圏へと進展していくことになる。とりわけ、金融資本はコンピュータを媒介とする相手の顔が見えないかたちで投機性を強めた投資形態を推し進め、やがて定着することになる。

そうした経済構造の変化が社会面に強く表れ、人びとのそれまでの社会的価値観との齟齬を大きくし、貯蓄、消費、雇用などの面で意識変化を促していくことになる。必然、そうした経済と社会の両面における変化は、それまでのさまざまな規制によって実質守られてきた公益事業分野のみならず、製造業分野、流通分野、金融証券分野の企業や消費者の存立基盤にも及んでいくことになる。こうした方向は「自由化」というイデオロギーで語られ、それによって生じた諸問題は「市場メカニズム」によって解決されうることが強調された。と同時に、旧社会主義圏に対抗して「福祉国家」を支えるべき「大きな政府」の命題は「小さな政府」のそれへと横滑りを起した。

だが、「大きな政府」時代の財政赤字は、財政赤字削減を打ち出した「小さな政府」の命題登場以降も、縮小するどころか、一途に拡大を続けてきている。その後のデフレ基調となった各国経済においても、財政赤字削減が進展してきたとはまったくもって言い難い。それはそれまでの恒常的インフレ時代の経済成長率が減速し、その結果、税収の伸びが低下してきたことに起因するとともに、財政支出削減がそれぞれの団体、組織などの利害対立から容易に進展しなかったことにも起因した。

とくに、後者の財政支出削減は、景気後退期に従来通りの財政政策による景気刺激策がとられたものの、それまでとおなじ経済効果が得られず、むしろ財政赤字だけを拡大させる結果となっていたことに留意しておいてよい。自己完結性の高い国内生産体制がすでに崩れ、従来の「公共投資の拡大→国内関連需要の拡大→資材・物資の調達→国内産業の稼働率の上昇→設備投資や雇用の拡大→国内消費の拡大→……」というメカニズムの作動を保証しなくなったからである。つまり、財政の需要拡大効果は国内完結性から海外生産体制をとる産業の海外工場の稼働率引き上げや海外からの輸入拡大をもたらすことで、その国内面への影響は限られたものとなってきたのである。

この意味では、産業資本といえども、国内経済との関係でいえば、プラザ合意以降、商業資本化―流通資本化―してきたのであり、その国内における行動はまさに生産から輸入という商業資本の動きと同じになってきた。結果、財政出動による需要喚起を強く意識した景気刺激策は国内経済を大きく好転させず、赤字国債発行による景気テコ入れ策の結果として財政赤字だけを拡大させることになった。そうした刺激策は海外諸国の生産拡大につながっても、国内のそれへは全面的な影響を及ぼし得なくなり、ますますその流通面への影響にとどまることになってきた。

こうした社会の下に生きるわたしたちと企業との関係はどうあるべきなのか。企業で働くこととはどうあるべきなのか、そうした経営環境下のマネジメントはどうあるべきなのか。また、消費者としてどうあるべきか。日本企業にかぎっても、すべて短期間に変動する現代にあって、為替の変動、資金調達の多様化、予期せぬ投機目的による合併・買収、取引先の変化などをどのようにマネジメントしうるのか。課題は多い。

とりわけ、一九九〇年代以降の日本経済の長期低迷をどのように捉えるべきか。名目国内総生産（GDP）は平成七（一九九七）年の五一三兆六、一二九億円をピークとして、その後、漸減しはじめ、平成一九（二〇〇七）年に五一五兆六、四四五億円となり、その後、再度、五〇〇兆円を割り込んだ。一九九〇年代からほぼ二〇年間にわたり数字的には日本経済は停滞している。

このような日本経済の長期低迷は、その国内市場に連動した自営業や中小企業だけの問題でなく、大企業においても日本国内にあった事業基盤を海外へと移すなど、その多国籍度を高める方向での対応を促してきた。これは従来の日本国内での企業間取引の頻度と比重にも変化を与え続けてきている。

政府系金融機関のエコノミストとして日本経済を長期にわたって見てきた炭本昌哉は『デフレ時代―市場メカニズムの展開と限界―』で、日本経済での長期デフレ傾向が今後も長く続くことを予想した。炭本のこの著作が発刊されたのが平成九年（一九九七）であり、その後、十数年経過しても、炭本の予想したとおりに日本経済は低迷を続けたことになる。

炭本はこれを「デフレ・自由化時代」の構造的特徴として、「デフレ・自由化時代は、市場メカニズムの触手が、社会の隅々まで、これまでの歴史の内で最も広く伸びる時代になろう」とみた上で、

「デフレ・自由化時代は、……マクロ経済としては大きく発展する余地を与えられるが、個々の企業の経営環境は、インフレ・規制時代に比べて厳しくなる。言い換えれば、個々の企業には厳しい環境に耐えさせることによって、マクロ経済が資本主義としての健全性を取り戻した時代がデフレ・自由化時代なのである」と指摘する。そうして、一九九〇年代半ばに、炭本は個別企業がつぎのような三つの経営環境の変化に対応せざるをないと予想していた。

㈠「企業が大きく波に乗って発展することは難しくなった。インフレ・規制時代に比べて、経済成長は鈍化し、大きな需要の伸びを期待できなくなった。」—現在も日本の企業数は減少しつづけている反面、売上高を伸ばした企業でも国内雇用数をみるかぎりむしろ減少したところもみられてきた。

㈡「産業構造の変化が厳しく、企業の盛衰も激しくなることである。経済全体の量的な変化は小さくなるが、内部の質的変化は、従来以上に厳しくなろう。技術革新が頻繁で、新たな業種が次々に生まれ、企業の勃興も相次ぐようになる。そうなると、技術の陳腐化も早く、衰退する業種、倒産する企業も増加してくる。」—炭本の期待したようには、ベンチャー型企業の動向—新規開業や店頭市場などへの上場等—は活発ではない。

㈢「デフレ・自由化時代への転換にともなう経営への打撃である。……規制による保護がなくなれば競争は激化するし、国境措置の撤廃があれば、国際的競争に巻き込まれる。」—炭本の予想通り、日本企業は苦戦をしてきている。国内的な規制が撤廃され、国際競争に晒されてきた証券・

金融系の日本企業はかならずしも収益を確保しているわけでもない。

最初の点では、必然、中国など海外市場へと企業の関心は向かい、そうした海外市場での国際競争は激しさを増し、当然、企業の盛衰の激しさとともに技術革新へのドライブが強くなる。現実は、技術革新という非価格競争ではなく、デフレ下の消費需要低迷に対応するために、日本企業の多くは価格競争を強め、価格競争の激化はさらに海外生産比率を高める循環に入ってきた。

デフレ経済環境は、個別企業のあり方、個別産業のあり方、個別地域経済のあり方、日本経済全体、さらに社会全体のあり方、そして最終的には個々人の生き方に大きな影響を及ぼしてきた。とりわけ、長期停滞局面に入った日本経済の下で、企業経営も変化せざるをえない。

経済活動における企業や個人の行動の帰結が市場メカニズムに拠るとされれば、ビジョンなき社会、ビジョンなき企業経営の下では、それまでの共同社会的な絆は解体し、すべて個々人の能力問題に還元される可能性が高まる。事実、小泉内閣のころには「自己責任」という言葉が闊歩した。少なくとも、社会的風潮としてその傾向が強まった。

炭本の挙げた三つの環境変化のほかに、わたしはつぎの二つの項目を追加すべきであると考える。

㈣　日本における人口減少が引き起こしてきた国内市場―資本市場、労働市場、消費市場―の変化―高齢化―を伴った人口減少は、単に消費市場の縮小だけではなく、人びとの貯蓄行動や働き方に大きな影響を及ぼしてきた。

㈤　米国など主要国の赤字財政の拡大と資本市場の世界的再編の進行―米国など主要国のここ四半

世紀にわたる直接投資の拡大はアジア諸国の工業化を加速化させつつ、自国の産業構造を大きく変化させた。とりわけ、米国については金融・同関連サービス業の拡大をもたらしつつ、そうした米国を支える金融証券市場ルール―米ドル体制の維持を含め―を確定させた。だが、それは米国などの財政赤字を拡大させる方向となり、世界経済のあらたな再編をさらに促してきている。

個人と企業の方向

こうしたなかで、個人と企業には二つの方向性があることが顕在化してきた。一つめは地球規模での社会・経済主体としてのあり方、二つめは日本、さらには地域の社会・経済主体としての「生き方」である。個人も企業も市場メカニズムという無色透明の機構のなかで埋没しているわけではなく、わたしたちは自分たちの社会を離れて孤立無援の存在として存立しえないし、また、社会は生産やサービスの供給者、雇用の担い手、地域経済の納税主体としての企業とは全く無関係に離れた存在として存立しえないのである。

必然そこには、企業の社会的存在としての意識が問われるし、また、そうした社会意識なしには企業が長期にわたって存立しえない時代に、わたしたちは生きているのである。炭本はそうした時代の企業対応の方向についてつぎの三点を提起する。

㈠「社内の官僚主義や大企業病の一掃」―「規制の恩恵を強く受けていた産業、企業では、規制の存在に強く影響された企業風土の刷新に時間を要し、新たな時代への対応にも遅れることになりがちである」こと。

(二)「企業自身が企業の方針を決めるという覚悟を固めることが重要である」──「規制当局の指導方針を勘案し、同業他社の動向を見ながら、天下の大勢に追従することを心がければよかった。……個々の企業は、自ら情勢を判断して、自ら創意工夫を凝らして、自らの責任で決断しなければならない。言い換えれば、デフレ・自由化時代になってはじめて、ほんとうの経営、ほんとうの経営者が求められてきたと言ってよい。」

(三)「デフレ・自由化時代には、製品・商品の販売価格は、市場によって決められる。……デフレ・自由化時代では、需要の伸びが弱く、供給者側は多数が競争している。……そのために、創意工夫を凝らさなければならず、そこに合理化、コスト削減のための厳しい競争が起きることになる。」

要するに、炭本はデフレ・自由化時代の下では、それまでの「規制当局の指導方針を勘案し、同業他社の動向を見ながら、天下の大勢に追従する」ことを前提にしたような「おみこし型の経営ではうまくゆかず、トップの明確なリーダーシップと各セクションの責任の明確化が不可欠になる。……人事管理は、もっとも大きく変わる部分であろう」と予測したのである。

では、デフレ・自由化時代の基調を為してきたコスト削減競争だけを管理するのが、トップに立つ経営者のリーダーシップであるかといえばそうではない。そうではないからこそ、その先にある展望を見据えた社会性のあるビジョンをもった経営哲学と経営手法を実践する経営者が求められている。

やはり、社会性を十二分に踏まえたビジョンが個々人に必要であるばかりではなく、企業などの営利組織においてもその存在が社会的有用性に密接に結びついたようなビジョンを必要とするのである。企業の経営トップ層には、そのより実践的なマネジメント手法の重要性もさりながら、その先にある企業存立の基盤となるような自らの社会性が一体何であるのかを恒常的に問い続ける必要がある。この意味では、現在とこれからのビジネスのあり方を問う経営論はのぞましい社会とは何かを問う社会論なのである。

会社内で展開されるべき、あるいは、現に展開されているそうした社会論が、決して会社論ではあってはならない。それはあくでも社会論なのである。これは平成二三（二〇一一）年の三月一一日の福島第一原発のメルトダウンをめぐって明らかになった、日本の電力企業の社会性が何たるかであったかを振り返っても、わたしたちが深刻かつ真剣に自問しなければならない。それは社会性を失った会社のあり方の再考をいまもわたしたちに強く迫っている。

そのあとも、九州の電力会社は原発再運転をめぐる政府主催の説明会での住民意見の照会に際して、本社の原子力部門や佐賀支店から関係会社などへ再運転を要求するメールなどを送るよう求めた。電力会社については、東京や九州だけではなく、その他の地域でも原発の安全性をめぐってデータ改善などの問題がそれまでにもあったのである。

東京電力の福島第一原発大事故のあとに、一冊の本が復刊された。福島第一原発大事故の二七年前にそこで働いた経験をもつ記録作家の堀江邦夫の『原発労働記』である。堀江は当時、福島第一原発だけではなく、関西電力の美浜原発、敦賀原発でも下請企業の作業員として働いた。

堀江は初めて福島第一原発に入った時の印象について、「構内は、実に広々としている。メモによると、美浜原発の約六倍の三二〇万平方メートル（一〇〇万坪）。後楽園球場が、実に三二〇個もつくれる広大さだ。……守衛所を抜ける。沿道には、東芝・鹿島建設・日立製作所・日立プラントなど。各業者の事務所がずらりと立ち並び、コンクリート・プラントまで設置されている。まさにコンビナートそのものである」と紹介している。だが、実際に高汚染場所の作業にあたるのは下請企業の作業員であり、彼らは地元だけではなく全国各地から集められていたという。

「汚染管理地域」―東京電力ではC区域―へは、全面マスクやC地域用の作業服を身につけて入る。堀江はC区域での作業環境について、「二重トビラを抜ける。それまでとはまったく違った、雑然とした世界だ。ひと一人がようやく歩けるような通路。所狭しと群れをなして空間を走るパイプ。背たけほどの高さに張りめぐらしたビニール・シート。垂れ下がるコード。あちこちに山積みされた工事用資材。生温かな空気。暗い。そして騒音……」という環境下でマスクを着けて、しかも放射線を浴びながらの作業は緊張を強いられる過酷なものであったと振り返る。

にも関わらず、下請作業員への放射能管理教育などはお世辞にも親切であったとはいえなかったようだ。堀江は作業中に落下してけがを負うことになる。だが、そうした場合でも労災扱いをしない旨を告げられている。堀江は安全管理者の発言をつぎのように記録している。

「『労災扱いにすると、労働基準監督署の立入検査があるでしょ。そうすると東電に事故のあったことがバレてしまうんですよ。……ちょっとマズイんだよ。それで、まあ、治療費は全額会社で負担するし、休養中の日当も面倒もみます。……だからそれで勘弁してもらいたいんだけど、ねえ』そして、彼は、二、三年前ほど前に福島原発内で酸欠事故が発生し、『その時には新聞にジャンジャン書き立てられ、そりゃ大変でしたよ』と付け加えた。」

堀江は「ここに原発の『閉鎖性』が生まれてくる土壌があるようだ」と指摘した上で、福島原発構内の道路脇に誇らしげに立っている「無災害一五〇万時間達成記念」の木製の塔に関して「東電のいう『無災害』とは災害が発生しなかったことではなく、災害が公にならずに済んだことではないのだろうか」と記している。堀江は福島第一原発だけではなく、美浜や敦賀の原発で働いてみて、そのような体質は、東京電力だけではなく日本の原子力発電所全体の根本体質であることを強く示唆している。

今回は原子炉の冷却装置などの問題が浮上したが、堀江は放射線を浴びながら人力でやらざるをえない作業の被ばく量を低減させるような設備の設計面でも充分ではなかったことにも触れている。敦賀の定期検査の際にも、作業を行う場所に電源は設置されておらず、そのために外部からいちいちケーブルを運び込むことで、放射能が外部に漏れるし、また、そのために作業員も余計な放射線を受けることになる。堀江はこの点について作業員たちの意見をつぎのように代弁する。

「毎年かならず定期検査を行うことがわかっていながら、なぜ原発を設計する段階で定検用電源のことを考慮に入れなかったのか、設計者の気持ちがわからないとつけ加えた。……私も『設計者の気持ちがわからない』。定検のたびにそれ用の電気を管理区域内に付設するのは、私たち労働者だ。当然、被ばくする。最初から定検用電源が確保してあれば、この被ばく分だけが少なくとも減少させることができるのだ。……政府や行政が行なったという『安全性について（の）慎重な検討』項目のなかには、定検用電源の不備や、その付設工事に伴う労働者の被ばくは含まれていなかったことになる。国が実施する『慎重な検討』とは、所詮この程度のものなのだ―汚染区域のなかで、浴びなくても済むはずの放射線を肉体に受けながら私は、そう思った。」

堀江はこのほかにも、放射能管理区域から放射線量を測ったうえで搬出されるべき物品が、そのまま外部に持ち出されたりされている杜撰な管理体制にもふれている。

なぜ、そのようなことが起こるのか。なぜ、もっとも社会性が要求される電力会社など公益事業者においてそのような不祥事が繰り返されてきたのか。それは会社のなかにある社会観が社会一般人のそれとは大きくかけ離れていることに起因しているにちがいない。

この背景には、企業の社会的責任論より以前に、日本社会におけるわたしたちの事件意識のあり方が問われているのではあるまいか。それはなにも原子力発電所内だけではなく、いわゆる三K―危険、きつい、汚い―仕事をめぐる問題がある。それは親会社であろうと、下請会社であろうと、本工であろうと、臨時工・派遣工であろうと、守られるべき労働条件がきちんと遵守されるべきとする「社会的意識」が会社と社会において強く意識されてこなかった日本社会のそのものの問題でもある。

堀江は『原発労働記』で、「原発労働者の存在は、じつに長いあいだ〝放置〟され続けてきたことになる」ことを指摘し、復刊された自著について「それから三十余年、今回の原発事故発生にともなってマスコミ関係者知人から頻繁にご連絡を頂戴するようになりましたが、その際に異口同音に決まって尋ねられることがひとつありました。『現在の原発内労働はどうなっているのか。まさか三十年前と同じという事はないですよね』……」としたうえで、いまもむかしも原発が電力会社の社員だけで運転されていないことを再度認識してほしいことを述べている。

繰り返しになるが、設備設計などは実際にそこで働く実際の作業者の作業内容をきちんと理解したうえでないと、適切な設計などは机上のものにとどまり、現実には全く役に立たないのである。実際の安全設計以前に、設計と実際の作業、さらにそのまえに本社社員と下請企業の臨時作業者という二重構造、場合にはよって三重構造という深い溝がこの国にあるのである。

この意味では、第一回で紹介した経営学者の三戸公が示した日本企業における「家」の論理の貫徹をそこにみる思いがするのである。自分の家だけが生活であれば、外部は汚れていても気にしないというような「家」意識がやはり問題視されなければならない。この「家」意識は各電力会社での「家」意識だけでなく、さらに電力業界という「大家族」意識へと容易に昇華して、電力業界以外の社会への意識を容易に捨て去ってしまう「日本の会社」という風土を余すところなく示しているのである。

四月一日新卒一括採用によってあらたな会社＝家という家族の一員になった会社員は、社会への窓を閉めたプラトンの「洞窟の男」になってしまうに違いない。そこではトップ層を親とする親子関係＝命令服従の関係が知らず知らずのうちに構成員である社員に浸透する。そこではただひたすらに会社＝家の維持・存続が自己目的化されていく。今回の九州の電力会社―他の電力会社にも過去においてあったのではないかといわれているが―の「やらせメール」指示事件でも明らかになったように、やっかいなのは親＝経営トップ層の過ちを正すシステムが作動しにくいことである。

なるほど、江戸時代には有力家臣による殿様の「閉じ込め」が行われ、徳川幕府への届け出では「殿の病気と静養」を理由に、世代交代を行うようなケースがあった。だが、いまは江戸時代ではない。企業はさまざまな価値観と生活感を持つ社員を大切にし、外の社会を自社に等身大に取り組むような社会性が形成されないかぎり、電力会社にみられたような事態が今後も繰り返される可能性が高いのである。

ただし、わたしたちにとって社会への意識といった場合、留意すべきはそれが容易に自分たちだけの共同体意識へと容易にすり替わってしまうことである。いまやわたしたちのまわりをみても、共同体としての村落は都市化によって大きく減少・変貌し、共同体意識はもっぱらわたしたちが長く生活の基礎をおくようになった会社意識へと、容易に横滑りしている。あらためて企業＝会社と社会との関係を取り込んだ経営学のあり方が問われているのである。

第六回 技術について

技術開発とリスク感

企業の研究開発部門や研究開発系の企業を念頭におけば、現実の技術開発とその市場化までの過程がいかにリスクに満ちた棘の道であるかはいうまでもない。ある種の偶然から、一九九〇年代前半から研究開発型中小企業の経営者たち―イノベーター―と親しく付き合うようになり、わたしは彼らのリスク感覚に興味をもつようになった。

とりわけ、そうしたリスク感覚が個々の経営者たちにどのように内面化され、彼らの経営感覚に結びついていくのだろうか、とりわけ、バイオ創薬分野の事業家たちはリスクにつぐリスクに耐え、それをどのようにして乗り越えていくのか。彼らはＩＴ分野の事業家とはまた別のリスク感覚を持っている。技術というものは実に厄介で、技術開発は常にハッピーエンドで終わるとは限らないのである。この点はきわめて重要である。

とりわけ、研究開発系企業の経営者の出自には理工医薬学系の出身者がみられる。とはいえ、技術開発そのものは彼らが得意とする分野であっても、その市場化については優れた製品が市場に受け入れられる保障はない。技術開発のスピードは、市場のニーズに対して早くても、また遅くても上手くいかず、それを受け入れることのできる市場の成長性に大いに関連する。わたし自身も技術開発と市場開発のアンバランスから、失敗したイノベーターたちを多く見てきた。

実際のところ、技術開発でフロンティアを切り開くトップランナーの事業家たちが成功するとは限らない。ナノ技術におけるフィンランドの大学発―正確には大学院発―ベンチャーで、フィンランドの専門誌の表紙にもなったような人物が興した企業の創業者にインタビューをするつもりで、フィンランドに向かったものの、その前に資金繰りで破綻した例もあった。皮肉にも、同じ分野で二番手の事業家にインタビューをする機会に恵まれ、一番手の失敗について聞くことになった。彼は現実の市場ニーズを超えた技術ゆえに、その事業家が失敗したことに破綻の原因を求めた。技術開発はあくまでも市場開拓と同じスピードで並行することが理想的なのである。

既述のように、技術開発は既存技術による設備への投資などと比べて、そこには常に失敗から派生した埋没費用―サンクコスト―の累積というリスクが付随している。この失敗には純粋に技術上の失敗のほかに、それを実用化するための資金不足、既述のように市場のニーズに合わないことから生じるマーケティング上の認識不足、あるいはこれらの複合的原因などが含まれる。とりわけ、先端技術などの分野については、研究開発にかかわるリスクの大きさも中途半端なものではない。

第三回で取り上げた日本触媒化学の創業者である八谷泰造（一九〇六～七〇）の歩みもそうしたリスクとの戦いそのものであった。わたしが工学部で化学を学んでいた頃から、八谷泰造の名前だけはなんとなく知っていた。彼の恩師や同級生がわたしの大学の教員にいたことから、彼らが有機化学論や高分子化学論などの講義の時間にこの事業家の開発技術を語っていたからであろう。八谷は日本では数少ない高学歴技術者による技術開発系ベンチャー企業の旗手として記憶されておいてよい。

八谷泰造は広島県の現在の庄原市に生まれ、地元の三次中学を卒業後に小学校の代用教員として勤めた経験を持つ苦労人である。八谷は小学校に教職を得たものの、化学への関心は断ちがたく大阪高等工業学校へと進んだ。その後も、八谷は勤めながら昭和七年（一九三二）に大阪帝国大学工学部応用化学で学んだ。卒業後、八谷は和歌山県にある由良精工という染料会社に勤めたが、どうもその職場環境に馴染めなかったようだ。

八谷は昭和一六（一九四一）年に大阪のオサメ硫酸工業所へと移り—のちに社長となる—、バナジウム触媒の研究に熱心に取り組んでいる。試行錯誤の結果、八谷は高分子や樹脂などの可塑剤(＊)となる無水フタール酸(＊＊)の実用化に成功した。当時、無水フタール酸は航空機や自動車用の塗料原料に必要であり、戦時中の軍需を中心に需要が急増していた。だが、工場での爆発事故や八谷自身が陸軍に召集されるなかで終戦を迎えている。

＊　可塑剤—高分子など合成樹脂の軟化や硬化の際に使用され、成形加工を容易にさせる化学物質である。無水フタール酸はフタール酸の二一個のカルボシキル基から一水分子からとれた構造であり、無水フタール酸と呼ばれる。

＊＊　無水フタール酸—水にわずかであるが溶ける性質を持つ。アルキド樹脂や可塑剤の原料、染料中間体としてよく用いられる。

戦後、八谷は苦労の末、混乱がまだ残る昭和二二（一九四七）年に工場の再開にやっとこぎつけたあと、母校で翌年、工学博士の学位―「バナジウム触媒の工業的確立」―を取得し、昭和二四（一九四九）年に自社を日本触媒化学工業に改称して、触媒（＊）分野での本格的な発展を目指した。だが、未だ無名の会社であった理由のほかに、バナジウム触媒（＊＊）そのものへの無理解のためになかなか銀行融資などを受けることができず資金繰りに行き詰まった。だが、同郷で当時の富士製鉄社長であった永野重雄から出資を得たことで、八谷はなんとか苦境を切り抜けていった。

＊　触媒―化学反応で反応物資以外のもので、それ自身は化学反応せず、また、その変化を受けず、しかも反応速度を加速させる物質の総称である。
＊＊　バナジウム―銀白色の金属で、特殊鋼などの製造に使用されるほか、硫酸製造の際の酸化触媒として利用される。

その後、八谷は無水マレイン酸（＊）、ポリエステル樹脂（＊＊）等の研究を本格化させ、その製造プロセスを独自に確立させたことで同社発展の基礎を確立させていくことになる。旧財閥系―三井や三菱―の化学会社が米国などからの特許導入によって石油化学工業を確立させようとしたなかにあって、八谷の方向はあくまでも国産技術にこだわったものであった。八谷世代のナショナリズムを感じさせる。この大きな成果の一つはエチレンオキシド（＊＊＊）の自主開発の成功であった。

＊　無水マレイン酸―マレイン酸は水、エタノールに溶けやすい性質を持つ化学物質であり、その沸騰温度は一六〇度で、無水マレイン酸と水に変化する。アルキド樹脂の原料となる。マレイン酸はベンゼンから五酸化バナジウムを触媒として気相酸化して得ることができる。
＊＊　ポリエステル樹脂―多価アルコールと多価カルボン酸の重縮合によって得られる高分子化合物の総称で

ある。主鎖はエステル結合を持つのが特徴。

＊＊＊　エチレンオキシド――エチレンから合成される。沸点は低く、熱や衝撃によって分解爆発しやすい化学物質である。エタノールに溶けやすい。石油化学では重要な中間体である。さまざまな触媒の下で重合反応する。

作家の高杉良は、化学新聞社の記者時代にも取材経験があり、その人柄をよく知る八谷泰造を取り上げた『炎の経営者』で、当時、八〇名ほどの中小規模にすぎない化学会社が分不相応ともいえる立派な実験設備を持つ研究室を設け、満鉄中央試験所で働いていた技術者などを採用しようとしていた八谷に「化学企業で死命を制するのは技術です。そのためには優れた人材が必要ですが、わたくしは人材の育成も含めまして、研究には思い切って資金をつぎ込もうと思うています。どんなに会社が不景気でも研究費をちびるようなことはようせんつもりである」と語らせている。

戦後の混乱期とはいえ、八谷は大阪大学時代の恩師や同級生などのネットワークを利用して、日本にも石油化学の時代が来ることを予想し、小さな化学会社でも独自の技術を確立すれば大きな成長を見込めることを説き、積極的にすぐれた人材を採用しようとしたのである。化学分野といえば、石鹸などの製造でこそ中小企業などが存立していたが、みずからの研究開発の成果を事業化しようという中小企業は少なかった時代である。なおかつ、八谷のような高学歴者が大企業で技術者として働くのではなく、自ら起業するなどきわめて稀な時代であった。そして、化学分野においては、残念ながら日本はいまもそのような傾向にある。

化学産業は実験設備やプラント建設という面できわめて資本集約的な分野であると同時に、研究開発面では優秀な技術者を必要とする頭脳労働集約的な分野でもあって、八谷はこの双方の面で苦労を強いられている。とりわけ、名もなき中小企業に優秀な化学技術者を集めてくるのに大変な苦労を重ねている。それでも、敗戦後という混乱期であったからこそ、通常では獲得困難な人材にめぐり会えた幸運もあったのである。

たとえば、八谷は京都大学工学部出身で満鉄の研究所から他の化学会社への就職が決まりかけていた技術者に翻意するよう熱心に働きかけ、八谷の独創的な独自技術へのこだわりと国産化にかける熱意と技術者魂に根負けして入社を決意した技術者もいた。石油化学で日本よりはるかに先を行く米国に、日本の当時の化学技術水準からいえば、独自技術で追いつくことな無謀であり、むしろ米国から技術導入することが得策と応じるその技術者に対して、国産技術の確立の必要性を広島弁丸出しで熱く説く八谷の姿を高杉はつぎのように描いた。

「石川君、これからは石油化学工業の時代じゃ。もうそこまで来とる。優秀な技術者がなんぼおっても多すぎることはない。……外国から技術買うてやるくらいなら、やらんほうがええ。外国に負けない技術を開発すればええじゃろうが。」

その後も、八谷は技術者だけではなく役員にも、技術と経営の双方を理解できる優れた人材の獲得に力を注いでいる。八谷もまた単なる技術者ではなく、技術が分かる経営者の素質を持っていたのである。こうしたなかで、「外国から技術買うてやるくらいなら、やらんほうがええ」という八谷の熱意に反して、通商産業省—現経済産業省—はわが国での石油化学工業の早急な確立を米国からの技術導入に求め、その担い手については旧財閥系化学会社を結集させる方針を打ち出した。とはいえ、日本にも化学コンビナートの時代が到来することになる。

八谷は自社での基礎研究を疎かにして、安易なノウハウの導入や特許購入の傾向に真っ向から抗して、日本触媒化学は苦しくとも自社技術の確立によって独自にエチレンオキサイドやエチレングリコール（*）の生産に乗り出すことを宣言している。八谷は昭和三一（一九五六）年八月の社内報に、自らの経営方針をつぎのように発表して、社員により一層の自覚を求めている。

「最近の石油化学の問題にしても、少しも自分の会社で研究せずして、直ちに外国からノウハウ（技術）を入れてその結実を急ぐ。二年三年その題目について一応は研究をし、その技術に馴染んで後、初めて技術導入するなり、あるいは自分等の技術で工場を完成するなりしてこそ、永久にその仕事が存続してゆくのである。何等の基礎研究もなしに技術導入した場合、二年三年火事場泥棒的に儲かっても、やがて衰微してゆくことは明白である。」

＊　エチレングリコール—吸湿性が強い物質である。エチレンオキシドと水との反応によって得られる自動車エンジンの不凍液として使われるほか、ポリエステルなど合成繊維の原料としても使われる。

既述のように、化学工業は多くの中小企業のそれまでの存立分野のように労働集約的ではなく、装置産業であり、資本集約的かつ技術集約的—知識集約的—な分野で、装置の建設資金には巨額の資金が必要である。必然、八谷は、資金繰りに悪戦苦闘しつつも、エチレングリコールの独自技術で会社の存亡をかけたような川崎コンビナートの建設に打って出る。のちに、日本触媒化学はそれまで技術といえば技術導入というかたちで外国から購入する意識が強かった日本の化学工業界にあって、自社特許をソビエト連邦などへ輸出しうることを示し、日本の化学技術者に自主開発の重要さをあらためて思い起こさせている。

繰り返しになるが、化学技術といえば米国などからの技術導入と同義であったようなこの時代にあって、技術者のみならず、それを購入するユーザー企業の経営者たちも日本の名もない中小企業が開発した技術に懐疑的であった。これはいまもむかしも中小企業の独自製品への相も変わらぬイメージである。技術は何であれ、それが生み出す製品の品質とコストがすべてである。ユーザーが手にとり、その性能や機能を自らチェックすれば、その真価が分かるのだが、手にとってもらうまでが実に大変なのである。技術者であった八谷たちも自社製品の販売拡張にはずいぶんと苦労したようだ。

ところで、高杉は『炎の経営者』で、昭和三〇年代半ば、日本触媒化学が姫路市の広大な埋め立て地区を購入し、化学工場を建設しはじめたころに、「石油化学新聞」の記者が新婚旅行の途中に八谷を訪問した杉野記者として―実話であり、新婦を連れた取材に八谷に呆れられたらしいが―自らを描いている。高杉はその時の会話のなかで、「わたしは十年前に石油化学工業が化学工業の主流になると予言しましたが、どんぴしゃり当たりました。……経営者にいちばん求められるのは先を見通す眼です」という八谷の言葉を紹介している。

高杉は、八谷泰造が自社技術の確立のために全力疾走の末に亡くなって四〇年あまりが経ったころに評論家の佐高信との対談で、欧米からの技術導入が盛んであった戦後の日本の化学工業界にあって、独自技術にこだわったがゆえに孤高の経営者であった八谷泰造の存在感についてつぎのように語っている（前掲『炎の経営者』所収）。

「昭和三十年代の石油化学工業は、国産の技術ではできるわけがないと思い込まれて、どこも外国、特にアメリカから技術導入していました。ところが、日本触媒は、自社で開発した技術でやったわけです。……川崎のコンビナートへの進出が決まったときも、すべて自社の技術でやると判断するわけです。これは大きなリスクを伴います。実験ベースでは製品化できても、コマーシャルベースの大きなプラントにしたときに、どんな事故が起こるかもわからないでしょう。化学工場は絶えず危険が伴いますからね。失敗して爆発でもしたら、もう会社は潰れてしまう。それでも乾坤一擲の賭けに出るわけです。当時、三菱油化、三井石油化学といった大手企業でも海外から技術導入するしかなかったのに関東では知名度ゼロの、日本触媒という大阪のマイナーな会社が自主技術ですべてを手がけるというのですから、驚くべきことだったのです。」

高杉はこの対談の最後をつぎのように結んでいる。「時代が八谷氏を求めたともいえるが、家庭を大事にし、社員を大切にし、恩人には徹底的に尽くす八谷氏のような経営者の存在を知り得たら、現在の経営者のほとんどは赤面を禁じ得ないのではないか」と。そうした八谷を支えていた精神は国産技術へのこだわりであり、当時の米国からの一時しのぎの安易な技術導入への体を張ったような批判であったのではないだろうか。やがて、そうした技術者あるいは技術系企業のあり方は、米国など外国からの技術依存の体質をもたらし、やがてくる技術革新の時代に、日本の技術系企業の成長が困難になるという八谷の見通しがあった。

国産技術へのこだわりというある種のナショナリズムは、自動織機の開発で大きな足跡を残した豊田佐吉（一八六七～一九三〇）などにもあったことはよく知られている。そうした強いナショナリズムは技術導入が困難で、国産化が強く求められる軍事技術に関わる分野ではより一層強い意識となる。航空関連機器などでわが国を代表する企業となった多摩川精機の創業者の萩本博市の歩みをみてみよう。

技術アイデアリズム

萩本博市は、明治三九（一九〇六）年に長野県下伊那郡泰阜村打沢で生まれている。当時の泰阜村は従来の米・麦、大豆・小豆などを中心とする農業から養蚕や養種にも力を入れていた。博市は「村で一番偉いのは村長、次は小学校の校長、そして郵便局長かお巡りさん」と親から教えられ、「村長はいやだが校長になる」と尋常小学校卒業後、下伊那准教員養成所へ進学している。准教員養成所修了者は師範学校へ進学するか、あるいは下伊那の尋常小学校で一年間教鞭をとることが義務づけられていた。博市は長野師範学校への進学を希望した。

だが、博市はこの受験に失敗する。失意の博市は東京の青山師範学校―のちに、他の師範学校とともに東京学芸大学となる―を受験し直し、合格した。関東大震災の前年であった。博市は卒業後、東京の小学校で教鞭をとり始めるが、先輩教員から「萩本君、君は教員として不適当だよ。君のような男はこの道では一〇年もすれば自分の力を伸ばす分野はなくなって、歳若くして校長を最後に退職しなければならないよ。君の性格・才能からして工業技術の方面に進むことが望ましいと思う」と助言され、博市は一大決心をしたという。

博市は小学校を辞め、東京高等工業学校—のちの東京工業大学—の教員養成所機械科へと進学した。先輩教員のこの助言が多摩川精機を生むことになったといってよい。小学校教員時代に知り合った裁縫教師の女性と結婚した博市の学生生活は、妻の裁縫収入と故郷の養蚕不況の中で決して豊かではなかった両親からの仕送りに支えられた苦学であった。昭和六（一九三一）年に卒業した博市は、結局のところ、当時、目黒線洗足駅近くにあった従業員四〇名ほどの北辰電機製作所洗足工場へ機械設計技術者として入社した。

この北辰電機製作所は、清水荘平（一八九三〜一九七〇）によって創業された計測器メーカーであった。清水は東京物理学校—のちの東京理科大学—卒業後に、逓信省電気試験所などをへて東京大学理学部の長岡半太郎教授の助手を勤めて計測器の研究を始めていた。清水は長岡教授の推薦で東京電気—のちの東芝—の研究所に就職することになっていたが、その設備の不十分さに失望して就職を辞退した。清水はこのことから長岡教授とも気まずくなり、自ら起業する道を選んだ。

清水は大正七（一九一八）年一〇月に北辰電機製作所を設立、その後、長岡教授の協力なども得ることができ、計器類の開発・製造に本格的に乗り出した。同社は戦時体制下で陸海軍の航空機などに不可欠な計器類などの軍需に支えられて急成長することになる。博市が入社したのは北辰電機が急成長しつつあった中小企業のころであった。

清水はそれまでの輸入製品の主流を占めたドイツ製などのジャイロコンパス(*)の国産化に力を入れていた。そのためには、機械的角度の変化を電気的に正確に伝達するセルシンモータ(**)の開発が不可欠となっていた。日本でもより高度で信頼できる航空計器開発が必要となった時期に、博市は北辰電機に入社したのである。いまもむかしも、技術者が大きく成長するのは、手探りの技術開発の時期である。それゆえに、博市は学校を出たばかりでも若くても大きな仕事を与えられ、成長の機会を与えられることになる。博市も先輩格の技術者がいない状況のなかで、すべて自分の頭で考えざるを得ない環境が彼を鍛え上げることになる。

＊　ジャイロコンパス─上下完全に対称なコマの軸を円輪で支え、さらにそれを第二の円輪が直角の軸で支え、それを第三の円輪が前二者へ直角の軸で支え、コマの回転が三軸方向に自由度を持つことで空間に対して一定方向を保つことのできるジャイロスコープに指北装置と制振装置をつけた、地球磁気の影響を受けない羅針儀である。

＊＊　セルシンモーターシンクロナス(同期)モータとも呼ばれ、電源交流の周波数に同期して低速を保つことのできるモータである。このモータによって機械的な角度の変化を遠方に伝達することができるようになった。

前掲『多摩川精機六〇年史』は、清水や博市たちが取り組んでいた航空計器に不可欠であったセルシンモータなど、当時の日本の航空機器の技術水準についてつぎのように伝えている。

「わが国の航空機器にとって、一九三三～一九三七年（S八～一二）ころはひとつの転換期だったといえる。機体や発動機にくらべて著しく遅れていた航空機器の開発は、一九三四年（S九）中島飛行機がアメリカから購入した輸送機ＤＣ二型機に搭載されていた計器を調べたことが契機となって、一九三五年（Ｓ一〇）ころから本格的に始まった。

それまでのわが国の航空機器は、三五〇〇メートル上昇してようやく三〇〇〇メートルを指示するといった程度のものばかりだったから、ＤＣ二型の小型、スマート、しかも性能がよく、耐久性のある計器をみて、関係者はびっくりした。北辰電機では早速、そのうちの電気機器を借りて研究を始めたが、陸・海軍でも航空機器を正式兵器としてとりあげ、本省の予算をとって整備に本腰を入れ始めた。……一九三六年（Ｓ一一）には回転計、脚指示計、フラップ指示計などを完成した。また、一九三七年（Ｓ一二）一月には精密燃料積算計の国産にも成功し、その年四月に朝日新聞の計画で東京～ロンドン間を九四時間一七分（実飛行時間五一時間一九分）で翔破した『神風』号にも積載された。この燃料積算計は博市が製造したものだった。」

博市が苦労を重ねて設計した燃料積算計が「神風」号(*)に積載され、東京～ロンドン間の長距離飛行に耐えたことは技術者としての博市の自信となったことはいうまでもない。やがて、博市は若くして航空機用計器類を精密につくることのできる工作機械の設計・製造の責任者として多忙を極めていくことになる。そうしたなかで、博市は北辰電機からの独立を考えるようになる。この事情について、『多摩川精機六〇年史』はつぎのように紹介している。

「こうした状況の中で、博市は工作機械製造という自分の得意技術をもって独立の決心をする。二人（博市と清水―引用者注）とも故人となってしまった今、独立の経緯については推察するほかないが、当時北辰電機は猫の手も借りたいほどに忙殺されていたはずだ。博市が独立することは痛手であったに違いない。博市の突然の申し出に清水荘平社長は驚き、再三慰留をするが、博市から『いずれ故郷信州に北辰電機で学んだ技術を生かして工場を建てたい』という強い意思を聞き、博市の実力を確信している清水社長は、北辰電機を興した時の自分自身を重ね合わせたのか、ついに独立を許可する。清水社長は独立の土産として博市が関わっていた、北辰電機の製品セルシンモータの製造を全面委ねた。発起人のメンバーや創業時の仕事の内容をして観察するに、博市が専門としていた工作機械の製作のみならず、北辰電機の仕事がそのまま与えられていることから、多摩川精機の創業当初は北辰電機の下請的存在であったと考えられる。」

＊　神風号—昭和一二（一九三七）年に朝日新聞社が行った東京とロンドン間の訪英親善飛行の航空機の名称。日本陸軍の偵察機を改造した飛行機で、立川とロンドン間を約九四時間一八分—実質飛行時間は約五一時間一九分—の記録を残した。

博市が東京市蒲田郡に資本金八万円で設立することになった多摩川精機株式会社の「設立準備会」の記録をみると、その目的は「電気計器並精密機械ノ製作販売」、「工作機械ノ製作販売」、「前各号ニ附帯スル一切ノ事業」となっており、七人の株主名が見られる。

このようにして設立された多摩川精機は軍需製品の製造で活況していた北辰電機などからジャイロコンパス、積算計、油糧計などを下請受注することで当初から順調な滑り出しをみせた。『多摩川精機六〇年史』は当時の博市の律儀さを物語る逸話として「博市は北辰電機の清水社長に大変な恩義を感じていたため、多摩川精機創立後の一年間は、北辰電機に対するお礼奉公と称し自ら進んで昼間は無報酬で北辰電機に勤務し、一日の務めを終えてから自社に帰ってその日の業務を片付けるという多忙な日常生活を送っていた。夜は工場内に畳を敷いて寝泊まりする日が続いた」と伝えている。

豊田佐吉や萩本博市にみられる国産技術へのこだわりというナショナリズムは、日本の追い上げのころであり、やがて追いかけられる時代には変容してくる。それは、たとえば、本田宗一郎や井深大などにみられるように、当初の国産技術へのこだわりという「追いつき追い越せ」型のナショナリズムから自社技術へのこだわり、さらには理想的技術へのこだわりというようないわば技術アイデアリズム──理想主義──へと昇華していったのではないだろうか。

本田宗一郎が自らの技術水準を試すために、英国マン島レースに自社開発のエンジンを搭載したオートバイで参戦した。だが、ものの見事に惨敗したことがあった。本田は自社開発のエンジンが、ドイツやイタリアのエンジンに比べて馬力で太刀打ちできない現実を知ったのである。その後、本田は自らが得意とする小型エンジンのままで出力を高める技術の確立を模索し、優勝への執念を燃やすことになる。要するに、それまでの三~四千回転しかできなかったエンジンの回転数を一気に一万回転あたりまで高めることを試みるのである。

だが、思考錯誤を重ねても全くうまくいかない。困った本田は大学教授などからの意見を求めるが、そんなエンジンができるはずはないと一笑に付されたという。ピストンを高速回転させるには、それまでのピストンリングやバルブなどの強度を高めるなどのさまざまな工夫が必要であったのだ。これは単に本田の会社だけの技術課題ではなく、日本の関連産業などの技術水準の問題そのものであったのである。本田は苦労の末に小型・高出力エンジンの開発に成功し、その後、マン島レースで勝ち続けることになる。本田を支えたのは理想的なエンジンを開発したいというアイデアリズムであり、このアイデアリズムが本田を突き動かし続けたのである。

それは世界でもっともクリーンなエンジンといわれたCVCCエンジンの開発においても、本田は触媒による排ガス低減という間接的解決策ではなく、完全燃焼という理想的なエンジン機構の確立を目指した直接的解決策を模索したのである。ソニーの井深大は親しかった本田宗一郎のそのころのCVCCエンジンへの取り組みについて、『わが友本田宗一郎』でつぎのように語っている。

「だれからも『できっこない』と言われた。高速回転のエンジンをつくり上げたのです。まさにエンジンの革命です。後のCVCCもそうなのですが、車のエンジンというのは、最初につくられてから百年ほどたっていても、基本的なところはほとんどかわっていません。それをまったく違った発想からアプローチし、世界のどこを探してもない。まったく新しいエンジンをつくり出していったのが、本田さんだったのです。改良して性能をよくしたという次元とはまったく違うレベルの仕事です。……CVCCも、この完全なエンジンをつくるという目的を達成しようというなかで生まれてきたもの……（中略）完全なエンジンをつくるためには、いろいろなアプローチの仕方があるのでしょうが、本田さんが取り組んだのは、いかにして完全燃焼させるか、ということでした。ガソリンを完全燃焼させることができれば、排気ガスの問題もなくなりますし、燃費も低くおさえることができます。」

本田はそのようなエンジンを、ガソリンと空気の混合比率をできるだけ低くし、混合ガスを完全燃焼させることで、問題を解決しようとしたのである。問題は低い混合比率のままではスパークプラグによる点火がむずかしくなることであった。本田はこれを解決するために、小さく燃焼させるための場所をつくり、そこでガソリン濃度を高くしてまず点火させ、それによってメインの燃焼室の点火を誘発するやり方で結果として完全燃焼に近づけたのである。

本田の技術アイデアリズムでは、排気ガスを白金触媒で除去するのではなく、最初から排ガスを出さなくてもよいエンジンの開発こそが技術的に理想であったのである。井深はつぎのように評価する。

「そのころは、白金などの触媒を使って排気ガスをきれいにすればいい、という考え方が支配的でした。世界中のほとんどの自動車会社が、このアフタートリートメントの線で進めていました。しかし、本田さんの技術者魂は、この考え方に納得できなかったわけです。……そんなことをするよりは、最初から完全に燃やして、汚いものを出さないようにしたほうがいい、というのが技術者としての本田さんの考え方だったのです。……いわゆるマスキー法(*)は、……一九七五年までに、七〇年当時の十分の一に減らそうというものでしたが、そんな目標をクリアできるとまともに考えていた自動車会社は、ほとんどなかったというのが実情だったようです。そのなかにあって、ホンダが、たしか一九七二年に、世界に先がけてマスキー法の規制値をクリアしたCVCCを発表したのも、従来のエンジンとはまったく違う発想から追っていたからこそできたのです。」

＊　マスキー法―米国で一九六三年に制定された大気汚染防止のための法律である。当時、問題が指摘されていた酸性雨の原因の一つとされた自動車からの排出ガスを削減する目的で制定された。名称は法案提案者の上院議員エドムンド・マスキーによる。同法はその後も改正され、排ガス中の一酸化炭素、炭化水素、窒素酸化物の低減が盛り込まれていくことになる。

井深は、日本の技術者たちが本田のそうした独創的なエンジンの開発に概して冷たかったことを付け加えている。技術における独創性とは、技術におけるアイデアリズムに支えられるべきものであって、狭量な技術ナショナリズムではないことを主張しているようにも思われる。そして、技術アイデアリズムとは、何のための技術であり、何のための技術開発であるかが常に明確であることによって、その健全性が常に担保されているものでもある。

ここに紹介してきた八谷泰造、萩本博市、本田宗一郎、井深大などのアイデアリズムもまたそのようなものであった。だが、技術が単に化学反応プラント、内燃機関、あるいは電子機器のようなハード的な領域にのみ限定されて理解されてはならない。とりわけ、コンピュータ技術の発達は周辺技術を大きく発展させてきたことに留意しておく必要がある。

とりわけ、わたしたちは、金融工学などに代表されるソフト的な領域についても検討しておく必要がある。コンピュータの発達は、ハード的な技術開発における膨大な数の関係式の解析を可能とさせるシミュレーション技術の発達をもたらし、技術開発の期間を短縮させる上で大きな役割を果たした。だが、それはあくまでも現実の実験を行うことが困難であり、場合によって危険を伴うことを回避する目的のためであり、そのこと自身が目的ではない。

しかしながら、大型コンピュータと深く結びついた金融工学という技術の発達は、シミュレーションではなく、現実の世界の金融・証券市場にとてつもなく大きな影響を与えてきた。技術とは決して中立的なものではなく、その社会的関わりのなかであらためて何のための技術であることが問われている。金融工学の発達は、ありとあらゆるものの証券化を推し進めることを可能にさせた米国型のビジネス風土のなかで、頻繁な取引を瞬時に繰り返すことを可能にし、顔の見えない取引を極限にまで高めることになった。この過程は、脱製造業と金融部門が肥大化した米国経済の変化そのものでもあった。

金融工学と技術主義

こうしたなかで、巨大化した米国金融証券市場へと還流されてきた巨額の資金を手にした投資銀行は、原油やガスなどの天然資源から大豆、とうもろこし、コーヒーなどの穀物、世界各地の不動産、実態の無いようなハイテクイメージの新規公開予定の株式、各国の通貨までを投資対象にしてその価格変動を利用して利益を得てきた。価格変動差がきわめて小さくても、巨額の資金を投入して、大量に売買し、それを頻繁に繰り返すことで大きな収益が生まれることになった。

そのような売買取引は人と人とが顔を直接突き合わせ、あるいは電話などの人の声を通じてやっていた時代もあったが、いまではコンピュータ画面上で瞬時に行うことが可能になった。しかも、証券化されたさまざまな商品を複雑に組み合わせ、それを数式化し高速コンピュータで計算させることによって、その過程も人びとの顔も見えないようなかたちで瞬時に取引を行うことが可能になったのである。

このような技術の発達は、それまでの財やサービスを生み出すための資本市場を利益の多寡のみを競うマネーゲームの単なる場と変えてしまった。この結末は、巨大投資銀行の強大な損失を生み出したものの、「大きくてつぶせない」ということから最終的にはその救済に各国が公的資金（税金）を投入するような結果をもたらしてきた。これを象徴したのが低所得者向けのサブプライム住宅ローンの破たん問題であり、リーマンブラザースの行き詰まりであった。リーマンブラザースの破綻は、単に一金融機関の行き詰まりではなく、これに関わる人びとのモラルハザードの問題であり、企業の社会的責任そのものを問うものであった。

米国での住宅バブルを促し、そして崩壊させたサブプライムローン破たんによる金融危機は、通常の住宅ローン、自動車ローンの債務者のみならず、米国の地方銀行をも倒産させ、米国経済に大きな影を落とし、やがてその影響は各国経済に押し寄せてくることになった。いずれにせよ、きわめて緩い審査と本来ならば返済の見込みのない低所得層への住宅資金貸付―サブプライムローン―は、そうした債権と他の債権などを組み込み、高収益をスローガンに掲げる投資銀行の取引を支えた金融工学のあり方に再考を迫りつつある。

本来の技術革新とはそれがもたらす実物経済面での豊かさであり、人びとの生活の質の向上などの要求に応える感性と健全なモラルに支えられるべき性格のものであって、ブラックボックス化された高等数学式と大量・頻繁・瞬時の取引を行う高速コンピュータ化された顔の見えないビジネス感覚からは生まれる保証はないのである。ルールなきルールの下での金融資本主義の暴走は、結果として各国に金融規則や国際取引のルールづくりを迫ってきた。振り返ってみれば、科学的管理の学としての経営学の祖となったフレデリック・テイラー（一八五六～一九一五）は、米国ペンシルバニア州のベスレヘムスティールに働く技師であった。彼は現実の生産の場として製鉄所の現場から科学的管理のあり方を求めたのであって、画面のみで相手の顔が全く見えないディーリングルームの場からそれを求めたわけではなかった。テイラーがかつて勤めたベスレヘムスティールは製造業が空洞化してしまった米国を象徴するように破産し、その跡地はサービス経済化の国を象徴するようにカジノ場へと変わっている（*）。

＊ 詳細はつぎの拙著を参照。寺岡寛『アレンタウン物語―地域と産業の興亡史―』税務経理協会、二〇一〇年

この地が米国製鉄業の中心地であったことをかろうじて告げるのはベスレヘム市内の通りに立てられた小さな銘板だけとなった。その銘板にはつぎのような文字が刻まれている。

「ヘンリー・ノル・シュミット（一八七一～一九二五）と呼ばれたベスレヘムスティールのこの従業員は、フレデリック・テイラーの画期的な著作『科学的マネジメントの原理』の重要人物であった。一八九九年に一日四五トンの銑鉄生産と達成したのはノルの功績であり、彼の日給は一・八五

ドルへと上った。」

では、いまの高速コンピュータを駆使し金融工学を利用して荒稼ぎをしたものの、その後破綻した投資銀行の跡は一体何へと転換を遂げているのだろうか。古き良き重工業の米国を象徴したベスレヘムスティールの跡地がギャンブル場―カジノ―へと化したことの皮肉がそこにある。おそらく、銘板がそこに立てられるとすればつぎのようなものが相応しいのかもしれない。

「金融資本主義化した米国経済の象徴であった投資銀行の……は、MBA習得後、一〇万ドルすこしで職に就いたが、その後、ファンドマネジャー、会長を務めた。その時のボーナスだけで収入は四千万ドル―四〇億円近く―を超えた。彼の投資銀行はすでに倒産していたにもかかわらず……」

テイラーが唱えた科学的管理―科学的マネジメント―は、それまでの熟練労働に支えられた労働現場にも機械化が進展しつつあった時期に生まれたものである。単純労働が機械の導入とともにそれまでの熟練労働に置き換わりつつあるなかで、製造現場の管理手法のあり方が試行されたのである。その後、テイラーの考え方の定着とともに、テイラーは忘れられ、ドラッカーの時代となる。オーストリアから米国へと移り米国人となったピーター・ドラッカー（一九〇九～二〇〇五）が米国経営学を象徴していくことになる。

テイラーが唱えた産業―工業―資本主義時代の経営学の時代から、現在のような金融資本主義との間に位置するのがドラッカーの経営学であったともいえる。ヒットラーに代表される全体主義を忌避したドラッカーは、何よりも人間の「自由」とその下での「責任ある選択」を基軸とするような経営学を展開した。

彼はコンサルタントとしてゼネラル・モーターズなど大企業の組織のあり方を観察する機会に恵まれた。ドラッカーはそうした経験を通して、大規模組織であってもそこに盲目的に埋没して、何も考えなくなり、ただ全体の方針に追従するだけの個人ではなく、自分で考え判断できる人材を追い求めるようになっていった。全体主義のような中央集権的管理ではなく、ドラッカーは分権的組織原理に関わるマネジメントのあり方を探ろうとしたのである。

考えることのできる人材論は、やがて知識労働者から成る「知識社会論」がドラッカーの思考の俎上に乗せられることになる。そうした知識経済社会における人材像はテイラー時代とはまた異なるものとなり、必然、ドラッカーの企業像も単なる製品やサービスの供給者のそれではなく、マーケティングとイノベーションへの絶えざる努力によって顧客を創造する存在となった。

経営学者の三戸公はそうしたドラッカー経営学の方向性について、『科学的管理の未来―マルクス・ウェーバー―』で「人間の本性・人間の尊厳をうたい、その実現を企図してその実現を達成するかにみえた彼の理論と技法が、何故に人間の心身の健康な存続を脅かすようになったのか」とその危うい面に充分に注意を払ったうえで、つぎのように警鐘を鳴らす。

「それは、彼の把える人間の本性である自由すなわち責任ある選択が企業の機能、組織体の機能の理論的基礎として手段となり、企業そしてもろもろのノン・ビジネス・オーガニゼーションの組織的行動が生み出す目的的結果の達成のための責任論と堕し、組織体が生み出す目的的結果に必然的にともなった随伴的結果に対する責任が軽んじられ、無視せられるようになっていったからである。人間は限られた知しかもたず、必ず過ち・誤りを冒さざるを得ない存在であり、それに対しては責任を負わねばならず、責任ある選択こそ自由の本義である、と喝破したのがドラッカーである。人間の巨大集団たる組織体の選択が、巨大なる富を生むと同時に人間をふくめて全ての生き物の存在を危うくしつつある結果に対して責任をとらないとすれば、絶望的な未来しかない。

たしかに、テイラーリズムはドラッカー主義によって超克せられ、現実もまたそのように進行しつつある。テイラー主義の象徴としてのシュミットは死んだ。だが果たして、科学的管理は完全に過去のものとなり、シュミットは死んだか。」

自由と責任ある選択の先には、三戸のいうようにそれらが引き起こす随伴的結果が生まれるのであって、そうした随伴的結果を思い越す必要がないことが自由とされるようになった。それが責任ある選択でないことはつぎつぎと法律的な規制がない分野から分野へと移り、焼け太りを繰り返してきた金融資本主義の担い手の「自由」と「責任なき選択」のあり方が、金融取引に関わる技術論の本質として問われているのである。

繰り返しになるが、技術は中立的ではなく、常に両面性を持つ者である。それは随伴的結果を伴うものであり、善にでもなれば、悪にでもなる。技術を使う者が、常に社会的有用性との緊張感のなかで、技術を利用することの社会的意義を意識することが技術に関わるマネジメントの本質を形成しているのである。

第七回 言語について

経営者の言語能力

わたしの知る限り、名経営者といわれた人物は例外なく言語感覚がすぐれた人物である。企業には必ず起業者—創業者—がいて、そうした謦咳に接することのできる範囲を超えて成長する場合、簡潔に自らの考え方を示せるような言語能力はきわめて重要なのである。そのような経営者の言葉は等身大であり、そこには、ホンネとタテマエといった言語の持つ二重性が入り込む余地などはほとんどない、といってよい。ゆえに、そのような言葉はその事業の何たるかを正確に伝え、それに関わる人たちを鼓舞するうえで、実に巨大な力を持つのである。

いうまでもなく、個人の意思の正確な伝達において、その人の言語能力は決定的に重要である。それは経営においても首肯できよう。とりわけ、組織運営において経営者からの正確な意思伝達と、現場などからの状況提供を正確に理解するうえで言語能力はきわめて重要なのである。要するに、経営者の言語能力とはマネジメント能力であり、マネジメントとは言語能力なのである。

こうした言語能力とマネジメント能力は相互作用を及ぼす。とりわけ、マネジメント能力とは言語能力であることが、経営学のどこかに忘れられてきた傾向がある。それは企業の不祥事など、その経営責任が問われたときに、経営者が語る言葉は周囲の状況の変化につれ容易かつ安易に撤回されることも多い。この場合、経営者の語る言葉は実に軽い。これはそうした企業の経営者のマネジメント能力の軽さを代弁しているようでもある。

それは何も経営者だけではなく、企業経営を捉えるジャーナリストたち―新聞社を横断的に移動する米国等の記者はジャーナリスト的感覚は強いが、日本の場合は新聞社の終身雇用に守られた会社員記者―の言葉もまた軽いことの反映といえないこともない。企業経営を批判・分析する側の言葉の弱さと軽さは、日本の新聞記者などの貧しい言語能力を反映している、と少なくともわたしは思う。

新聞記者出身で研究者に転じた経済学者で、日本の歪んだ会社主義風土を厳しく批判してきた奥村宏は、『会社はなぜ事件を繰り返すのか―検証・戦後会社史―』で、日本の新聞記者や研究者たちの会社への対峙姿勢を取り上げる。

奥村は「日本のジャーナリズムにくらべるとアメリカの新聞や雑誌はまだしっかりしている。日本の学者や評論家も同じように会社の都合の悪いことは取り上げない。公害問題は宇井純や原田正純のような批判的な学者もいたが、多くは御用学者か、あるいは無用学者である」とした指摘したうえで、日本の憂慮すべき実態について、つぎのようにきわめて語気強く批判する。

「経済学者や経営学者で会社を批判するような人はほとんどいない。東大教授や京大教授などの肩書を持つ経済学者の多くは政府の審議会の委員や顧問になっており、財界とも親しい関係にあり、そこから研究資金や手当てを受けているから、政府や大企業を批判することなどしない。それればかりか市民派とか左翼と目されている学者や評論家でも大企業のひもつきになっている人がいる。そしてその大企業に都合のよいことを、さも理論的であるかのように説く。

このような経済学者や経営学者の『御用学者』化の傾向は九〇年代なかばから目立ちはじめているが、いまでは日本の経済学者や経営学者は『御用学者』になるか、それとも『無用学者』で何の役にも立たないか、どちらかであると言っても言いすぎではない。

会社をチェックするという点でもっとも直接的なのは公認会計士であるが、それがまたまったくといってよいほどチェック機能を果たしていなかった……このようにマスコミ、学者、評論家などが批判しないところから日本は『株式会社天国』になった。チェックがなければ暴走する。その暴走の結果が九〇年代のバブル崩壊以後に現われたのである。」

言語能力とは批判し、批判されるところから研ぎ澄まされ、その真実性と重みが問われることでその質は向上するものである。批判されない言葉はその重みを増さず、ただ軽くなるのである。すでに何度も繰り返してきたが、企業とは社会的存在であり、企業の経営者の言葉は社会的な重みを持つものでなければならない。会社と社会の相互のそうした緊張感のない日本社会では、経営者の言語能力が向上する機会などは限られていて当然である。必然、ジャーナリストや研究者なども同様である。奥村の怒りはそこに向けられているのである。

こうした緊張感がなくなったのはバブル経済のころからであるとすると、日本の企業経営者たちの言語もまたそのころから軽くなっていった。たしかに、そのころから、日本の企業経営者、とりわけ、巨大企業のトップ経営者層が自分の言葉で、みずからの経営姿勢や経営のあり方を積極的に語らなくなった。そこにあるのは、米国直輸入のような日本語にすらなりきっていないような言葉の羅列であった。それは、かつてヘーゲルが指摘したように、「概念のないところには言葉だけが入り込む」といった状況があった。同様に、奥村の指摘のように、マスコミや学者たちの言葉もまたそのようなものとなっていった。日本語は実に軽い言語となった。

「概念のないところには言葉だけが入り込む」ということでは、ピーター・ドラッカーの信奉者を自認する経営者が多いが、実際にそれを実行する経営者が果たして多いのであろうか。ドラッカー読みのドラッカー知らずという経営者も多い。これと反対に、自らの日々の経営行為から紡ぎ出したような言葉の重さを持った経営者の代表格として、経営学者の三戸公は『公と私』で、ホンダの創業者である本田宗一郎（一九〇六〜一九九一）とその経営に大きな役割を果たした藤沢武夫（一九一〇〜一九八八）を挙げている。三戸は本田が掲げた「わが社運営の基本方針」をまず紹介する。つぎのようなものである。

㈠　人間完成の場たらしめること。
㈡　視野を世界に広げること。
㈢　理論尊重の上に立つこと。
㈣　完全な調和と律動の中で生産すること。

㈤　仕事と生産を優先させること。
㈥　常に正義を味方とすること。

三戸は運営方針の㈡〜㈤について付言することがないわけではないが、注目すべきは㈥であるという。これについて本田の言葉をつぎのように紹介している。

「常に正しくすることこそ自分を一番強くすることである。最後の勝利を決するのは正しいか否かということであって、強いか弱いかが勝利を決するのではない。個人個人の能力の差というものは、平常のときはさほど現れるものではない。本当に困り抜いた最後のときに、その問題を解決出来るか否かが人間の能力の差であり、正義に味方している限り、必ず道は開け、困難は打開されるものである。」

三戸は本田のこの基本方針について、「日本企業における社是、社訓のたぐいの中で、『正義』を謳ったものはおそらく他にあるまい」と指摘する。当時、三戸は日本の社是には「和」が多いことを考えると、「正義」を社是として掲げるホンダは「異様」でさえあるともいう。わたしもかつて社会人大学院生と一緒に、日本の大企業だけではなく、それまであまり調査されなかった中小企業まで対象を広げ、そうした企業が掲げる経営理念に使われている言葉の頻度を調べたことがある。もっとも多かったのは「和の精神」であったことからしても、本田宗一郎が企業経営において重視すべきは「正義」であるというのは注目に値する。

「正義」はそれだけできわめて自律的な精神であって、社会のなかで他律的な存在である企業にあっては、組織のなかの個人主義のしっかりとした堅持が必要となる。正義が会社の状況によってコロコロ変わるようなものは、正義とはいえないのである。本田の共同経営者といってよかった藤沢武夫もこの運営方針についてふれている。三戸は藤沢の言葉を紹介している。

「少しこじつけと思われるかも知れないが、経営と仕事は違う。毎日、経営者が出勤して判を押したり、書類をみたりするのは、それは仕事と名づけたい。企業には社是があり、経営の基本方針が決定せられている。私は、経営とは、それにそっているか、どうかを見守っていることだと思う。」

三戸は本田や藤沢の掲げた社是について、「社是、社則はタテマエである。タテマエとホンネが違うのが当たり前の日本で、社是、社訓、すなわちタテマエどおりになっているかどうかを見守るのが経営だと言いきる」と捉え、彼らの言葉に二重性はないとみる。それだけに、本田や藤沢の言葉はいまもわたしたちの心に重く響くのである。

こうした言語能力はどのような経営者教育プログラムにおいて身につくものなのだろうか。第七回の「教育について」でも論じたように、それは教育で何を優先させるかの課題でもある。教育の持つ問題性は、そこで強調され身につけることを要求されている内容と、実際にその応用である実務の場での内容との間に二重性がある場合、教育そのものもきわめて精神のみを強調するイデオロギー性の強いものへと転化する。

したがって、教育の場で語られる言葉にも二重性がつけ加わってくるのである。それは、企業などの組織において、社是として、あるいは、企業の行動基準として掲げられた言葉、さらにはトップ経営層の語る言葉そのものが空洞化することになる。言語の持つそうした二重性、すなわち、「ホンネとタテマエ」は当然ながら、「思考と行動」―言行不一致―、「倫理と論理」―善悪があいまいな表現の羅列―、「正解と誤解」―なんとでも解釈できる玉虫色の言葉―といったものが言葉にも容易に入り込むことになる。そのような言葉が果たして人びとの心をとらえることができるのであろうか。

考えてみれば、わたしのように、明治以降の中小企業政策や産業政策（*）の決定過程を帝国議会議事録や戦後の国会議事録の議員や政府関係者などの発言から捉えてきた者にとって、第二次大戦後の日本語は実に軽く薄っぺらな言語となったような印象を持つ。

＊ 詳細についてはつぎの拙著を参照。寺岡寛『日本の中小企業政策』有斐閣（一九九七年）、同『中小企業政策の日本的構図―日本の戦前・戦中・戦後―』有斐閣（二〇〇〇年）、同『中小企業と政策構想―日本の政策論理をめぐって―』信山社（二〇〇一年）。

日本言語の二重性

そうした二重性は日本社会における言語の二重性とも重なっている。とりわけ、日本社会ではじめての敗戦経験が、日本語に落とした影が非常に大きいのである。戦争に関わる日本社会の言語の二重性は、それまでの大本営発表と現実の敗戦という言語の二重性を露出させることにもなった。この言語の二重性は戦後の日本人たちの言語感覚を形成したといってもよい。

昭和史を掘り起こしてきた作家の保坂正康は『敗戦前後の日本人』で、当時、小学生であった保坂世代、あるいは少し年長の中学生世代が持つようになった、戦前と戦後の言葉の軽重―今日から民主主義という変わり目の早さも含めて―への敏感な感覚についてふれている。保坂はいう。

「結局、敗戦前後の指導者の無責任さと国民の疲弊し閉塞した状況は、近代日本のひとつひとつが累積し、拡大してあらわれた率直な姿であった。この状況が敗戦という事態によって破られたが、それは歴史的には当然の結果であったといっていい。この結果のなかから、わたしのようなこだわりをもつ世代が生まれてきたのである。そして、やがてこのこだわりも次の世代からたっぷりと検証されていく宿命をもっている。」

敗戦時に小学生であった保坂と、すでに物心がついていた中学生であった作家の小田実（一九三二～二〇〇七）とでは、戦争を挟んだ言語への感覚、こだわりなどその後の検証は自ら異なったものとなった(*)。保坂は戦前昭和期のさまざまな事実の発掘へこだわり続けた。他方、小田世代は事実を前提としたその背景の分析へこだわり続けた。ただし、その対象は、政治学者の丸山眞男（一九一四～一九九六）のいう町内会の小天皇のような小うるさいおじさんたちのメンタリティーなどではなく、軍部などを含めた戦争指導者たちの言語感覚であった。

＊　小田実などの世代論についてつぎの拙著を参照。寺岡寛『近代日本の自画像―作家たちの社会認識―』信山社、二〇〇九年。

敗戦時、すでに二〇歳代半ばであった三戸は、保坂や小田とは異なる言語感覚で本田や藤沢の経営者としての発言に見出したのは、経営者である「公」の立場と一個人としての「私」との関係である。なぜ、本田や藤沢において、「公」と「私」の間の距離が近いのか。三戸が見出したのはこの点である。

三戸は前掲『公と私』で、少なくとも保坂世代よりは冷めた目で、「敗戦後、日本は民主主義なるスローガンを掲げることによって、滅私奉公の世界を『プライベート中心、パブリック補完』の世界にひっくりかえすという、日本はじまって以来のことをしようとしているのだが、それはどれだけ意識されているのだろうか」と見ていたのである。

それゆえに、三戸は「公」と「私」との関係にこだわり、「言語と思考と行動」という視点から日本語の用法にこだわりをみせる。三戸はいう。「言語は思考様式、行動様式の反映なのだ」と。三戸はさらに続ける。

「個人をまずたてたうえで個と個の関係およびその全体を考えようとするヨーロッパ個人主義と、個と個の関係およびその全体をまず考え、個はその中で生かすことを考える日本人的思考はまったく対照的である。人間生きていく上でもっとも大事な言葉、『言葉は神なりき』といわれている言葉に決定的な違いをもつ日本人は、容易にヨーロッパ思想、個人主義を理解し身につけることができるとは思えない。

個人主義の系として成立している民主主義なるものを、日本は戦後、洋の東西を問わぬ普遍的真理としてこの国に定着させようとしてきたが、果たしてそれは可能なのであろうか。日本に定着しつつあるといわれる民主主義なるものは、いった何なのであろうか。」

三戸はそうしたなかで、日本の経営学とはもっぱら個人主義に裏付けられた「西洋」の経営学書を読むことであり、日本の大学で輸入経営学を講ずることの意味を自問している。いまは、それからやがて半世紀が過ぎようとしている。三戸は問う。「大学でドラッカーも欧米の学問も思想も学ばなかった本田が、ドラッカーとまったく異なると同時に、酷似した思想と経営実践をしているのをどう考えたらいいのか……」と。

日本の大学で教えられている経済学史でも、あるいは経営学史でも、日本人の名前が登場することは、三戸が示唆するようにまことに少ない。言語にこだわる社会学者のましこ・ひでのりは『ことばの政治社会学』でこの点についてつぎのようにふれる。

「実学的な領域の『本国』は合衆国である。その他の官僚組織／民間団体に所属する研究者以外の専門職のほとんども、実学のほとんどすべての領域でリードするアメリカからの情報を、事実上、『海外情報』の源泉とする以上、事実上外国語＝英米語にならざるをえないことになる。しかし、問題は、英米語の翻訳によって、なりたつ専門職という構造にとどまらない、情報収集／誇示的消費の装置としての英米語という問題にとどまらず、学問の表現そのものが英米語にひきずられているのだ。」

この点、三戸がおよそ英米語も英米の経営書と無縁のような本田や藤沢がドラッカーの主張のように官僚制を嫌い、個人の英知と判断に組織の運営を期待した。本田と藤沢はドラッカー以上に官僚的組織を嫌い、官僚的でない組織運営を実践しようとした。だが、等身大の言葉を発した創業者たちが去った組織とは、そうした創業者たちを等身大で知る人たちが去ると、やはり官僚的になるものである。どうすれば、それを防げるのか。

経営理念や社是は、それを発した等身大の創業者とともに生きたのである。それがどのようにして次世代以降に継承されるのか。経営者はマネジメントにおいて自らの言語論を展開する必要がある。巨大組織の経営者であればなおさらのことである。いうまでもなく、ここでいう経営者とは企業経営の指導者のことであり、それはリーダーシップを大いに必要とする。事業運営における経営者の考え方は言葉として、そこに働く人だけではなく、その事業に広範囲に関わる人たちにも伝わることで、その企業の存立基盤を明確にすることができるのである。

言語能力と指導能力

言語能力こそが、真のリーダーシップの源泉でもある。日本では、そうしたリーダーシップ論はもっぱら営利組織である企業という場からしか論じられなくなった。軍隊組織の指揮官のリーダーシップやマネジメントの能力はさほど論じられなくなった。これは日本の経営学研究の特徴でもある。

ところで、米国人作家のサンドラ・ビルダールは米国海軍兵学校の一日を取り上げ、その一日の日常的生活を正確に伝えようと『海軍兵学校生徒の一日』（邦訳『合衆国海軍兵学校―アナポリスの一日―』）を著した。この本の訳者である今村壽宏は「訳者あとがき」で、日本で軍事教育が論じられなくなった傾向について、つぎのように指摘している。

「日本もかつて広島県の江田島に、アナポリスの海軍兵学校、イギリスのダートマスの海軍兵学校（Britania Royal Naval College）とともに、世界の三大海軍兵学校に並び称される海軍兵学校を擁する国でしたが、第二次大戦後は、学問や学校教育の分野において、軍事に関する知識、情報が封殺されていたように思われてなりません。我々日本人は戦争を忌み嫌うあまりに、軍事学や軍事に関する知識まで忌避してきたように思えます。それは病気を恐れるあまり、医学や病理学を否定するような態度に等しかったのではないでしょうか。」

今村は軍事学に限定したが、それはリーダーシップ論にも共通する。軍隊組織におけるリーダーシップにはその性格上で固有の領域があるものの、同時に組織全般における学ぶべき共通領域もあるのである。わたしたち日本人は、軍隊をどのように扱うかについて大きな失敗を犯した。だが、なぜそのような経緯となったのかについて十二分の反省の上に立って、あらゆる学問分野などの研究者なども果たして真剣にその原因を解明しようとしてきたのだろうか。

わたしたちは、敗戦後に軍事、軍事組織、軍事教育に関わる事実そのものを封印してきた。より正確に述べれば、わたしたちは、そのように封印したことすら忘れて、軍隊組織などを真剣に論じることなく、民間企業や役所などに限定して大規模組織におけるマネジメント論を展開してきたのではないだろうか。これは日本のマネジメント研究、とりわけ組織研究における特異性といってよい。

本来ならば、さまざまな分野の組織を取り上げ、組織分析を行うことを怠ってきたところに、日本の社会科学全般の特異性がある。いうまでもなく、軍隊は巨大な暴力組織であるゆえに、常に戦時だけではなく平時においても危険と隣り合わせであり、政治的指導層のみならず個々の指揮官の役割は大きく、一歩間違えばその負の影響力は計り知れない。それゆえに、組織研究は重要なのであり、組織論は空理空論を排したより現実的な問題解決学となる。そうした組織における組織のあり方、さらには、そうした組織におけるリーダーをどのように養成し、そうしたトップのリーダーシップのあり方を考えることは、いまでも十二分な意義を持っている。

かつては世界三大兵学校の一つといわれた広島県の江田島の海軍兵学校も、その設立時に参考とした米国アナポリスの海軍兵学校に留学経験を持つ海上自衛隊の北川敬三は、前掲『合衆国海軍兵学校―アナポリスの一日―』の「日本語版によせて」で、米国海軍のリーダーたちを育成するアナポリスの校風をつぎのように紹介している。

「アナポリスの校風は、リーダーシップの育成を基調とし、綱領の『嘘をつかない。人の物を盗まない。欺かない』に代表される愚直さ、大海原に通じる凛とした志、先人を尊ぶ気風、自己より国家を優先する気風であると私は感じています。他人を踏み台に自己のみを利する行為をアナポリスではスラングで『ビルジ（本来の意味は、船底にたまる汚水のこと）』といい、行った士官候補生は『ビルジした』と嫌われ、最も恥ずべき行為とされていました。綱領は、とても単純ですが、人命を預かり、『暴力を管理する』組織といわれる軍隊としては、絶対に守らなければならないことです。在校中、『誤った諸元を入力して、ミサイルを発射すればどうなるのか』とか『誤った誘導をしたら、空母に着艦する航空機はどうなるのか』と、上級生たちから考えるようによくいわれました。」

後日、このことを海運会社のトップに話をすると、海上勤務の経験を持つその人物は、それは船舶に関わる人間にとって当然のことであると応じてくれた。海の上では、すこしでも誤った情報や海上情況や航行に関して虚偽の発言をすることがそのまま大事故になることを考えれば、「嘘をつかない。人の物を盗まない。欺かない」という綱領は海軍というよりも海運に従事する者の行動基準でもあるという。そのとおりであろう。そこでは言語の二重性は完全に排される。

こうした厳しい綱領の下に訓練・育成された人材であっても、その後、さらにそうした人材の能力を伸ばし、それぞれの能力に応じて適材適所の人事政策を実施することができるのかどうか、これも問われなければならない。わずか数年間の士官養成の基礎教育は、その後の実践教育を通じてのみ真に生きてくるかどうかが決定されるのである。そうした訓練と実践を通じて、ぶれのない言語感覚が磨かれる。これは海軍兵学校のみならず、経営教育のあり方について考察する上で当然すぎるぐらい当然のことである。

この点からすれば、日本の旧海軍は海軍兵学校の卒業生を真に育てることができたかどうかは問われて良い。これに関しては、敗戦間もない時期に旧海軍関係者の取り組みがあったことがいまでは忘れられてきた。日本の敗戦時、当時の海軍大臣米内光政（一八八〇〜一九四八）は、わが国の敗戦の原因解明のために東亜戦争戦訓調査委員会の設置を命じ、当時、中佐から大佐クラスの中堅海軍幹部の意見を記録している。

当時、そうした発言を録音して正確に記録していたわけではなかった。だが、のちに当時を知る関係者が減るに従って、海軍反省会の名称で再度、旧海軍の組織、教育、作戦などの面で広範な聞き取り調査が実施されている。そうした生の証言は、戸高一成編の『[証言録]海軍反省会』に収録されている。

江田島の海軍兵学校で教育を受けた後の海軍士官の教育問題については、佐藤毅(一九〇一〜一九九〇)―海兵五〇期、元海軍大佐―は『[証言録]海軍反省会』で「海軍士官は勉強せず、兵学校の成績順で決まる配置のあり方」について、つぎのような発言を残している。

「海軍士官は勉強しなくなったという、確かにね、自分自身を省みてもそういう気がします。アメリカの海軍雑誌をいろいろ読んでみたね、アメリカの士官っていうのは、先程申し上げたように試験制度で、中佐まで試験で採用されるというので勉強したんですが、指揮官になれば、上級になればなるほどよく勉強してね、自分で判断をする、幕僚は案を出して、それを決定するのは指揮官ね。指揮官に本当にそれだけの識量がある。

それからもう一つは、人事行政でね。実力のある者を専任順位に関わらず抜擢して、いわゆる適材適所を実施したというところ。日本の海軍はハンモックナンバーにとらわれたり、学校成績が良い者を良い配置にずっとつけて、必ずしも適材適所でない。海軍の人事行政は、いろいろなポストを経験させようということで、この配置に適当でなくともある配置につけるとか。これは将来の長官につけようというような方針もあってね。とにかく成績の良い者が本当に勉強をしてこなかった。」

海軍士官の場合、その後、海軍大学で勉強をする機会もあったが、そこでかたち通りの暗記型の学習では、状況を正しく把握し、適切な対応策を考えることのできる士官が養成されたかどうかについては疑問の声も出されている。

また、佐藤は江田島海軍兵学校の教育について、「海軍生徒を養成するにも、戦闘に強い人間を作るよりも、間違いのない人間をつくろうというところにね、問題があったのじゃないかと思う」とする。要するに、佐藤は、ややもすれば、江田島の海軍兵学校といえども、それは武器を持った役人をつくるような教育ではなかったと問題提起しているのである。この発言に対して、末国正雄（一九〇四～一九九八）―海兵五二期、元海軍大佐―はつぎのように応じている。

「海軍の人材を作る上の一つの指針として、飛び抜けた人間はいらないんだ、そして一人一人を見れば、世の中に比べてものすごい優れた人材であれば良い。海軍内部では飛び抜けた人間はおってもらっちゃ困る。だから内部でならしてみれば、みんな平凡だ。だけども一人一人を見たら、世の中よりもうんと優れた人材であれということが一つの目標であったんじゃないかと思う。……海軍士官というのは、非凡で抜群な人物であってほしいが、海軍内部においては、頭角を現す人間は困ると。頭角を現す人間は、得てして利己主義者だから、そういう人間は海軍にはいらないんだということを、……だから、海軍の人間を見る根本の方針であったとすれば、頭角を現すような人間は要らないということだった。だから、平均的な人間っていうことになる。平均的な人間っていうことはね、言い換えれば、いわゆる能吏型でですね、万遍なく、無難にやっていく人っていうことにどうもなるような気がする。」

これは、なにも旧海軍だけではなく、旧陸軍、旧帝大から今日の日本の教育にいたるまで、首肯せざるえない日本の脆弱な教育風土である、とわたしなどは強く思う。その後、証言録は日米の艦隊決戦における戦闘時における指揮官のレベルに関するものへと移っている。そうした場合に、ただ状況に応じて指揮をするのでは指揮官ではなく、役人ということになる。「反省会」への参加者の一致するところは、海軍兵学校や海軍はそのような人物だけを育ててきたのであって、軍人としての義務感の養成には個人の人生観や世界観の確立が基礎ではないかという。鋳型にはめるだけが教育ではないはずである。人生観や世界観の確立を求めないような精神教育では、きちんとした義務感が指揮官にも兵隊にも生じないという点に、海軍兵学校の教育上の問題点があったとされた。

他方、思考力などについては、扇一登（一九〇一〜二〇〇四）—海兵五一期、元海軍大佐—は自らの兵学校時代を振り返り、「要するに思考力といいますか、思索力、省察力というか、この力はあの中で何も養われていないというのが私の率直なその当時からの実感です。その目で見ますとね、海軍は皆そうなんですわ。皆とは言わんまでも、そういうのがずっと流れている。兵隊の教育にしても、……自分が独自に開いていくということの素質っていうのは与えられていない。……そこで、今度戦争になって非常に海軍が戦果を上げて華やかな時にですね、学者達の会合で、海軍でどうしてこういうふうな教育をやっているのかということになると、私は自信がなかったんです。というのは、あのとおりの型にはまったやり方で、それを延長していくと調子よく行っている時は見事だが、しかし応用が無いですからね」とした上で、つぎのように指摘する。

「実は人間、個を磨いていく、人間としての思考力といいますが、思索力、哲学を与えることが必要だと。これがまた深入りする必要はないんだけど、自分で開いていく、考える力というのを与える、そうしたら、これは大したもんだ。」

こうした証言は往々にして、同じ事象でも勝てば勝ったで過大評価され、負ければ負けたで過小評価となる傾向はある。言語には常にそのような二面性が付きまとうものであることを忘れてはならない。とりわけ、この種の回顧的証言には過去と現在の二面性が入り込む。過去から現在を見た場合、いまでは日本のほとんどの教育機関から消え去ってしまったリーダーシップ教育、とりわけ軍隊のそれが過大評価されたりする。また、現在から過去を見た場合、軍隊などの指揮官育成などは思考力なきリーダーシップ教育として低く評価され、再考すべきものとされたりする。

ところで、この海軍反省会の証言の担い手たちは海軍兵学校の五〇期代前半であり、指揮官として多くの卒業生たちが戦死した。生き残った人たちも敗戦時、四〇歳代前半から半ばの江田島でまだ少数教育を受けた世代であった。その後、海軍兵学校も戦時中はその定員数を増加させ、敗戦時に七五期、七六期、そして最後の七七期―七四期には千人をこえ、七五期からは約三・五千人というように三千人を超え、山口県に岩国分校、江田島にも大原分校、京都府舞鶴にあった海軍機関学校が舞鶴分校、長崎県に針尾分校が設けられる―の兵学校在籍者は総数で約一・五万人へと膨れ上がっていた。
そして敗戦となった。彼らは「学業」半ばとなり、少数の海上自衛隊への移籍組を除き、海軍勤務以外のそれぞれの道を選ぶことになる。後述するように、彼らはその後、基本的に理科系であった兵学校の教育を生かして、医理工系へと進んだ人材も多かった。そして、その後、彼らの多くは当初目指していた海軍勤務ではなく、企業に入っていくことになる。

結果として経営者となった海兵卒業生たちは、実戦にほとんど参戦することがなかったゆえに、実戦で彼らの受けた教育が役に立つものであったかどうかは語ることはできない。だが、彼らは江田島で学んだことが企業のマネジメントで大いに役に立ったことを言葉として伝えている。先に紹介済みの最後の卒業生となった徳川宗英―海兵七七期―は、海軍兵学校といえば「五省」(*)―「至誠に悖るなかりしか」、「言行に恥づるなかりしか」、「気力に欠くるなかりしか」、「努力に憾みなかりしか」、「不精に亘るなかりしか」―であるが、入学時の校長の訓示よりもそのあとで行われた主任指導官の訓話が「会社や学校に置き換えても」有益であり、後々まで自分の信条になったと振り返っている。参考までに紹介しておこう。五点ある。

* 「五省」―海軍兵学校教頭であった三川軍一―海兵三八期―が起案し、校長の松下元―海兵三一期―が裁可し、以後、海軍兵学校の「訓育」のスローガンとなった。

㈠ 立志の必要性―「ものごとをなすには、まず、志を立てる」ことである。

㈡ 戦いに勝ち抜くための三要素―「戦に強い軍人の要素は、強健な身体、優れた知能、充実した精神力である。」

(三)　率直な人間であれ――「兵学校の生活は団体生活であり、公の生活である。公の生活は、一人ひとりが我を張っていては成り立たない。……大言壮語したり、好んで批評的な言辞を弄したりすることは、真の武人の潔しとしないところである。とりわけ海軍では、沈黙が伝統的な美風となっている。」

(四)　高潔な人格を醸成せよ――「高潔な人格を養う第一歩は、ものごとの正しい筋道をわきまえることである。」

(五)　状況に左右されず冷静にことにあたれ――「戦局に一喜一憂し、自分の足もとを見失うようなことは、決してあってはならない。」

こうした訓話の有用性は軍隊組織のみならず、企業という組織にも活用しうる。他方、高砂熱化学の経営トップとして活躍した石井勝――海兵七五期――は、短期間の海軍生活を経験している世代である。石井は自らの世代を「その頃の中学生は軍人志望が多く、海軍と陸軍の二股をかける受験生も多かった。しかし、両方に合格した者の多くは海軍兵学校を選んだものだった」と振り返ったうえで、同期生のその後について、つぎのように紹介している。

「海軍兵学校で我々七十五期の同期生というのは、戦後別れてそれぞれの道に進み、多くは大学へ入り直した。進んだ道は右から左まで幅広く、企業経営者になった者も多いが、共産党の代議士になった者もいれば教師になった者もいる。しかし、海軍でいろいろ学んだことは皆、基本的に忘れてはいなかったと思う。」

石井自身は大学で「つぶしがきく」機械工学を専攻し、当時の花形産業であった紡績会社には入らず、「夢の持てる中小企業」であった高砂熱化学に入った。石井はそれまで基礎知識など全くなかった空調設備の設計に携わることになる。当時、大学でも空調設備などを教えている学科などはなく、石井は現場に入って全くの手探りで勉強した。その際に、海軍兵学校の教育が役立ったという。石井はつぎのように振り返っている。

「現場では時に自分の父親のような年齢の職人を使わねばならないこともある。自分より年齢も経験も豊富な人間を使うのは難しいものだ。

私などは割合にそういう仕事ができた方だと思う。というのも、私が軍隊に入ったのは十六歳のとき、海軍兵学校だが、ここには実際の部隊もあって下士官や水兵がいる。みな私より年長の人間だが、こういう人たちを命令で動かさなければならないのだ。私たちは士官としてそういう人たちを指揮する教育がされてきたのだった。現場で物怖じせず指揮できたのも、持って生まれた性格だけではなく、兵学校の教育が身についていたからだと思う。」

その後、石井は同社の海外事業を積極的に開拓し、未開拓・未経験の分野ゆえにいろいろな失敗を重ねながらも、同社の経営トップとなっていく。石井は経営者の役割についてつぎのように指摘する。

「経営者というのはチャンスを見て判断を下し、先を読まなければならない。そういうことは細かい技術に通じているから身につくのではなく、ひとつは教育の結果だと思う。

我々は海軍兵学校でそういう指揮官としての教育を受けた素地があるから、そのような行動や考え方が自然に身についた、ということもあるかもしれない。もうひとつはその人間のもって生まれた才能のようなものだと思う。天性のようなものといっていいが、経営とか統率力というのは、本を読んでもわからない者にはわからない。」

この最後の指摘は、フィンランドの携帯電話の世界的企業となったノキアの人材開発部長を務め、後に『知力的リーダーシップ論』を発表したシーダーマンラッカのリーダーシップ論(*)にも共通する。シーダーマンラッカもまた自らの経験を振り返って、リーダーシップや統率力というのは、本を読んで身につくものではなく、強く意識しなければ身につくものではないことを強調する一人である。

＊　詳細はつぎの拙著を参照。寺岡寛『指導者論―リーダーの条件―』税務経理協会、二〇一〇年。

このことは、経営トップ層などリーダーたちの言語感覚もまた単に本を読めば身につく性格のものではないとすれば、毎日の経営実践の中で意識して身につけるものである。宅急便の生みの親である小倉昌男は、自らのマネジメントを振り返った『経営学』で、「経営リーダー一〇の条件」を掲げている。小倉はこのなかで自分の頭で考えることのできる思考力の大切さとともに、「会社にとっていま何が本当の第一かを判断し」、それを言葉―スローガン―で指示できる言語能力の大事さを強調している。言語能力とマネジメント能力のことでもあるのだ。

第八回 危険について

危険とリスクの間

ビジネスには危険が常につきまとう。危険ということでは、ベンチャー企業はその典型であるかもしれない。かもしれないといったのは、自分が展開するビジネスが危険であるかどうかは、あとでもふれるが、きわめて主観的なものであるからだ。

人は自分で判断して危険でないと考え感じるからこそ、危険を冒すのである。他方、だれがみても危険ではないと感じても、当人が危険と感じるようなことは多々あるのである。さて、わたしたちはベンチャー企業を、ベンチャーが本来的に示唆する「危険な」とか「冒険的な」という語感を匂わせて「危険企業」とか「冒険的企業」とは表現しない。

また、そうした冒険的な要素の多い事業の先行きや見通しについて「危ない」とか「危険」であるという言葉を用いることもそうない。代わりに「リスク」が高いと表現したりする。どうもわたしたちは困難な事象や、直視するには抵抗がある事象などに対しては、元来、使い慣れているはずの日本語の日常表現をあてない傾向にあるのかもしれない。

ベンチャーとはラテン語源のアドベンチャーから来ているが、一五世紀初頭に頭音が消え去り、もっぱら「冒険」や「危険な試み」を指す語として定着してきた。「リスク」の方は一七世紀ごろから、本来は「絶壁の間を航行する」を意味した「リスコ」というイタリア語から転じた。元々は絶壁の間を船で航行することを意味した。確かにそのような航行は、当時でも危険度の高い試みであっただろう。

本章ではこの「リスク」をあつかう。わたしが経営学書なるものに初めてふれたのは、米国中西部の名門大学の経営学部教授が書いた『経営学入門』であった。工学部の学生のころであった。それは原書であったが、ただ、そのページ数の薄さにひかれて読んでみた。むろん、大した考えもなかった。要するに偶然であった。単に大学図書館の書棚の目立つ場所にあったからである。

最初の頁の最初の文章に、「ビジネスとは何か」という言葉があった。二行目に簡潔な模範回答があった。「ビジネスとは危険（リスク）を冒すことである」とあった。化学技術者を目指していたわたしは、のちに、当時、考えもしなかった社会人大学院のビジネススクールや大学の経営学部で教えるようになって、ある種義務的にも多くの経営学書や経営書に目を通さざるを得なくなった。その後、ビジネスについてわたしなりにさまざまな定義を試みてみた。だが、いまにいたるまで、わたしのなかでは、さきほどの米国人教授の定義が、ビジネスの素晴らしい定義であり続けている。

「リスク」。それは不確実性に立ち向かう危険度のことである。では、「リスク性」なる概念と「不確実性」なる概念とはどうちがうのか。わたしなりの定義をつぎに示しておく。

(一) リスク性—予想し計算することができる範囲の「不確実性」のことである。
(二) 不確実性—予想し計算することが困難な「リスク性」のことである。

こうしてみると、リスクは不確実性とは異なる。リスクとは、マネジメントしうる範囲の不確実性のことである。他方、不確実性とは、文字通り不確実なことである。それでは、先に述べた「ビジネスとはリスクを冒すことである」とはどういうことなのだろうか。人はビジネスに関わる計画を立て、それを実行する。ただし、計画そのものがビジネスではない。実行されることがビジネスなのである。

ビジネス上の計画とは、需要見込み、設備投資のための資金計画、広告宣伝費等々についてできるだけ現実味のある予想を立てることにほかならない。ビジネスとは、それらを実行に移すことである。しかし、持続されるべき、あるいは拡大するべき景気などが変化することで予想以上に悪化し、あるいは、天災や災害が発生した結果、需要が大幅に落ち込む場合もある。景気の予想はある程度可能であっても、天災や災害の発生や為替変動などは、しばしばわたしたちの予想を超えて起こるのである。必然、資金計画は狂うことになる。この場合、設備投資などを一時中止し、先延ばしするか、あるいはすぐに需要が回復することを予想して実行に移すかの意思決定を迫られることになる。

このように、ビジネスには常にリスクが伴うのである。にもかかわらず、計画を実行に移したのは、その場合でも、なんとか対応できるリスクの範囲で事業を遂行できると判断されたからである。むろん、この反対もある。何もせず、現状維持でとどまったことがリスクを呼び起こす場合だってありうるのである。すべての分野には必ずライバル企業がいるのである。そうした企業が新製品や新サービスを市場に投入したことによって、ある日突然、自社製品の売れ行きが落ちることもある。よくいわれるが、「最悪の事態を予想して最善の努力をつづける」ことこそがリスク管理の本質なのである。

すこし事例を取り上げておく。工業高校を卒業後、町工場での勤務を経て、二八歳で独立し、大手機械加工メーカーの協力工場から事業を立ち上げた人物がいる。この高い技術力を持つ協力工場を三〇年間以上維持してきた経営者に、創業当初からの毎年の資金繰りをチャート図にしてもらったことがあった。金属加工のこの会社にとって、マネジメント上の最重要課題は設備投資であり、いつ、どの規模で最新機械を導入して、生産性と加工精度をいかに引き上げるかにあった。

この資金繰りのチャート図から一目瞭然なのは、取引先の増産を見込んで、新規設備を投入して一挙に設備能力を拡大させたものの、石油ショックのため需要は大きく落ち込み、資金繰りは悪化し、一時、倒産一歩手前まで追い込まれていることである。だが、他方でその設備をなんとか維持するために、受注先の多様化と加工内容の高度化を図ったために、その後の需要拡大期に他社を圧倒するような競争力を確保していたのである。

その企業にとって、設備投資時期を誤ったものの、結果として、この設備投資がなければ、いまのような技術力や生産能力が確保できなかったのであり、予想もしなかった高リスクを伴ったビジネス展開が、ある時期から低リスクのビジネス展開へと転じていたのである。この経営者にとって、そのような事態を予想したわけではない。資金繰りの苦しいこの時期に、創業当初から取引のあった信用金庫が追加融資に応じてくれなかったら、この企業は倒産していた可能性があった。だが、そうはならなかった。

製造企業にとって過大な設備投資、流通企業にとって意図せざる過剰在庫は、それらの企業の命取りになる。ただし、これらの事例においては、「原因としてのリスク」と「結果としてのリスク」とは異なるのである。つまり、「何かを行うこと」によって生じるリスクもあれば、「何かを行わないこと」によって生じるリスクもあるのである。この意味では、いずれにせよビジネスとはリスクを行うことである。さきほどの定義通りである。ビジネスには常にこの種のパラドックス―逆説―が伴う。

ビジネスにおいては、どのような経営者であろうと、市場において安定的な位置を占めることによってさまざまなリスクを低下させようとする。売上額が変動するよりも安定的に成長していれば、設備や人の採用における計画は立てやすく、必然、資金繰りも楽になる。だが、そのために一つの製品、一つの事業に特化することはリスクを伴う。そのため、多くの経営者は製品や事業の多角化という戦略をとる。これにもそれなりのリスクを伴う。

新製品などへの研究開発投資は、既存製品の増産に関わる新規設備投資とは異なって、その成果がすぐに現れず、中短期的には埋没費用―サンクコスト(*)―となる可能性も高いのである。とはいえ、既存製品には必ずプロダクトサイクルがあり、新製品などイノベーションへの取り組みはたとえリスクが高くとも、そのリスクを管理できる範囲でリスクを冒さざるを得ない。

＊　埋没費用―事業に投下された資金のうち、事業の不成功によって撤退を余儀なくされ、あるいは縮小によって、解消することが困難となった費用のことである。とりわけ、研究開発のように用途が特別であり、他に

転用の余地が少ない装置などへの投資は、往々にして埋没費用が大きくなる傾向にある。逆にいえば、そのような埋没費用が大きいことが予想される分野へは他社の新規参入の可能性は低く、成功すれば独占利潤が生じる可能性も高いことになる。

この意味では、先に述べたように、企業の日常的安定は、企業の不断の不安定な試みによって達成され、その不安定な試みこそが企業の安定をもたらすというパラドックスがそこに働いている。これは技術分野でも、逆転の発想という視点から論じられてきたテーマでもある。

たとえば、航空力学の分野でもそうである。航空宇宙工学者の佐貫亦男は、安定した飛行が可能な航空機をつくり上げることに、多くの技術者たちが苦労したなかで、なぜライト兄弟(*)がそうした試みに先鞭をつけることができたのかについて、安定と不安定との関係にふれている。

* ライト兄弟―米国の飛行機製作者である。兄はウィリバー・ライト（一八六七～一九一二）、弟はオールビル・ライト（一八七一～一九四八）である。兄弟は自転車店を営んでいたが、やがて飛行機の製作に関心を寄せ、ドイツやフランスで先行していたグライダーによる飛行実験を行っていた。その後、そうした飛行機に小型のガソリンエンジンを搭載して飛行させることを思いつく。一九〇三年一二月一七日、ノースカロライナ州北東部の砂州上の海岸で自作の一二馬力エンジンを搭載した複葉機で、ライト兄弟は世界初めての動力飛行に成功した。滞空時間は五九秒、飛行距離は二六〇メートルであった。

安定パラドックス

佐貫は『不安定からの発想』で、航空機開発の黎明期にほとんどの技術者たちが安定的な機体を追い求めたなかにあって、ライト兄弟だけが安定性を放棄したような、それまでの常識に反するような機体を設計した事実を紹介している。ライト兄弟は、不安定な機体設計とみずからの実験で人類初の有人動力飛行機フライヤーの名誉を手にしたのである。佐貫はその意義をつぎのように指摘する。

「それまで固く信じられていた安定の神話を破った。……放置すれば墜落する機体であった。それでなぜ墜落しなかったかといえば、理由はあきれるほど簡単である。彼らが操縦したからであった。ここにライト兄弟の思想、すなわち、不安定の発想がある。（中略）……機体に一応の安定性を与えて安心しきることは、いいかえると、変動に対する用意が欠けることを意味する。……ライト兄弟は心機一転して安定な機体をすてた。ただ、なにもせずに不安定な機体としたならば、破滅は黒い穴を掘って待ちかまえている。ライト兄弟は縦の運動にも、横の運動にも、十分利きのよい舵を考案した。安定の放棄と、積極的で効果的な操縦、これがライト兄弟成功の秘密であった。」

佐貫は航空力学史におけるライト兄弟の意義を、航空機を制御するには安定性の「強い」システムよりもむしろ安定性が「弱い」システム、換言すれば、不安定性を持つシステムを確立させた点に求めるのである。

航空機の開発史に登場する多くの技術者は、安定した機体の設計に固執したが、それはそうした機体にとって望ましい気象条件などに適合したものであって、そのような理想的な条件が常に確保できるわけもなく、ライト兄弟は不安定な機体を人が訓練や計器によって適切に操縦することで安定性を得るシステムの確立に腐心したのである。さらに、佐貫はつぎのように分析してみせる。

「なによりも、安定にどっぷり安住せず、釣り合いが乱れたら操縦によってもどせばよいではないかとの思想が、ライト兄弟の基本理念であった。グライダー（飛行機）に人間が乗っているのはなんのためかといえば、操縦するためである。模型飛行機は無人だから安定でないと墜落するが、有人飛行機は操縦によって安定を、いわば人工的に創造するとの決意であった。」

佐貫は、ライト兄弟の発見が単にその後の航空工学に影響を与えただけにとどまらなかったとみる。佐貫は、ライトの発見はわたしたちの経済や社会にも暗示したことが多かったと捉えるのである。すなわち、「安定成長とか、安定した社会、安定した経営とかいう表現の裏には、安定へのかぎりない憧憬が潜んでいる。安定した社会で、安定した経営のなかにどっぷりつかることはなんと楽しいことであろう。しかし、現実の社会はすこしも安定していないし、そこで安定した経営を営むことは夢に近い」と。

佐貫の主張で重要視すべきは、安定性を確保するために必要なのは、「安定」そのものの状態の確保ではなく、安定しない不安定状態からの「復元力」であるとする見方なのである。

とはいえ、この復元力は「安定状態のなかにどっぷりとつかっている」ことからは生まれにくく、かといって復元力ばかり多用すると変動が多く生じ、実際に必要なときに復元力が作動しないことになる。こうした事態を避けるには、復元速度に応じて、復元力そのものを調整する必要があることなのだ。復元力と安定との関係を経営に引きつければ、それぞれの不安定状況に応じた復元力を持った資金の確保、人材の登用などがリスクマネジメントの基本ということになる。

さきほどの金属加工の経営者の場合に戻れば、石油ショック後の過剰投資で多くの同業者たちが行き詰まったなかで、この経営者が復元力を確保できたのは、創業後も、受注先に技術的な提案を常に行うことで信頼関係を得ていたことに加え、地銀などとの取引関係も拡大するなかで、当初のメインバンクとなっていた信用金庫との関係もきちんと維持していたことが、不安定な経済状況からの復元力となっていたことではあるまいか。この点はイノベーションを捉えるうえでも、ライト兄弟が考え出した不安定な構造を持つ航空機の復元力のあり方が大きなヒントとなる。

イノベーション論

イノベーションについては、経済学者は産業構造の転換に大きな影響を与えるものとして、経営学者は既存組織の活性化に大きな影響を与えるものとして位置付ける傾向にある。イノベーションは昭和三一（一九五六）年の『経済白書』に、ヨゼフ・シュンペータ（一八八三～一九五〇）の名前とともに「技術革新」ということばで紹介され、日本に定着した経緯を持つ。

シュンペータ自身は、イノベーションを広く社会全体に影響を及ぼす新製品や新製法、改良された製品や製法という「創造的破壊」が人びとの経済活動に大きな影響を及ぼし、景気循環をもたらすものと捉えた。経済学者としてのシュンペータは、このイノベーション観によって資本主義経済の長期波動の説明を行い、鉄道、電気、化学などの技術革新は既存の技術体系だけではなく、関連産業部門への新規投資を引き寄せていったことを指摘する。シュンペータは、単にイノベーションを技術上の革新だけではなく、既述のように新製品の開発、新生産方法の開発、新市場の開拓、新資源の開拓、新組織の開発にも求めている。

他方で、シュンペータはこのイノベーションの担い手としての企業家の役割を強調している。現実に、既存組織において、経営者たちが常に「新しい」ことを試みるにはリスクを覚悟する必要がある。製品やサービスにもプロダクトサイクルが生じる以上、現在の安定的な商品が将来の安定的商品である保証はない。先に述べたように、安定を得るには不安定な試みが常に必要である。この試みに果敢に挑戦するのが企業家であり、シュンペータが企業家精神の体現者としての企（起）業家像を描き出したのも当然であるともいえよう。だが、大組織になればなるほど、そうしたイノベーションは各部署で必要であり、トップの経営層がイノベーションの必要性を説いただけで進展するわけではない。

かつて多くの革新的な製品を生み出して大きく成長した組織が、ある時点から、新製品を生み出すことがなくなる事例も多い。この意味では、イノベーションとは組織の革新でもある。技術者出身で技術経営学者の丹羽清は、『イノベーション実践論』でこうした点を取り上げている。丹羽の関心は、組織内のイノベーションをめぐる軋轢、とりわけ、「既存部門」と「新規事業部門」のぶつかり合いをどのように解決するのかというきわめて実践的な課題にある。

この経路は形式的には①イノベーションへの総論賛成→②にもかかわらず、各論反対があるなかで、「既存組織の反発に遭い、イノベーションの試みは頓挫する」事態→③かくして、総論賛成・各論反対でイノベーションは消滅する、というものであり、これをどのようにして回避させるのがイノベーションのマネジメントということになる。丹羽の経験と観察によるイノベーションのマネジメントはつぎのようになる。

㈠　既存部門と新規事業部門の「両事業はともに重要であること」を再認識させること。
㈡「もっとも重要なのは、企業が現在も将来もあるといった持続的発展のためには、この両者の存在が不可欠ということ」も再認識させること。
㈢　既存事業においてもコストダウンなどの目標が明確であるが、この場合でも単純な生産方法の単なる改善ではなく、S字カーブ（*）の小さな乗り換えが必要であることを認識させること。

＊　S字カーブ――技術開発の進展度と製品性能の向上度との関係を示すカーブである。技術開発の初期段階では性能向上が顕著であるものの、技術開発が成熟段階に入ると、性能向上が低減する。この関係がS字のかたちをしている。

こうした前提に立って、丹羽はつぎのようにイノベーションの方向性を指摘する。

「大々的に『イノベーションを狙え』とあえて鼓舞しないで、従来の地道な改善の道を着実に進めようとすれば失敗の危険も少なく、当面は一応の成果も出るので魅力的であると思えるかもしれない。しかし、自分がその慣行軌道改善の地道な道を進むとき、競合他社はまったく違う軌道を切り開き創り出すイノベーションを実践している公算が高い。」

この指摘はライバル企業としのぎを削るなかで、ヒット商品を勝ち得た企業がその品質向上だけで技術開発路線を進めるなかで、ライバル企業が従来とはまったく異なる機能を持つ製品を市場に投入して、それが新しいヒット商品となって一挙に市場占有率を高めるケースにも妥当する。この場合、それでも、先行企業は従来のヒット商品に固執して、品質を少し変え、あるいは機能を少し手直しすることで市場占有率の低下を防ごうとする。この場合の問題は、従来の商品に慣れた消費者がそうした改良型商品に失望し、また、新たな消費者を獲得することもできず、さらに手詰りの状況となる。

その結果、組織内で市場占有率低下の犯人探しが始まり、異なるS字カーブを探し求めることが、組織の新しい目標となるのは難しくなる。本来は、ライバル企業に対抗するためのエネルギーが往々にして組織内の抗争エネルギーとして無駄に費消されることこそが大きな問題なのである。この場合のトップマネジメントは、イノベーションに向けての組織の目標転換と新たなビジョンの提示であることはいうまでもない。

もっとも、丹羽もそうした明確な目標を示したビジョンを掲げることは必ずしも容易なことではないことを指摘する。この場合、技術主導か市場主導かといった二つの方向がある。どちらの方向をとるにせよ、問題はいずれも既存の技術の延長、あるいは既存の市場の延長では、どの企業とも同じような新製品を市場に投入することになる可能性が強くなる。丹羽もこれを強く意識して、そのような「コモデティー化」(*)を避けるには、「周辺顧客創造のイノベーション」を提案している。

＊　コモディティー化—コモデティーとは、市場に流通している商品を指す。コモデティー化とは、提供側の企業に関わらずその品質や価格に大きな差がない商品となることであり、消費者にとっては、どの企業の商品であっても同じようなものとなることを指す。

丹羽のこの周辺顧客創造のイノベーション論は、競争者がまだ存在していない未開拓市場―いわゆるブルーオーシャン戦略―の重要性を指摘する。このこと自体は古くて新しい技術開発に関わる古典的命題であり、競争者がいないような市場を発見することは決して容易ではない。また、そうであってもそのような方向で技術開発を進めるには多くの障害がある。さらに、そのような市場にはすぐにライバルが新規参入してくることは、家電分野に豊富な事例がある。丹羽自身もこれには気づいている。そのために、丹羽は現実には既存事業と新規事業を組み合わせるような「イノベーション・ポートフォリオ」などを提案するのはそのためである。

ここで重要なのはイノベーションと時間との関係である。イノベーションが一筋縄で達成できないのは、中短期的には技術開発などがうまくいかず、その時点ではそれまでの投資が埋没費用化―サンクコスト―する場合が多いためである。あるいは、技術開発などである程度の見通しがついたものの、市場が未開拓であり、技術と市場との関係がうまく築ける段階にはない場合にも、それまでの投資は埋没費用化するのである。

だが、その後、消費者の要求が変化し、あるいはそれまでとは異なった商品やサービスを求める市場変化が顕在化する場合、それまでの埋没費用が生きてくる場合もある。その場合、すでに先行的に基礎研究段階での成果があり、それを市場ニーズに合わせて商品化するにはライバル企業などと比べて圧倒的なスピードで達成し、いち早く市場に新商品を投入できる。この場合、長期的には、埋没費用化されたと判断された技術開発プロジェクトが、そうではなかったことになる。

ただし、経営トップ在職期間の長いオーナー経営者でない場合、現職経営者が一〇年先の経営者のために、赤字決算を覚悟で果敢に新製品開発などに取り組むのかどうかである。イノベーションとは時間性であり、この時間性の概念とはリスク性のことでもある。研究開発が長引けば、埋没費用論が示唆するようにそれだけリスクが高まるのである。この意味では、シュンペータあたりも強調したように、イノベーションへの取り組みは経営トップ層の企業家精神の発露の問題でもあり、組織の長期目標としてそのようなイノベーション戦略を掲げることができるかどうかである。

したがって、イノベーションとは、これに付随するリスクを組織外あるいは組織内との関係でどれほど軽減できるかの問題をはらんでいるのである。自らの組織を超え、組織外の関係者を巻き込んでのイノベーションということでは、いわゆる「オープンイノベーション」が米国で盛んに論じられるようになってきた。その背景には、かつて米国のイノベーションを主導してきたＩＢＭやゼロックスなどの大企業の研究開発力の低下がある。と同時に、米国における技術開発系の小企業や大学発―正確には大学院発―ベンチャー企業の興隆があった。

要するに、米国におけるイノベーションの従来のプレイヤーであった大企業の成功打率が低下して、代わってそうした大企業ではなく、大学院での研究成果を基に事業化を試みるベンチャー起業家や、製造までを意識した技術開発ではなく、特許取得に特化したような技術開発系小企業の成功打率が上昇したのである。もちろん、これは産業分野や技術分野によって異なることには注意を要する。何でも大企業が駄目になったというわけではない。

たとえば、従来の化学反応合成からバイオ工学の応用が顕著となった創薬、パーソナルコンピュータの普及によって若手でも可能になったさまざまな分野のソフトウェア開発などにおいては、それまでの大企業の優位性は明らかに揺らいできたのである。ただし、これが日本でも首肯できる傾向であるかと問われれば必ずしもそうではないところに、日米の決定的な相違点がある。相異点はつぎのように整理できよう。

その一つめは、大学院で基礎的研究をやり、それを基に事業化のために起業する人材層が圧倒的に日本では薄いこと。二つめは大企業の中央研究所などからスピンオフする人材が、日本では圧倒的に少ないこと。最初の点については、日本の場合、修士課程を終え、その応用研究を大企業で行うことを志向する人材が多数派であることの裏返しである。三つめは、米国では、大企業での研究志向人材の昇進・昇格が従来と比べてきわめて限られてきたことに比べ、日本の大企業では研究者としての待遇がそれなりに優遇されてきたことの反映である。

これらの相異点の根底には、日本社会と米国社会における若い人たちやそれをとりまく人たちのリスク感覚の相異がある。要するに、日本では研究開発に興味ある人材であっても、大企業などでの実務経験を生かしてスピンオフして自らより自由に事業化の道を探る方のリスクが圧倒的に高いとする社会的価値観と現実的な認識が強いのである。

米国流のオープンイノベーションは、そのような大企業における技術革新の役割変化に加えて、技術開発系の小企業、ベンチャー企業、研究開発、とりわけ、応用技術や事業化への関心の強い米国大学院の傾向のなかで、そうした研究開発主体を横断化したようなイノベーションのあり方が志向され、現実にシリコンバレーなどでの取り組み―成功―が注目されてきたのである。

では、そのような状況にない日本においても、オープンイノベーションがなぜ重要視されなければならないのか。前述の丹羽はその背景としてつぎの四点を挙げている。私なりに整理して紹介しておこう。

① 自社人材が自分だけの殻に閉じこもって成果を上げることがますます困難になるなか、外部との連携がその打開策として期待されてきたこと。

② 産官学連携―協同―がその推進者である経済産業省や地方自治体などにとってちょうど良い旗頭となったこと。

③ 団塊世代の社内研究開発従事者の受け皿になること。

④ 日本の閉塞感の打破のスローガンとしてぴったりであったこと。

最初の点については、賛否両論あるであろう。これはイノベーションにおける中心論と周辺論を想起させる。研究開発においては大学等の研究機関、政府系や企業系の研究機関などからのスピルオーバー効果を無視することはできない。そうした研究者たちとの学会や研究会などでの付き合いを通じて、それぞれの研究開発機関の成果、進展、方向性などが暗黙知的に共有されることも多いのである。反面、意図的な情報操作に左右され、あるいは、大勢の研究動向にそって知らず知らずに、その時点でのみ成功可能性の高い方向に自らの研究開発を進めるようにもなる。

それは競合する研究開発機関や研究者の中心の輪にいればいるほど、そのような傾向となる。他方、周辺論は、研究機関が集中立地する地域ではなく、むしろそうした研究中心地から遠く離れて孤立したような地に立地し、研究者のインナーサークルからも無縁の特定機関所属の研究者であれば、かえってそうした流行の研究内容に迷わされることなく、じっくりゆっくりと独創的な研究に取り組むことができる。事実、そのような環境から独創的な製品が開発された事例もある。

これはきわめて政治的な課題である。従来の政策の有効性が大きく減じ、その組織の存立基盤自体を問われるようになった公的機関にとって、産官学連携政策は格好の新しい存立基盤として、④の点とも関連してスローガン化された。ただし、この中心に経済産業省や地方自治体が位置する必然的根拠などはなにもない。だが、金融支援や税制優遇制度によって、政府機関が旗振り役の位置を占めてきた。実質上の貢献は、産業総合研究所などからの人材のスピンオフや経済産業省などの人材スピンオフによってこれらの機関が真の意味での産官学連携の中心となることである。ここではそうした実績主義が先行されなければならないのである。

③の点もまた政治的すぎる課題である。米国流の産学連携を目指して政府の補助金によって理工薬学系の学部を持つ国公立大学などに技術移転室—TLO, Technology License Office—が設けられたが、適切な人材が企業などから派遣されたかどうかはまた別の問題であった。そうした形式が実質へと転化して、効果を上げるかどうかは一にも二にも優秀かつ適切な人材が配置されてきたか、あるいは配置されているのかどうかである。④の点はすでにふれた。

丹羽自身は、米国流のオープンイノベーションがそのまま日本社会に有効であるとは見ていないようである。もっとも、そうした産官学連携によるオープンイノベーションは、管見でも、少数の著名大学において可能であっても、明確な特徴のない多くの大学においては必ずしもうまくはいっていない印象を受けてきた。

米国でのそのようなイノベーション政策を追ってきた経済学者の宮田由紀夫は『アメリカのイノベーション―科学技術への公共投資から知的財産化へ―』で、米国人研究者の研究成果を充分に踏まえた、バイドール法(*)以降の米国流のオープンイノベーション政策について、予算獲得や、その成果をめぐる論議はきわめて政治的なものであり、個別政策のいずれも顕著な成果をすぐに生み出すとは限らないことを強調する。

＊　バイドール法―米国で一九八〇年に制定された「特許および商標に関わる修正法」である。政府助成金によって大学が開発に成功した知的財産の権利は、政府だけではなく大学側へも帰属することが定められ、大学の研究者にも研究開発のインセンティブが与えられた。

そのため、丹羽はむしろ「セミ・オープンイノベーション」を提案する。丹羽が日本では米国ほどベンチャー的起業が活発ではなく、技術力などが大企業のなかに依然として保持されている場合には、より現実的なイノベーションの促進には同一企業内の異なる部門間の組織の切り崩しがまずは必要ではないかと主張して、「日本企業は、オープンイノベーションという罠にはまらず、セミ・オープンイノベーションでもてる技術力を活かして総合化して、イノベーションを起こすことができる大きな可能性をもっているということである」と主張する。

つまり、組織外のオープンイノベーションよりも、まずは組織内の組織の壁を突き崩すような試みこそが重要であることはいうまでもない。イノベーションにつながるような技術革新や市場開拓は、それまでのS字カーブとはまた別のS字カーブの非連続的な試みのことであり、安定飛行を目指すための不安定飛行のようなものである。それは失敗の連続であるゆえに、大組織であれば、そのような失敗が共有化されず、むしろそれが隠蔽されたりするのである。必然、同じような失敗を違う部署が同じように行うことで、それまでの試みがそれぞれの部署において埋没費用化するのである。

この意味では、失敗の共有化は小さな組織であればあるほど容易であることが、大きな組織になるほど、失敗を共有化させる組織づくりのマネジメントが必要となるのである。考えてみれば、イノベーションにつながる突飛なアイデアや試みはどのような組織であれども、まずは個人のベースで発現するのであって、それを活かすも殺すのも組織次第なのである。

イノベーションとはそうした個人の試みを促し、それを組織の共有財産として、さらに高次のイノベーションへの試みへと失敗のリスクを乗り越え、それに関わる人たちの意識を前向きにさせていくマネジメントそのものである。

第九回　企業について

企業と同族経営論

自らも外資系企業に勤務した経験を持ち、作家へと転身した楡周平は、日本の大手家電企業の半導体部門のリストラ実態を扱った『異端の大義』で、日本の著名大学を出て半導体技術者として米国法人企業で長く働き、名門シカゴ大学のビジネススクールでＭＢＡを取得した経験も持つ人物を、主人公として登場させている。

主人公の高見龍平は米国勤務から帰国後、創業者一族に連なる同期の人事本部長と真正面からぶつかった。高見は東北にある半導体工場閉鎖に伴う人員整理の責任者として左遷される。楡は高見龍平を通して、企業における「大義」とは何かという大きなテーマを真正面から扱っている。この大義とは、企業は一体何であるのかであり、さらに企業の社会的責任とは何かといってよい。

高見は有名大学卒の社員が多いこの大手家電企業のなかにあって、一時期、指定校制度が廃止されたころに採用された、ほとんど無名の私立大学卒であった邦武とともに、人事本部長の報復人事で東北工場に赴任する。米国にいたころには全く想像しなかった「日の丸」半導体の凋落と、これに伴った日本の国内工場の閉鎖が彼らの新しい仕事となったのである。

自らの将来設計などいろいろと思い悩む高見は、以前は日本を代表する総合商社の役員となったものの、最期には鉄鋼部門の人事整理を行い、その後に退任し、いまは末期癌に苦しむ父親が語る経験談に耳を傾ける場面がある。

父親は尋常小学校卒の創業者がつくりあげた創業者の顔が見える中小企業であっても「世間的に名が知られる」大企業へと成長するにしたがって、「とたんに集まってくる人間の質が変わる」と指摘したうえで、息子につぎのようにしんみりと語っている場面がある。

「私はね、企業の転換点、いや衰退が始まるのはその時だと思うのだ。（中略）一流の大学を出た人間の多くは、世間的にも一流といわれる企業に職を求める場合が多い。……志望の動機はどうとでも取り繕うことができるだろうが、所詮、世間的に聞こえが良く安定した職場、約束された給与、それが最大の志望動機であることは間違いない。名もない中小企業に将来性を見いだし、そこに命を賭けよう。この会社を名のある大会社にしてみせる、そんな覇気のある人間などいやしない。集まってくるのは、寄らば大樹の陰といった安定志向の人間ばかりとなる。そんな人間たちが、会社の中堅幹部から経営陣へと登りつめていけばどんなことになるか、結果は火を見るより明らかだ。事実かつての鉱山、船舶、私が身を置いていた鉄鋼など……いずれの産業も衰退の一途を辿るばかりだ。もしも、真の意味で覇気のある人間がこうした産業の舵取りをしていたなら、自分の会社がそこまで追いつめられる前に、適切な方向転換をしていたことだろう。」

父親の容態を気遣いつつも単身赴任で苦しい生活を強いられる高見であるが、半導体工場の閉鎖に伴う人員整理になんとか見通しをつける。さらに、高見はその後も予想もしなかった人事異動通知を受ける。高見は人事本部長から関連子会社の販売会社に移動―左遷―されることを告げられたのである。元来、技術者であり工場閉鎖担当の人事責任者という職も異例なら、高見のように全く販売経験がなく、低迷を続けていつ廃止となってもおかしくないような販売会社の販売責任者もまた異例であった。これもまた人事本部長の個人的恨みを晴らすような報復人事であったのだ。

高見はまたも再度単身赴任する。赤字でいつ閉鎖されてもおかしくないような販売関連子会社で慣れない販売管理部長となった高見に、父の死が追い打ちをかける。父親の葬儀にカリフォルニア大学で学ぶ長男の慶一とやはり米国に住む娘が帰国する。久しぶりに再会した高見は息子と卒業後の進路について話し合う。日本企業に就職を希望する慶一に、高見は自らの経験を語るようにして、つぎのような助言を与える。

「日本企業に就職するなら、志望する会社をよく研究しろ。会社の名前や規模なんかに惑わされるな。その上で本当に御前が働きたい会社を選べ。だが一つだけ言っておく。同族会社だけは避けることだ。会社というところには、漏れなく複雑な力関係がある。その中でどうのし上がるかは人それぞれの才覚というものだ。しかし同族経営の会社は違う。……お前を生かせる会社を探せ……」

長期雇用が当たり前であった日本の大企業に入り、長期雇用が当たり前でなくなっていた米国のビジネス社会で働き、米国で育った長男から日本企業へ就職希望を聞いたとき、主人公の高見は「同族会社だけは避けること」を息子に強く助言したのである。だが、よく考えてみれば、ほとんどの企業には起業の段階があり、創業者がかならずいるのである。そして、このような会社には同族企業＝家族企業という段階がこれまたかならずといってよいほどに存在している。

そうだとすれば、本来は同族会社という段階を超えているにもかかわらず、同族会社という存立形態を実際にとっている企業の内容が精査される必要があるのだ。その場合に検討されるべきは、さしずめつぎのようなケースである。

㈠　創業者一族よりもはるかに優秀なトップにふさわしい人材がいるのもかかわらず、そのような人材が経営トップ層となっていないケース。

㈡　取引先などに創業者一族の経営する企業などが取引内容の合理性を超えて含まれているケース。

㈢　採用や人事昇格などにおいて創業者一族やその関係者が優遇されるケース。

さらに考えてみれば、同族でなくとも、同じような考え方のような人たちや、同じような学歴の人たちが常に経営トップ層を形成していれば、それは「みなし同族経営」企業といえなくもないのである。高見の長男への助言の本質は、平たくいえば、風通しのよい会社であるかどうかを判断せよ、ということになる。

楡周平は『異端の大義』の執筆には、日本の関西系の家電企業をモデルとしたとする。パナソニック―松下電器産業―、シャープ、三洋電機などはいずれも家内工業のような規模から中小企業をへて、世界的大企業となった。このうち、三洋電機はパナソニックからスピンオフした井植歳男（一九〇二〜一九六九）によって昭和二二（一九四七）年に創業されたが、平成二一（二〇〇九）年にパナソニックの子会社となり、その後、統合された。

創業者の井植歳男は、松下幸之助と同様に波乱万丈の人生を送ったといってよい。兵庫県の淡路島に生まれた歳男は、船乗りであった父親の跡を継いだが、港での火災に巻き込まれて九死に一生を得た。歳男は幸之助に嫁いでいた姉の勧めで、創業したばかりの松下電器製作所で働くこととなる。歳男の運命が変わった瞬間であった。一五歳のころであった。

身体が丈夫でなかった義兄の幸之助に代わって、歳男はその右腕として活躍した。歳男はこの時期にさまざまな事業を立ち上げることで貴重な体験をしており、そうした経験が後に三洋電機を立ち上げるうえで大いに役立ったにちがいない。歳男が立ち上げた三洋電機の経営は井植一族へと継承されたものの、やがて行き詰っていくことになる。この原因について、日本経済新聞の記者大西康之は、経営トップへの取材を丹念に行った『三洋電機・井植敏の告白』で同社を分析してみせる。

大西は平成一六（二〇〇四）年三月、「存亡の危機に立つ電機大手『最後の同族企業』三洋電機」の創業者井植歳男の長男で同社の社長、会長など二〇年間にわたって同社のトップにあった井植敏に、三時間に及ぶインタビューを行っている。井植敏が代表取締役辞任後のことであった。開口一番に、井植は「何でこんなことになってしまったのか。自分でも今、一生懸命その中を、なぜこんなことになってしまったのか、ということを探求しているところや」と語っている。

三洋電機の経営悪化については、新潟県中越地震による半導体工場の操業停止という被害もあったが、それ以前から、いわゆる白物家電のみならず、デジタル家電部門などの構造的赤字問題があった。「三つの海を股にかける」ことを願い創業し、同社を成長させてきた井植歳男の思いは、その後、どこで破綻していったのか。大西はつぎのように問題を提起する。

「（井植家は―引用者注）ある時期までは確かに三洋電機の『正当な統治者』だった。社員や取引先は創業者の歳男に深い敬意を払い、その弟や息子にも信頼を寄せた。弟や息子もその信頼に応え、会社は順調に成長していったのである。だが、今なお井植家による三洋電機の統治を容認する者は少ない。

世界各国で事業を展開し、数多くの海外の投資家を株主に持つ売上額二兆五千九百億円のグローバル企業の経営権を、たった一つの家族が独占していいのだろうか。松下電器から松下家が去り、ソニーから盛田家が去りつつある今、三洋電機のガバナンスの姿は、いよいよ異形に見えてくる。企業が成長していく過程で、ある日を境に、創業者は統治者としての正統性を失うからである。それに気づかぬ創業家は、例外なく会社を破綻の淵に追い込み、自らも悲劇的な末路を辿るのである。」

井植敏（一九三二～）は歳男から厳しい「帝王教育」を受けたというが、敏の後に社長となった長男の敏雅（一九六二～）に対してはどうであったのだろうか。大西は三洋電機を分析してきたベテラン証券アナリストの「箸にも棒にもかからないのなら、諦めもついたでしょう。しかし、そこそこにはやれた。だが、ずばぬけてはいない。悩ましいところだったのでしょうか」という見方を紹介しつつ、この後継人事についてつぎのような手厳しい評価を下している。

「敏雅が実力で収めた成功も、いくつかはあっただろう。しかし、それと同じ数だけ、もしくはそれ以上にあったはずの失敗を、敏はもみ消してきたのではないか。実力は偽装されたのではなかったか。敏雅はボストン大学、住友銀行を経て一九八九年に三洋電機に入った。三年後の九二年には早くとも鳥取三洋電機の取締役に就任し、九六年には本社の取締役ソフトエナジー本部長に駆け上がっている。（中略）若々しいアイデアで成功したこともあった。だが華やかなサクセスストーリーの陰で、いかにも『苦労知らずの三代目』だと思わせる失敗をしている。……

世間の常識で言えば、親のカネで米国に留学することを『苦労』とは言わない。子会社とはいえ、上場企業に入ってたった三年で取締役になることもありえない。普通のサラリーマンがする普通の苦労を敏雅はずっと知らずに過してきた。だから普通のサラリーマンが管理職にもなれば当然、身につけているはずの常識が、所々で欠如しているのだ。（中略）……

組織のトップに立つというのは、自らの意思決定とその結果に対して全面的に責任を負うということだ。だが太陽光パネル事件（＊）で歴代三社長に守られた敏雅は、それを学ばぬままに社長になってしまった。

『君たちは悔しいと思わないのか』

社長になった敏雅はある不採算部門の社員を前に、こう言って憤ったという。手柄は自分、落ち度は部下では、求心力は生まれるはずもない。」

＊　太陽光パネル事件――三洋電機の子会社が実際の仕様よりも低い出力の太陽電池パネルが最終製品に含まれていたにもかかわらず、そうした不良品の存在を否定していた。その後、三洋電機はその事実を認めるが、実は当初から低出力の太陽電池パネルを販売していることを知りながら、市民団体などに指摘を受けるまでその事実を認めていなかった。

大西の指摘はまことに手厳しい。反面、本当に同族企業がすべて悪いのだろうか。それはどうも先に挙げた三つの悪しきケースの、とりわけ、最初のケースに関わるのではないだろうか。大西は創業者の井植歳男の考えを、「歳男は同族経営を否定していない。『同族だから自分の企業を命がけで守ることができる』生前の歳男は折に触れてそう語っている」としたうえで、病床で死期を悟った歳男が、自らの興した事業を二人の弟や子どもたちに託しても安心であると思っていたエピソードなども紹介している。

井植歳男がさきほどの㈠の基準に照らして結果、後継の経営トップとして実弟の井植祐郎、井植薫に譲り、さらに井植敏へと継承されていったのかどうか。持株比率との関係において、創業家の事業継承への正当性からすれば、話はそう単純ではない。にもかかわらず、継承されていった点について、大西は銀行との関係を見落としてはいない。大西はいう。

「日々、正当性を失っていく創業家がそれでも経営トップに君臨できたのは、大株主である主力銀行が支えてきたからだ。その見返りに、高配当と金利で潤ってきた。……バブル期に節度を失った住友銀行は、無謀な配当や投資を続ける三洋電機の放漫経営を看過した。……それだけではなく、三洋電機の本業とは無縁の不動産投資に同社を引き込み、赤字転落の背中を押した。その後ろめたさが井植家を甘やかす原因にもなった」と。

これは前述の㈡にも関係しているのである。実は、大西も指摘しているが、この時期、三洋電機だけではなく、戦後、ほぼ個人創業から大きく成長し世界的企業となったソニー、松下電器―現パナソニック―、ダイエー、西武グループなどでも大なり小なり同じような問題が起こっていたのである。

大西はそうしたなかで、創業者以外の家系から社長を出してきたトヨタ自動車を大いに評価した。豊田章一郎（一九二五〜）が社長を務めた後に、三代続いて豊田家以外の人材がトップとなった。だが、その後、章一郎の長男の章男（一九五六〜）が社長に就任した。章男もまた井植敏雅と同様に日本の大学を卒業したあと、米国ボストンの大学に留学している。MBA取得後に米国の投資銀行に勤務し、その後、トヨタ自動車に入っている。その後、四〇歳代半ばで役員に就任しているのは、井植敏雅と同様に一般社員では考えられないほどの若さでの就任であろう。

こうした若さと経営トップとの関係は、ドラッカーがかつて述べたように、それが所有者であることの特権―三洋やトヨタでいえば、井植家も豊田家も筆頭株主ではないが―、その経営の才が認められた結果であれば、とやかく言う筋合いのものではない。だが、この種の議論は企業経営における経営トップの器とは何かという点に最後には行きつくのである。

企業家と経営者像

経営トップの器を論じる前に、はっきりさせなければならないのは、経営者の役割とは何かである。経営者の役割は企業経営における意思決定とその実行を促すことであるとすれば、すくなくともそれは企業規模において必ずしも同様のものではありえない。小規模企業の場合、経営者の意思伝達はきわめて容易である半面、巨大組織となれば、その意思伝達は困難を極める。

経営トップの考え方と指示は、言葉だけに転化され、その言葉だけがやがて独り歩きすることになる。必然、経営者の器という点では、船の船長と一緒で、小型ヨットの船長とマンモスタンカーの船長とは、安全航行の管理者という役割は基本において同じでも、実際にどのようにそれを実行に移すかは異なる。いずれにせよ、経営者とは組織の維持・発展のための管理者というイメージが強い。

他方、企業家と経営者像とはどのように異なるのであろうか。自らも数社の起業経験を持つカナダ人実業家のキングスレイ・ウォードは、彼の周りのさまざまな経営者や企業家の観察も踏まえて、『ビジネスマンの父より息子への三〇通の手紙』で企業家とは何かを興味深く論じている。

㈠「企業家とは偉大な創造力の持ち主であること」―「あらゆることに解答が見出せるらしい。解けない問題はなく、遂行できない事業はない。その考え方は独創的で、同じことをするにしても、常に新しい方法を求める。実業家の標準的な経路を避けようとする生来の成功が、その成功の主因である。」

㈡「企業家は人間性の偉大な観察であり、研究者である」―人びとの営みの観察を通じて、「企業家は巧みに実用化するアイデアの多くは、しばしば自分自身のアイデアではない。この世界には、優れたアイデアを持っている人が驚くほど多数いるが、それを商品化する方法を心得ている人はごく少数である。企業にとって、それは生まれつきの能力である。」

二番目の点について、ウォードは企業家と企業経営者との違いを見出す。すなわち、企業家とは自ら新しい事業を短期間に興すことに情熱を持つ存在として位置づけられている。ウォードはつぎのように論じる。

「仕事の手早いことも、たいていの企業家が自分で事業を興すことを好む理由のひとつである。わずらわしいマーケティング委員会や、コンサルタントの群れ、それに延々と連なる役員たちは、企業家たちにとって苦手な存在となっている。……大会社にももちろん企業家はいるが……」

このあとに、ウォードは興味ある逸話を紹介している。都市郊外の農村地域で老人がホットドック店を経営し、客が列をなすほどの繁盛ぶりであった。ハーバード大学でＭＢＡと経営学の博士号を取得した息子が帰ってきて、景気が悪くなっているのだから、六人の人員を二人に絞り、パンやソーセージも安価のものに変えるなど経費節減を助言し、父はこれに従った。二カ月後、息子がまた帰ってきて、商売の状況を尋ねた。父は息子に、「たしかにとんでもない不景気の時代だよ」と応じている。ウォードは息子の三度目の帰省を紹介していないが、おそらく、かつて不景気のなかでも繁盛した父親のホットドック店は閉鎖に追い込まれているだろう。

この話は実話か、あるいはウォード自身の創作であるかは分からないが、米国流ビジネススクールのパターン認識化された経営手法の負の部分をうまく伝えている。ビジネススクールは大型艦船の航海士—経営スタッフ—を育てることができても、臨機応変に天候や入港先の状況にあわせて安全に航海を指揮する船長—経営者—を育てることを必ずしも保証しないことを示唆している。

ウォードはこの老人も企業家の要素があったが、ハンバーガー職人の要素—意識—の方が強く、自分の信念に忠実ではなかったと指摘する。企業家に必要な三番目の点である。

(三)「企業家には、成功を確実にするあの頑固な、粘り強い性向がなければならない」—とはいえ、「たいていの企業家は意思の強い持ち主だが、彼らはまた、柔軟性にも富んでいるから、めずらしい性格の組み合わせだが、成功のために欠かすことができない。」

そして、前章でも論じたリスクへの感覚と企業家との関係である。ウォードもまた企業家のリスク感覚をつぎのように指摘する。

(四)「企業家は危険を避けようとしない」—「企業家は、興奮、緊張、賭け、戦いを糧として生き、このすべてを克服したときに、五分間勝利を味わうと、すぐにつぎの『有望な仕事』に向って突進する。」

リスクへの感覚は、第三回で論じたように、必ずしも事業経営に関わるデータを分析した結果だけから算出されるのではない。ウォードも「企業家は、方針を決定するための確固たる根拠がない場合、勘に頼る」と指摘する。これは全く根拠のない単なる勘ではなく、それまでの経験や専門知識の複合物である戦略的直観であり、事業をとりまく状況変化のなかで、その変化に応じてすばやく代案を用意できるタフさである。もっとも、それらがいつも成功を生む保証はない。なんでも、物事には二重性がつきものなのである。たしかに、企業家は代案を思いつき実行するのが速いかもしれないが、むしろ早すぎて、もうすこし状況の好転を待つことができれば、さらなる失敗を重ねなかったこともあるだろう。

こうしてみると、改めてそのような性向を持つ企業家群像のなかで、成功する企業家と失敗する企業家の違いはどこにあるのだろうか。ウォード自身は、この問題を「成功する企業家」と「成功する実業家」の違いに言及して論じている。ウォードによれば、両者の違いは「微妙」なものであるとみなされる。ウォードをつぎのように結論づけている。

「企業家の性格には、激しさ、冒険心、大胆さが目立ち、従来の経営方法にあまり固執しない。しかし両者とも、買い手の求めるものと、市場の傾向を知らなければならない。常に市場との接触を保ち、それを正確に査定することが、勝利をもたらす。

企業家というと、いかにも冒険的で、自尊心を満足させるが、時流に逆らうことには危険が伴う。それでも、真の企業家と見なされている人は、どんな困難にぶつかっても、それを状況のせいにして愚痴を言ったりはしない。企業家は失敗についての忘れっぽさと、飽くことを知らない新しい冒険への要求を天から授かっている。成功しても、得意になれるのは五分間、失敗すれば、せいぜい一秒しか嘆いている暇がないのである。」

とりわけ、フィンランドを中心にナノテク(*)関係のベンチャー企業を調査した経験からいえば、

「買い手の求めるものと、市場の傾向を知らなければならない。常に市場との接触を保ち、それを正確に査定することが、勝利をもたらす」というウォードの指摘を、わたしは支持する。

技術者出身の企業家は、みずからの技術開発のロードマップに固執して、オーバースペック―過剰品質、過剰機能―の製品を市場に投入しがちである。だが、現実のユーザーはそのような製品を望んではいない。必然、技術的に先行していた企業が行き詰まり、皮肉にも技術開発では二番手以下の企業が成功を収めた事例もある。

＊ ナノテク―物質をナノメートルという微細の原子や原子のスケールでつくりだす技術の総称である。とりわけ、各社がしのぎを削っているのはナノスケールでの新素材―ナノ素材―の開発である。反面、そのような微細な素材やそうした素材によって作られた製品が環境に及ぼす影響も危惧される。

また、「成功しても、得意になれるのは五分間、失敗すれば、せいぜい一秒しか嘆いている暇がないのである」というウォードの指摘は、登山家をイメージさせはしないだろうか。とりわけ、そのような企業家の生き方は、冒険的な登山家は山頂にしばらくしか滞在できないとしても、未登頂の山を目指し、それを征服するとさらに未登頂の山々を探り挑戦する姿勢にも類似している。

当初は、登山家たちが単独登頂するのに困難を極めた山であっても、やがて、ロープウェイやリフトで普通の人たちが気楽に登頂できるようになる。それは、企業家とウォードのいう実業家も含めて、経営者たちとの関係にも類似しているのである。あるいは、それは最初の基本ソフトウェアの開発者とその後のアプリケーションソフトウェアの開発者との関係でもある。

そうしてみると、次章で論じる起業家像とウォードのいう企業家像は類似することになるが、起業家から企業家へと転じることのできた人たちだけが、企業家となれることに留意しておく必要がある。次節でふれるが、一般に、企業の発展には、三つの段階がある。

① 起業段階―企業のスタートアップ―創始―段階であり、単数あるいは複数の起業家がいる。いわばわたしの会社―my company―段階である。

② 企業段階（その一）―創業当初の失敗が連続する「死の谷」を克服して、企業成長にある程度の見通しがつき始める段階である。起業家がそのまま継続的に経営に当たる場合もあるし、技術者出身の起業家であれば、財務やマーケティングなどの分野出身の企業家が経営にあたる場合もみられる。いわばわたしたちの会社―our company―段階である。

③ 企業段階（その二）―大きな成長を目指す、あるいは株式市場での公開企業を目指す段階での企業であり、先にみた企業家から大きくなった組織の管理者機能を果たす経営者も必要となる段階である。とはいえ、管理だけの経営者ではその企業の活性化の持続は難しく、同時に企業家精神も併せ持った経営者を必要とする段階である。いわばあなたがたの会社―your company―段階である。

多くの場合、①から創始され②や③の段階へと円滑に移行することが理想的である。実際には①の段階で終わる企業、②にとどまった企業もまた多いのである。いずれにせよ、企業が持続的発展を図るには、単に量的―売上額、資産額、従業員数などの指標―な成長だけではなく、むしろ質的な側面が重要ではないだろうか。

市場占有率や売上額拡大だけが自己目的化して量的拡大だけを目指す企業は、いずれ行き詰る。つぎつぎと意義のある社会的価値を取り込んだ製品やサービスを生み出し続ける企業にこそ本来の持続性の意味があり、そのようなマネジメントには単なる組織管理者としての経営者ではなく、企業家精神を持続させた経営者が必要である。

企業の持続的発展

活発な企業には、二つの側面がある。一つめは企業から人材の活発なスピンオフがあること。二つめには若者たちだけではなく、他企業に勤める人たちもまた常に入社を望むような組織であること。最初の点については、日本ではほとんど論じられたことはない。二番目の点については大学新卒の若者について論じられても、他社人材にも開かれた人事政策はほとんど論じられたことはない。理由は、双方の点とも日本の従来の企業においては、実態としてほぼ無視できたからである。実務家のみならず、しばしば研究者も実態として存在しないことを論じることはそう多くない。

だが、これからの日本企業の再活性化のためには、双方ともきわめて重要な経営課題なのである。経営学者の伊丹敬之は『イノベーションを興す』で、移民文化を持つ米国でも特殊事例であるシリコンバレー型モデルを取り上げ、その最大特徴の一つをいろいろな国のさまざまな人材を引き付けるその労働市場に見出す。反面、日本企業の特徴をつぎのようにとらえる。

「逆に日本の企業システムの潜在的弱みは、企業の内部知識蓄積に拘泥し、それにこだわりすぎてオープンさと広がりを失うことである。その上、企業内部からオープン知識ベースへの知識流出が少ないために、オープン知識ベース自体が大きく育たない危険もある。それはますます、日本における知識利用の活性度の低さにつながりそうである。」

伊丹の前半の指摘については、外国人人材についてオープンであるかどうかの前に、日本人にとってすらオープンでない日本企業の内部労働市場化した人材配置は限界にきているのではあるまいか。すでに論じたことだが、四月一日の新規学卒一括採用は本当に日本企業の活性化にとって有益なやり方なのであろうか。外部労働市場に開かれ、自由に企業間を移動できるオープンなシステムこそが日本企業の活性化に有効なのである。

その企業にとって有意かつ中核となる人材は長く勤務し、内部昇格することが当然である。反面、その企業にとって有益でなくとも、他企業にとってきわめて有益な人材も存在しているはずである。この意味では、日本企業も二〇歳代前半のたった一回の就社チャンスだけではなく、三〇歳代前半で技術者や市場開拓などの専門職の定期採用、さらには四〇歳代前半での中間管理職の定期採用、場合によっては五〇歳代前半での経営トップ層の定期採用という人事システムを取るべきである。

こうすることによって、日本のいわゆるサラリーマン層は一企業内だけで通じるきわめて特殊な能力だけの開発ではなく、専門職としての能力を高めることができる。これは企業にとっても、そうした専門能力にもとづく組織運営こそが、日本企業がさまざまな国籍の人材を活用するための国際化戦略の構築にとっても、大きな進展の第一歩となる可能性がきわめて強いのである。

そうした企業間の人材移動は、伊丹がさきほどの指摘で取り上げた米国企業と比較するまでもなく、欧州・アジア系企業と比較しても、現在は極端にまで低い大企業からのスピンオフによる新たな起業も日本経済の活性化をもたらす可能性を着実に高めるのではあるまいか。

わたしたちは研究開発における埋没費用の問題を重要視する。だが、企業にとってもっとも深刻であるのは埋没人材の問題なのである。埋没人材の場合は、その企業における埋没であっても、他企業においては有意な人材である可能性も多いのである。さらに、社会学者のピーターの法則のように、組織内の管理職としての適性では劣るものの、起業家としてあるいは企業家として才能において優れた人材もいるものである。大企業はそうした人材のスピンオフを支援することで、従来の階層的組織では困難であったイノベーションを生起させることにもなり、将来、そうした企業との連携戦略が双方の協働関係の深化を通じてさまざまな競争力の強化につながるのではないだろうか。

とりわけ、大規模組織となった企業や、経営と所有の未分離が普通の同族企業の絶えざる活性化にとっては、そのような人材の健全な回転こそがこれからはますます重要となるのではないだろうか。

日本的企業といった場合、すぐに指摘されるのは、内部労働市場中心の長期雇用であり、そこから派生した企業内組合などが特徴とされる。だが、それは高度成長期の成長を前提とした事業運営に付随したものであり、高成長から低成長の時代には、そもそものような制度は維持しえない制度でもあった。必然、日本企業の多くは中核において長期雇用を維持するために、派遣労働者、パートタイマーなどに依存せざるを得なくなってきた。実質、それまでの特徴であった「日本的経営」も崩れつつある。だが、日本的経営の本質は、内部労働市場依存の人事制度のうち、トップ経営者もまた内部人材だけに依存している脆弱な構造そのものにある。

そのような経営スタイルもまた制度的に疲労度を高めてきている。社内のことだけを知る人材がたしかに管理者としては大きな役割を果たせても、国際間のさまざまな取引、買収・合併が活発化してくる将来において、企業家精神を持ち、内部組織だけではなく、外部にも十二分に目配りしつつ重要かつ迅速な意思決定を行える人材が自社内だけで供給される保証は何もないのである。

企業のトップ経営者は、内部組織内の課長→部長→役員という選抜方式で企業家精神を身につけ、経営上の果敢な意思決定を行う人材が育つ保証もない。経営トップ層とは若くしてそれなりのマネジメント意識と経営者になることを目指してなっていくものではないだろうか。このためには、そのような人材はつぎの三つのBPを強く意識することがもっとも重要なのである。

(一) 一つめのBP—事業計画（Business Plan）のことである。若いころから常に自分ならこのような事業展開を展開できるという具体案を思い浮かべることが大事である。意識すればいろいろな事業が観察対象となる。観察はやがて分析を意識させる。分析は計画を意識させる。計画はやがて実行を意識させることになるのである。

(二) 二つめのBP—ビジネスへの情熱（Business Passion）のことである。すべてのビジネスはその事業計画を達成したいという強い意思とそれを支える情熱があってはじめて実現可能性を獲得できるのである。

㈢　三つめのＢＰ―ビジネスへの忍耐（Business Patience）のことである。マネジメントの本質は事業計画に向かっての意思決定にあるものの、事業計画を実行に移すまでの時間的経緯のなかでその前提となった環境条件が変化する。そのため初期段階の番狂わせや失敗などをいかに克服するのかがその際のマネジメントの本質となる。このためには忍耐が重要な鍵を握るのである。

企業は法人格を持つことで、顔のない組織体となる。それゆえに、あるいは、その結果として、企業のトップ層は組織のただ単なる管理者という顔だけではなく、企業家という顔を明確に持つ必要があるのである。

第十回　起業について

「大阪商人」論

「商い」が「ビジネス」という言葉に置き換えられ、明治以来の「起業」ということばが「スタートアップ」という具合に語られ、「商人の心意気」が「アントレプレヌール」―企業家精神など―へと横滑りした現在、大阪商人のかつての「商い」の知恵はどこかに忘れられていったようである。

大阪で生まれ、大阪商人の空気のなかで育ち、みずからも事業を展開したわたしの母(*)は、わたしの小さい頃、何かのおりに商売の原則みたいなことを子守唄のように語っていたことを時々思い出すことがある。母の教訓めいた話はむろんかたくるしいものではなかったし、そうした環境の中で育たず、書物のなかだけでビジネスを創造し、考え論じてきたわたしたち研究者の発想とは大いに異なっていた。このことはずいぶんあとで分かったことでもある。

＊ ビジネスにおける女性の役割に関しては、経営学においてさほど研究蓄積があるわけではない。しかしながら、アジア諸国の自営業や中小企業において、女性、とりわけ、妻や母親の果たす役割は大きいことがある。たとえば、フィリピンなどの家族企業―同族企業など―では、男女両性の寿命の違いもあり、夫であり父親である経営者が先に亡くなり、子どもたちに経営権を譲るまで妻であり母親がそのあとに経営を継承す

ることも多い。これはわたしの周りで夫である社長が不慮の事故や急死によって妻が経営を継承して、以前よりも思い切った方針で、経営の新規基軸を打ち出したケースもある。彼女たちのほとんどは、学校などで正式なビジネス教育を受けたキャリアを持つことは少ないのであって、彼女たちの企業家精神あるいはビジネス感覚がどのようにして培われていくのか、興味ある研究課題である。管見では、同族企業であるゆえに、彼女たちの多くは家事の傍ら、経理事務に従事したりすることがもっとも一般的なキャリアであることからして、会社全体の流れをすでに熟知していることも突然の事業継承などにおいても、なんとかそれまでの経営路線を維持できるベースがある。反面、技術や製造などについては、素人意識も強いことから、これと見込んだ従業員に思い切って仕事を任せることも、事業継承における重要な路線である。

そうした教訓めいた物言いは一言でいえば、米国の経営学者などが論文や著作などでビジネスを論じているときに、それはわたしにとって「そうそう、そういえば、経営学書や経営記事など読んだこともなかったのに、あのときに、母が言っていたことと、この学者は同じことを言っているではないか」という感じなのである。決して、逆ではないのである。

この意味で、大阪の商家に生まれ、新聞記者をへて作家となった山崎豊子は社会派小説だけではなく、優れた経済小説をも残してきた。山崎はそれらの作品で大阪商人の「商いの精神」をときにポップミュージックの強いビートのように、ときにはクラシック音楽の重奏低音のように描き出している。

山崎は大阪の古い商家のさまざまな伝統やしきたりを描き出した『暖簾（のれん）』で「丁稚」という人材養成システムと、その下で商売の何たるかを学び、実践し体得した後に独立―起業―した人たちを取り上げ、彼らの歩みを丹念に描いている。彼らのマネジメントのスタイルは決して「封建的」という一括の言葉でかたづけられるようなものでは決してない。そのようなマネジメントのやりかたや考え方は、それなりに大阪商人の合理主義を反映していたように思える。このことは、とりもなおさず、大阪という地と近世という時において、資本主義経済の基礎がすでに築かれつつあり、それが大阪商人の精神に如実に反映もしていたことを示唆しているのである。

さて、山崎豊子の『暖簾』である。明治二九（一八九六）年、兵庫県淡路島から大阪の昆布商に丁稚として「奉公」に入った主人公の吾平は、いまでいう抜擢人事の扱いを受けることになる。通常、大阪の商家では、丁稚見習としての手代生活が三年ほどまず続く。その後、ようやく手代から丁稚へと「昇格」する。この丁稚生活は七年間ほどの期間となる。七年間ほど丁稚を過ごしてようやくマネジャー職である番頭となることができる。ところが、吾平はそのように一〇年ほど過ごしてはじめて昇格が許されるところ、手代二年目にして羽織を許される番頭へと抜擢された。吾平はよほどの優れた人材だったのであろう。

とはいえ、吾平に限らず、その時代の丁稚生活は朝早くから夜遅くまで働き通しの厳しいものであった。なかには脱落する者もいた。吾平は、そうしたなかで昆布のひとかけらも無駄にしない「節約（しまつ）」の精神をオーナー経営者から叩き込まれ、彼自身も学びとっていくのである。山崎は「大阪贅六が――ぬれ手に粟をつかむように、ボロ儲けすると思われていた大阪商人の蓄財の道は、一にも『節約（しまつ）』、『節約（始末）』だった」と書いている。それは船場（*）の旧家の空気を吸って育った山崎のいわずもがなの暗黙知的教訓でもあったろう。

＊　船場――もともとは船の着く場であったことから転じたのであろう。船場といってもその地域は広く、東は

東横堀川、西は西横堀川、北は大川、南は長堀川に囲まれている区域であった。船場といえば、繊維の町という印象があるが、さまざまな物品を扱う商店が集中立地していた。

やがて、吾平は手代から丁稚――この期間こそ短かったが――、そして番頭をへて暖簾分けという独立を果たすことになる。当時、吾平にかぎらず、暖簾分けは商家に奉公した者の現実的な夢であった。要するに、暖簾分けとは奉公人が手代・丁稚・番頭というビジネス修行を終えて、自らが起業家となるチャンスであったのである。

吾平は若くして番頭を務めている時、吾平を抜擢し引き立ててくれた「旦那はん」が亡くなる。その臨終の際、親類や別家の関係者とともに吾平も旦那はんに枕元に呼ばれたのである。山崎はその様子をつぎのように描きだしている。

「息子は四十五歳にもなる一人前の商売人やけど小さい時から体が弱うて、厳しゅう商売を仕込んであれへんし、その才も無さそうや。もし、あいつがあかんでも、別家衆の誰かが、立派に浪花屋の暖簾をたてて呉れたら満足や、中でもわいが見込んで、人よりきつう躾けたお前のことや、とりわけ浪花屋の暖簾大事にしてや。」

吾平はこの浪速屋の「暖簾」――ブランドによる信用と言い換えても良い――ということを肝に銘じて、自らの昆布屋を興した。そして、主人の「別家して三年は夜徹しても働くもんや、家賃と米代と税金滞らすような者は一人前の商人にはなれへん」という旦那はんからの教え通りに、自らの事業を果敢に切り開いていくことになる。その際に、吾平がマネジメント原則の座右の銘としたのは、山崎が紹介した「一に『節約（しまつ）』、『節約（始末）』」であったろう。

わたし自身は、中学卒業後、まだまだ高度成長期の活気のあった時期に船場の繊維関係の商家での丁稚奉公をへて、二八歳で独立。一代でその事業を全国展開させ、わずか一人で始めた事業を上場させた人物からも、船場で叩き込まれたのは三つのＳであったと聞いたことがある。最初のＳは「始末」、二つめのＳは「算段」、三つめのＳは「才覚」であるとした。最初の始末は自己資本の大切さ、二番目の算段は事業計画の大切さ、最後の才覚はアイデアの大切さである。

そうしたマネジメント手法が船場という世界で何世代にもわたって継承されてきたのは、それなりにそれらの教訓を具体的に活かした事業展開を行ってきた事業家たちが船場などに多くいたことに起因した。それは船場に限らず、大阪全般についてもいえることであろう。

大坂―大阪―という地は豊臣家の時代が過ぎ去り、政治の中心地が江戸に移り、徳川家の時代となっても、全国物流の拠点―最大集積産地―という地位をきわめて長い期間にわたって保持したのである。全国物流の拠点ということでは、日本国内の物産だけではなく、江戸幕府が直轄した長崎などからの貿易品もまず大坂に回漕され、そこから全国に配送されていたのである。

長崎からの回漕品＝いわゆる「唐物」のうち、薬種、砂糖などは唐薬問屋、生糸など糸類や反物類は唐糸反物問屋が専門的に扱った。問屋は長崎に輸入された唐物を扱う独占権を持った特権商人から、それぞれの専門に応じて商品を受け取り、仲買に手数料をとって売り捌いていたのである。いまでいえばコミッション・マーチャントであった。

そうした問屋が集積した地域の地名が、いまも大阪市内に残っていることからも分かるように、彼らは同一地域内に集中立地していたのである。この意味では、大阪の地名には、いまでもその由来が同一業種の集中立地の結果という分かりやすさがある。呉服、金物、陶器、材木、油など国内産品の問屋についてもほぼ同様であった。いまは世界的企業となった総合商社のいくつかも大阪のそうした問屋に関連する商家に直接あるいは間接にその系譜を持っている。

近世大阪の商家の歴史に詳しく、膨大な研究成果を残した経営史家の宮本又次は『大阪商人』で、大阪商人の気質は大阪の船場などの雰囲気が同一業種の業者が集中立地することで一つの共通したビジネス感覚となっていった結果であることをつぎのように説いている。

「だいたい大阪の地はお城を基点として大川筋(*)にそい、安治川・木津川の流れにそっている……。京都および東国と西国筋との交通の主要地にあるため、自然東西を何通り、南北を何筋と唱え、道幅もたしかに通りは広く、筋は狭く、甚だしきは手を拡げて、中央を歩めば、両側の軒に届く所さえあったという。……全市の家々では毎朝かかさず表道路を清掃し、打水した。この掃除を怠る家は『行儀知らず』といわれ、また『繁昌しない家』といわれたので、丁稚がまめまめしく道路上を清掃した。

こうした狭い道路をさしはさんで、両側に民家が立ちならび、向う三軒両隣はいわゆる近所づき合いの中心となっていた。お町内がその生活であって、商売の仲間株がまた町内と一緒になって、外へもち出せないこともあった。集団地域、同職地帯はつまりこうしてできあがったものだ。その上両側の家々は狭い道路をさしはさんで向いあっているので、店先にすわると毎日見なければならぬ顔と顔である。こうして親密さがわく、隣保相助の情がかもしだされるし町内というものが規制力をもつ、町の気風、雰囲気がこうして生まれてくる。」

＊ 大川は淀川下流の名称である。安治川は淀川下流の分流で、大阪市内堂島の南から南西の方へと流れて大阪湾に入っている。木津川は淀川の支流で、鈴鹿山脈に発源し、伊賀盆地を抜けて京都盆地南部をへて淀川に流れ込み、土佐堀川から分かれ大阪湾に入っている。

そうした人の生活の息吹がそのまま感じられるような親密な関係が醸成された地域の中から、一代で財を為したものの、その後、衰退を辿った商家もあれば、その後、苦しい経営状況のときに中興の祖が現れて大きく成長した商家、小さな歩みながら代を重ねながら堅実な商売を継続してきた商家などさまざま事業体が生まれていた。

こうした商家のなかでも、住友家は大坂を代表する商家の一つであった。住友家は家祖を政友（一五八五～一六五二）—出家（文殊院）から帰商している—、業祖を理右衛門（一六七〇～一七一九）とする。宮本はこの政友が残した晩年の書状からつぎのような文章をその後の住友家のビジネス展開にも大きな影響を及ぼした処世訓であったとして、つぎのように紹介している（現代文にしている）。

一、「何に而も常の相場より安き物持来候共根本を知らぬものに候はば少も買い申間敷候左様の物は盗物と可心得候」

一、「何たる者にも一夜の宿も貸し申まし又編笠にても預かるまじく候」

一、「人の口合いせらるまじく候」
一、「賭け商いせらるまじく候」
一、「人何やうの事申候共気短かく言葉あらく申まじく候何様重而具に可申候」

要するに、商売においては浮利を求めてはならない。まずは根本をきちんと考えて、慎重に対処し、掛合いになることを警戒すること。値段が安価であったとしても、その売値が疑わしいものであれば、決して買ってはならないこと。また、何事につけても購入先に疑問に思うことを照会し、念には念を入れ、紛らわしいものには決して手を出さないこと。口論、家掛け商いはしてはならないこと。人に対してはなんであれ、腹立てず、言葉もきわめて丁寧でなければならないこと、などが示されているといってよい。宮本によれば、政友の一六世紀半ばのこの処世訓はその後の泉屋—理右衛門—の長崎店のつぎのような「店掟書」—元文五（一七四〇）年—にも継承されていたという。引用しておこう。

一、唐物者不及申其外何によらず、自分商売堅く致間敷候。勿論下直成ものたりとも疑敷物一切調申敷候、此趣召使之者共迄も常々急度申渡可置事
一、大坂より申下し候調者、何に而も買先を問合念入粉敷物相調中間敷候、古来より之家法にて候得者、大切之事に候間兼而其心得可有之事
一、諸方勤方に而縦令如何様之難題申掛候者有之候共、口論喧嘩致間敷候。尤附合等丁寧に可致事

この「店掟書」には、さきほどの政友の戒めが一世紀近くをへても継承されていたことは興味深いではないか。住友家は四代目となる友芳（一六七〇〜一七二〇）の時代に別子銅山の経営によって銅

吹・銅貿易で大きな財をなしていくことになる。友芳は質素倹約を旨として、私利を戒め、公正・公平な人事を行ったことでも知られている。政友の処世訓と同趣旨の文章は別子銅山の支配方・惣手代中へ下した覚書―宝永四（一七〇七）年にもつぎのようにある。

「下財（鉱夫）を痛候様之仕方致間敷候、只正直之道理要用に候、下財贔屓を以仕役甲乙有間敷候。此段は辰年（元禄十三）平七支配相改候節申付候得共、猶又此度申下し候」

だが、住友家はその後も順風満帆であったわけではなく、時代の流れという変化に翻弄されながらも明治期以降にも存続できたことは、時代を超えて一貫性を持つ経営方針によって、大番頭たちによっても事業が継承・革新されていったことは注目に値するのである。

ただし、大阪のすべての商家が住友家のように産業資本化したわけではなく、その多くは商業資本家としての役割がむしろ強かったのである。宮本もそのような大阪のあり方を「大名貸し」に象徴化させ、リスクを甘受するような商業文化の側面について、「もともと『大名貸し』は何時踏み倒しをうけるかも知れぬという危険性をもっていた。しかしたとえ高利でなくとも、その他の利得も少なくない。扶持をもらうのである。その上、大阪人には細心なところがあった」と述べつつ、つぎのように示唆している。

「元来大阪人には着実なものがあり、『真の金持町人は台所の見ゆる所にて飯を食う』との俚諺もあるくらいに、格式を禁物とする平民主義が真態であった。用心には用心をかさね、何時踏倒されても踏倒されない用意をしていた。だから大名へ金を貸しても元金を取らぬ覚悟であったという。

大阪人は『己が見たら金になれ、人が見たら蛙になれ』というふうな金銀の死蔵は好まない。『大阪は金が代ろ物なり、大阪の金は江戸の金とは大いにちがいて皆代ろ物なり、つかってはならぬ金なり、譬えは米屋の米、呉服屋の呉服物の通り也、己れが宿にて用うべきものにあらず、是をまわしてふやすものなり、利息をうますもの也』とあるように金を資本と考えて、多少の危険はおかしても財の再生産を企ててやまぬ。このようにして大名貸しの危険をおかすのであった。」

宮本の指摘のように、大阪商人たちの精神には、明治維新の近代化以前にも、すでに資本という概念が日常化し、資本主義の精神が形成されていたのであり、貨幣を単なる富の貯蔵手段としてみるのでなく、資本としてみなし、それをいかに財の再生産に役立てるかに意を砕いたのである。そこには必然、さまざまなリスク回避のための知恵が働いた。大名貸しについても、単独ではなく、いまでいうシンジケートを組んで貸出を行いリスク分散もはかられていたのである。

とはいえ、江戸幕府の崩壊と明治新政府の成立によって、大阪の代表的な商家は、鴻池家などを除いて急速に没落することになる。その結果、それまでの大阪を中心として成立していた江戸期の日本経済の物資や資本の循環システムもまた大きな変容を迫られるのである。必然、大阪の経済的地位も大きな変化を受けることになる。

そうしたなかで、先にみた大阪の商人感覚や商業文化は完全に消滅したわけではなく、大阪やその周辺にルーツを持つ企業の家訓としていまに伝わっているケースもある。それが成文化されたものもあれば、口伝的なものとして残っているものもある。もっとも多いのは浮利を追わず、顧客の重視というものである。

こうしたビジネス上の考え方は、何世代にもわたって事業を継承・継続させてきたいわゆる「老舗企業」だけで有効なものではない。明治政府にあって、いまでいえば産業政策の立案にあたった農商務官僚の前田正名（一八五〇～一九二一）は、全国各地の経済状況をきちんと踏まえたうえで、その構想を示した『興業意見』―明治一七（一八八四）年―で、封建的身分制度から解き放たれた当時の日本人の事業意識の高さを紹介している。と同時に、前田はそのような起業率の高さに比べて、その生存率の低さを嘆いてもいる。前田がその原因として指摘していることは、表現こそ異なるが、本質的には、資本の額に比べて高利を狙うようなやり方と顧客の意向を重視しないようなマネジメント感覚であった(*)。

* 前田の『興業意見』や前田の産業政策における考え方の詳細については、つぎの拙著を参照のこと。寺岡寛『中小企業の政策学―豊かな中小企業像を目指して―』信山社、二〇〇五年。

この意味では、起業にあたっても、その後の長期存続をはかるには、大阪商人たちの知恵はきわめて古くて新しいものであり、さまざまなかたちで明治以降の日本の近代的企業のマネジメントにも継承されていったのではあるまいか。

日本の起業家像

米国で「起業家経済」論が「喧伝」されていくのは、一九八〇年代のレーガン政権のころからである。だが、実際には、米国のビジネススクールで長年にわたり教鞭をとってきたバイグレイブとザカラキスは『アントレプレナーシップ』で、「アメリカはずっと起業家の国である」が、そうした傾向が一九六〇年代終盤からすでに始まっていたととらえている。バイグレイブ等は一九四〇年代後半から一九六〇年代を「会社人間の時代」と捉え、これ以降の時代を「起業家革命の時代」としてみる。

たしかに、一九五六年に米国の社会学者のウィリアム・ホワイト（一九一四～二〇〇〇）が著した『組織人』（邦訳『組織のなかの人間―オーガニゼーションマン―』）が米国でも広く読まれたのは、米国大企業が世界経済のなかで圧倒的な地位を占めていた時代であり、彼らの市場独占力は大きかった。当然ながら、大企業体制の成立による米国社会の変容を捉えようとしたホワイト等の社会学者にとって、大企業という巨大な階層組織に働く米国人の社会感覚こそがその興味を引いたのである。

だが、他方で同じ米国の社会学者のライト・ミルズ（一九一六～一九六二）が中小企業者や農民など従来の中間層の地位低落と大企業の興隆による大企業社員などの新中間層の興隆を扱った『ホワイト・カラー』を一九五一年に、さらに一九五六年には大企業経営者などを含む米国社会のエリート層を扱った『パワーエリート』を発表している。

こうした大企業を象徴したのがゼネラル・モーターズであり、ゼネラル・エレクトリック、シアーズローバックなどであった。いずれもホワイトやミルズなどの社会学者が取り上げたのは、米国社会で大きなパワーと雇用力を持った大企業群であった。経済学者のジョン・ケネス・ガルブレイス（一九〇八～二〇〇六）が一九六七年に『新しい産業国家』を著し、そのような大企業の巨大な経済力の影響を危惧した。

しかし、それは一九七〇年代までであり、一九八〇年代には製造業分野のそうした大企業の多国籍化というかたちで米国盛業の空洞化が進展して、米国の主要製造業分野で輸入製品が米国市場で大きな割合を占めていくことになる。ロナルド・レーガン（一九一一〜二〇〇四）が「強い米国の復活」を掲げて大統領となる一九八〇年代には、米国の産業構造やサービス化、とりわけ、金融を中心とする産業構造へと大きな転換を示し始め、スモールビジネス―小企業―の役割が強調されるようになる。

こうした流れを象徴したのは大企業中心の研究開発体制の上に花開いた創薬分野において、大学―大学院―の研究室での研究成果からスピンアウトしたようなバイオベンチャーの興隆であり、それまでのやはり大企業などのハード中心のコンピュータ開発から、より安価となり文字通りパーソナル化したパーソナルコンピュータによるさまざまなソフトウェア開発で次々と登場した小企業群であった。

バイグレイブ等が「企業家精神」あるいはその根本にある「起業家精神」を強調した前掲『アントレプレナーシップ』を著したのはまさにこうした流れにそったものであった。ミルズは『社会学的想像力』―一九五九年刊―で、社会学者の心得として「少なくとも心に確実な実例をもたぬまま、三頁以上を書きとばしてはならぬ」と述べたが、バイグレイブ等はこれを継承したかのように、最初から最後まで実例を中心に米国社会での「アントレプレナーシップ」を論じている。バイグレイブ等は現状をつぎのように述べる。

「二四〇〇万のスモールビジネスのうち半分はパートタイム型であり、残りの一二〇〇万はフルタイム型である。……組織形態を見ると、一二〇〇万のフルタイム型のうち、約三分の二は会社ではない個人企業などであり、残りの三分の一は会社になっている。

アメリカでは、どの時点においても、つまり常に、懐妊期もしくは誕生過程にある起業家（nascent entrepreneur）が七〇〇万程度は存在する。懐妊期の起業家とは、新しい事業を始めようとしている起業家のことであり、新規ベンチャーのアイデアを持ち、そのアイデアの実現に向けて、少なくとも何らかの準備を行っているものを指す。懐妊期の起業家の多くは、その準備期間において、新規ベンチャーを諦め、その後も決して自ら事業を始めようとはしない。しかし、それにもかかわらず、新規ベンチャーは毎年約三〇〇万も生まれており、そのうち七五％は新しい組織を作って事業を始める人によるものである。残りの二五％の大部分は、既存企業を買収して始めるケースである。」

バイグレイブ等が指摘するように、たしかに米国の起業は活発である半面、その行き詰まりも多い。この意味では、米国社会は「多産多死」であり、一部は起業してからその小さな事業をたった一代で世界的企業に育て上げたビル・ゲイツ（一九五五〜）やマイケル・デル（一九六五〜）のような事例もあるが、その多くは、勤労者の平均所得にも満たない自営業水準にとどまっているのもまた事実である。

この意味では、「多死」は別として、「多産」が米国社会の大きな特徴である。バイグレイブ等の「起業家」とは「事業機会に気づき、その機会を追求する組織をつくる者をいう」という定義からすれば、「アイデア」を持っている人は多いが、それを「事業機会」と捉える人、また、その事業機会を追い求める「組織」をつくろうという人こそが本当の起業家ということになる。ただし、「アイデア」段階、「事業機会」の把握段階、「組織」をつくりだす＝起業段階という三層の比率は国によって異なる。米国で多産ということは、この三層の比率において三番目の層が相対的に高いことになる。

それは移民社会としての米国の特徴であるのか。あるいは、多死を当然視し、失敗による社会的罰則が緩い移動性の高い—失敗すれば新たな地に移動すること—社会構造の反映であるのか。潜在的失業率が高く、自己の職の保全のために常に起業を意識せざるをえない雇用形態となった米国型労働市場の特徴の反映であるのか。要するに、一世代前の米国人世代のように大企業や中堅企業に入り、長期雇用を期待することが困難となり、若い世代は非正規雇用が労働市場と大きな比重を占めるようになったことを強く意識するようになったことの反映なのか。

バイグレイブ等は多産がいわずもがなの米国社会の特徴とみているのか、これについての検証に紙数を費やしてはいない。だが、最後の点を特に取り上げていることからすれば、米国の一九八〇年代以降の労働市場の構造変化、つまり正規雇用から非正規雇用化した労働形態の変化がその底流にあることになる。なお、バイグレイブ等は米国人起業家の個人的属性にふれている。紹介しておこう。

その一つは、創業の際には、自ら経験のある事業分野や関連分野を選択していること。これは日本の起業調査の結果とも合致する。所詮、人は自ら良く知る分野の延長こそがリスク低減につながることを熟知している。その二つめは起業年齢が二五〜三四歳とされる。そして、起業家のうちで成功を収める人たちに共通する特徴について、バイグレイブ等はつぎのような分析結果を示している。

「行動特性上、起業家とそうでない人を区分するはっきりとした傾向というものはない。起業家であろうと行政官であろうと、どのような職でも頂点に上り詰める人は達成者である。確かに、起業家になる人は達成への欲求を持っていなければならないが、何事に関しても、成功への野心があるならば起業家ならずとも同様のことが言えるはずである。

起業家はそうでない人よりも、より強い内的統制（high internal locus of control）を持っているとは言えそうである。すなわち、自分の運命を自身のコントロール下におきたいという欲求が強いのである。」

これはわたしの日米欧の調査経験からしても、別段、米国だけの特徴ではなく、起業家、とりわけ、自分が定めた事業目標達成への強い執着は成功を収めた起業家に共通している。そして、それ以上に共通する重要な特徴がある。それは、度重なる失敗にもめげずにやりぬく強靭な精神性であり、事業展開のさまざまな局面で支援・援助してくれるネットワークを持っている「善良さ」—good character—の持ち主であることだ。

とりわけ、従来型の市場とは異なり新しい技術体系、新しいアイデア、新しいビジネスモデルで、新しい市場を切り開くときに必ずといってよいほど失敗が先行するのである。これを乗り切れるかどうかで成功する起業家と失敗する起業家が明確に分かれる。すくなくとも、わたしの観察結果の結論はそうである。そうした失敗の克服方法には大別して二つある。

㈠　自らの能力で乗り切ること─起業家が冒す間違いの筆頭は、自分の得意分野、たとえば、技術者であれば技術によって、マーケティングの知識を持った起業家であれば営業力によって、がむしゃらに失敗を挽回しようとする。だが、問題発生の原因がそうであれば問題はない。だが、原因は他にある場合が多いのである。したがって、自分の専門能力で乗り切れることと乗り切れないことを認知し、まずは自分の能力の範囲で乗り切ることを決定すること。それ以外は㈡の方法に委ねる意思決定が重要なのである。

㈡　自らの能力で乗り切らないこと─自分の得意分野以外について、信頼できる人たちを周りに持っていること。彼らあるいは彼女らの支援・援助・助言が重要である。そうした信頼できるネットワーク関係はすぐに形成されるはずはない。普段から、自分の得意分野で他者を支援・援助するなかで、そうしたネットワーク関係が構築されることへの強い自覚が必要である。信頼できるネットワークの根幹には人間としての善良さがなければならない。

日本でもまたその労働市場の従来のかたちは大きく変容しつつある。そうしたなかで、日本社会もまた米国社会とは異なったかたちで「起業家経済」を形成する必要がある。それは大企業の一層の多国籍化と国内事業分野のダウンサイジングによって、国内雇用での潜在成長力を持った新たな企業の登場を必要としている。そのためには、日本なりの起業文化を必要とするのである。

考えてみれば、そのような起業文化は日本社会にもあったのである。前田正名のはるか明治時代にまで遡らなくとも、第二次大戦後の混乱期、高度成長期において製造業についても、商業・サービス業についても、町工場が町工場を生み、町の商店が町の商店を生んできたのである。だが、日米の比較だけでみると、そのもっとも特徴的な差は、米国では大企業と中小企業の双方が起業家を生んできたが、日本では中小企業が大きな役割を果たしているだけである。大企業の起業家創出の潜在力は敗戦後の一時期はともかくとして、相対的に低いままである。

今後、日本の起業家文化がどのように形成されるのか。その鍵を握っているのは日本の大企業ではないだろうか。大企業からの今後のスピンオフ如何によってそのかたちが形成されるに違いない。大企業自身もそれを積極的に進めることによって、自らの組織の活性化となることの自覚が必要となっている。

起業から企業へ

どのような企業であろうと、そこには最初に新たな組織で新たな事業を展開しようと考え、決断し、実行に移した起業家がいる。そのような起業が企業へと転換し、その後も成長が持続するには、起業家が同時に単に事業の創始者であるだけではなく、新たな組織の創造者なのである。

前掲のバイグレイブ等も起業家のそうした側面について、「創業者が行うべき最も重要なことは、組織の文化の創造である。最初の文化は進化するものの、現在の企業は自らの過去の複製となることが多い。このため、初めから文化を適切なものにすることが欠かせない。（中略）要するに、創業時に組織の文化は生まれ、その文化が組織の生涯にわたって戦略—そして究極的には成功—を左右する。

時間を使ってどのような文化を必要とするのかを考え、それを実現するための計画を作成しなければならない」と指摘する。わたしもそう思う。

問題は本書の随所ですでに指摘したことでもあるが、起業家が一人で、あるいは数人で事業を展開しはじめたばかりのそのときのリーダーシップと、起業が企業となり成長段階に入ったときの経営トップのリーダーシップが同質のものではありえないことだ。起業家もまた企業家へと自らを進化させなければならない。創業当時は、アイデアからその実行まで、要するにオールラウンドプレイヤーの側面も強いが、やがて創業当時の起業家の事業への情熱を次々と新たに加わってくるメンバーにどのように移し替え、創業者とはまた異なった起業家精神を持った組織内の小さな組織を、常に生み出す工夫が必要となるのである。

反面、起業家精神溢れるばかりの従業員ばかりでも問題が生じる。組織も大きくなることで、ルーティン化した日常業務をこなす起業家タイプでない従業員も必要となる。とはいえ、そのような従業員では過去の成功のみに拘泥する文化が伝播して、組織の活性化が必要となる。この意味では、起業が企業へと成長を続ける過程で、起業家の能力が企業の成長に追い付かなくなることは普通である。このためにも、起業家を超えて残りうる事業哲学の正統性なり継承性なりが問われることになる。先に紹介した住友家の家訓などはこの事例の一つである。

ただし、それをただ単に守るだけでは、事業は継承されない。時代の変化のなかで、企業をとりまく事業環境もまた変化するのである。変化させてはならない根幹の考え方と、変化させてもよい周辺の考え方の峻別への絶えざる問いの継続こそが重要なのではあるまいか。

第十一回　組織について

軍事・軍隊組織

日本では「経済小説」とジャンル付けされてきた分野では、実質的にはマクロ経済そのものを扱った作品は少なく、その内実はもっぱら経済という外部環境下の企業の栄枯盛衰にかかわるストーリーが多い。そこでは、企業という組織のなかでの人びとの活動を捉えたものが主流を為す。この意味では、経済小説とは組織論そのものでもある。

むろん、組織は経済小説の重要モチーフだけではなく、組織は経営学の分野でも多くの論文が書かれてきた。また、リスク管理ということでも、そのあり方は組織のあり方に関連させて盛んに論じられてきた。つまり、予想しないことが起こった時に、それに対応しうる組織のあり方が論じられてきたのである。

ただし、そのほとんどは民間組織についてであり、軍事組織などについてはその限りではない。これはいうまでもなく日本の敗戦体験の深さとトラウマにもとづく。日本では組織論の研究対象はもっぱら企業など営利組織―最近では、ＮＰＯなどもその考察対象に加わったが―であって、軍隊組織などは組織の特殊論としてどこかへ忘れ去られてしまった。これは日本の経営学、とりわけ、組織論の特徴であるともいえる。

でも考えてみれば、あらゆるリスクに対応することが軍事組織の最大目的である。企業もまたその活動の大半を占める市場での失敗、原発事故や災害などに際する組織の管理やそのために不断のリスク管理を迫られ、軍事組織もまた組織論の対象という意味と範囲において参考になる。実際のところ、ある一定規模の軍事組織を持つ国における組織論、リスク管理論などは明らかに軍事組織の考察から導き出されているのではないかと思わる部分も多いのである。

軍事組織もまたそうした組織のあり方とそれを支える人材の教育・訓練方法などの研究は、民間組織のあり方を考える上でもきわめて重要なのである。実際のところ、通常の日常業務を遂行する人材と、非常時の業務を遂行できる人材が幸福な一致をみせる場合は、きわめてすくないのではないだろうか。そうした場合、時間をかけ意思決定の共通化をはかるような稟議制度では間に合わず、マネジメントとそれを支える組織は「管理」から「指揮」へと変化させなければならない。多くの指示は、ボトムアップで上ってくる刻々と変わっている環境変化への報告に対して、そこに必要とされるのは短期間での意思決定と下位への素早い伝達であり、即実行を促すことである。必然、信頼関係をベースとしたトップダウン型のマネジメントが必要となる。

これは軍隊における指揮系統と指揮形態そのものである。とりわけ、極限的な状況の中で、素早い意思決定ということでは潜水艦という世界は軍事組織の中でも、そうした対応がもっとも要求されてきたのである。外界からほとんど隔離された「鉄の棺」といわれる過酷な環境に置かれる潜水艦にあって、さらに過酷な任務の全責任を負う艦長の指揮能力の大きさが全員の命運を握っている。軍医として潜水艦勤務の経験をもつ斎藤寛は『鉄の棺―最後の日本潜水艦―』で潜水艦の「職場的」雰囲気をつぎのように伝えている。

「潜水艦じゃ戦艦や航空母艦のような大艦のように、乙にすました紳士然とした格好は必要がないのだ。いくら気取ってみたところで、この狭苦しい、湿った重い空気の中で、一年中同じ顔と鼻を突き合わせた生活をするのでは、なんの意味もない。それよりは、何もかも飾りを抜きにした裸の生活のほうが、その環境にぴったりするのだ。」

室温も湿度も高く、二酸化炭素濃度も潜航時間とともに高くなる日常は健康管理からはおよそ縁遠く厳しい環境である。その下で、軍医は乗員の健康管理で多忙を極めることになる。いまでいえば、乗員は健康維持のためのサプリメントを多飲することになる。こうした過酷な環境下で、潜水艦は敵の輸送路を遮断するため、輸送船を狙うことになる。

だが、敵船を撃沈したとしても、そのあと護衛艦の爆雷攻撃に晒されることになる。潜航中はもっぱら蓄電池によるモーター推進でその速度はきわめて遅く、複数の駆逐艦や航空機から組織的な爆雷攻撃を受け続けることになる。大きな水圧下の潜水艦は爆雷攻撃を直接受ければ、乗員が助かることなどまずありえない。

斎藤は軍医長として伊号第五六潜水艦に乗り組み、乗員たちと四十四日間の作戦行動を経験している。厳しく緊張に満ちた勤務をへて帰航した時に、ベテラン艦長が潜水学校教官への転属の無線通信辞令を豊後水道あたりで入ったことが乗組員にも伝わり、大きな動揺を与えたとつぎのように伝えている。

「艦長が艦を去るという話はすでに艦内に広がっていた。この人を中心に生きて戦う意思が、瞬時にくずれかけた。大きなショックだ。団結の中心を失ってしまった。開戦前からの潜水艦乗り組みの長い経験と円熟した技量の艦長に対する乗員の気持ちは信仰に相当する気持ちであった。混沌とした戦闘の局面の冷静正確な判断、処置の適切機敏、そして黙々たる実行力、われわれの望んでも得られない艦長であった。」

斎藤には、この艦長だけではなく、他の乗員の転属もあり、ドイツのUボートの乗員のように「一緒に乗った者は一緒に降りるようにできないのだろう。今まで、一蓮托生の気持で、しっくり行っていた者が、転属の電報一般で、お互いに割り切れない気持ちになってしまっている」という心情であったという。潜水艦の場合、乗員は潜航のための複数の特殊技能を持っており、そうした乗員の操作上の息が合わないと適切な潜航行動をとることはできない。そのための一定期間の訓練と実際の戦闘経験を共有することが最重要となる。

その後、伊号第五六号は、沖縄西方海面で米国駆逐艦の攻撃を受けて撃沈されたという(*)。斎藤がいうUボート─ドイツ海軍潜水艦─は、第二次大戦中に八二〇隻余が就航し、約三万九千人が乗り組んだが、そのうち七一八隻が英米軍との戦闘で撃沈され、乗組員のうち八〇％以上が帰航することはなかった。ペーター・クレーマーは駆逐艦勤務をへてUボートに乗務し、ドイツ海軍にあってもっとも長く艦長を務め、一九四四年以降、フランス大西洋岸のUボート基地から出撃した艦長のうちで唯一生き残った艦長となった。

＊　伊号第五六号―初代艦長は森永正彦少佐（海兵五九期）、二代目艦長は正田啓治少佐（同六二期）。同艦は昭和一九（一九四四）年六月横須賀海軍工廠で竣工。同年一〇月フィリピン島方面へ呉より出港、ミンダナオ島付近で米軍の戦車陸揚艦、空母などを攻撃したあと、敵駆逐艦の猛烈な反撃を受けている。後部甲板に新型爆雷を受けるが不発で助かっている。同艦は帰港後、人間魚雷回転の搭載工事を受けたあと、昭和二〇（一九四五）年三月末に沖縄に出撃、米駆逐艦のレーダーとソーナーに捕捉され爆雷攻撃によって撃沈された。勝目純也『日本海軍の潜水艦―その系譜と戦歴全記録―』大日本絵画、二〇一〇年。

英米艦船は最新レーダーを装備しつつ、航空機との連携でUボート作戦を有利に進めるなかで、Uボート艦長として最後まで生き残ったクレーマーは戦後、その貴重な体験を手記にまとめている。クレーマーは『アリ・クレーマー―U三三三号―』（邦訳『Uボート・コマンダー―潜水艦戦を生きぬいた男―』）で、帰航後に長期間の水面下の閉所での厳しい勤務から開放された乗員が、酒場ではめを外しばしか騒ぎをして、さまざまな問題を起こす傾向に言及したうえで、斎藤が指摘したように潜水艦の乗員気質の独特な雰囲気をつぎのように語っている。

「乗組員が陸上でどんな不正行為を犯したにせよ、艦内では非の打ちどころのない連中である。艦内では全員が革の服、防水衣または略式の作業服を着るため、階級章など不要だったし、四六時中ともに暮らして誰もがよく知っているため、敬礼もいらない。艦内での礼式は大型艦の教範『上級者への礼式』にはよらず、状況に応じて実施された。そして艦長は、どんなに若くても常に『おやじさん』だった。」

狭い艦内にあっては、艦長など士官にもプライバシーなどがあるはずもなく、また、参謀憲章や金モールなどの軍装とも全く無縁の技術者・技能集団のような組織では、艦長など指揮官に求められるのは権威主義ではなく、卓越した技術知識、的確な戦術を行使しうる指導力であり判断力であり、最終的にはその人格である。

これは斎藤のような潜水艦勤務の軍医ではなく、さまざまな伊号潜水艦の潜航海長をへて、第一七六号、第二号、第四一号の艦長を務め(*)、戦後は三菱重工の顧問として海上自衛隊の潜水艦建造にも大きな役割を果たした板倉光馬もまたUボート艦長のクレーマーと同様に幾多の激戦から帰航しえた数少ない艦長の一人として、戦後、その壮絶な体験を手記に残している。

＊　伊一七六号は昭和一七（一九四二）年八月に呉海軍工廠で竣工。歴代館長は四名で、板倉大尉（海兵六一期）は第二代艦長で初代艦長田辺弥八少佐（同五六期）がラバウル経由後の浮上物資陸揚作業中に、敵航空機の攻撃を受け重傷を負ったことから代わって指揮をとり、呉に帰港している。伊第二号は老朽艦といってよく、大正一五（一九二五）年七月に神戸川崎造船所で竣工、板倉少佐が一二代目艦長である。同艦はキスカ島への輸送作戦に従事している。その後、同艦は昭和一九（一九四四）年四月にラバウル方面への作戦行動中に米駆逐艦の攻撃を受け撃沈されている。伊四一号は昭和一八（一九四三）年九月に呉海軍工廠で竣工、板倉少佐は第二代目艦長であった。同艦は同年トラックを出港。ラバウルに向かったところで米爆撃機の攻撃を受けたものの、被弾を逃れている。同艦は昭和一九（一九四四）年一一月、米駆逐艦の攻撃を受け沈没している。勝目『前掲書』。

板倉は『あゝ、伊号潜水艦―海に生きた強者の青春記録―』は戦闘潜航中の艦内の温度は四十度を超え、高濃度の炭酸ガスに苦しむなかで九死に一生を得た体験を克明に記しつつも、日本海軍首脳部が潜水艦活用の真の戦略を持たなかったことについて、その憤りを行間につよくにじませている。

板倉もまた潜水艦という密封された狭い空間に勤務する乗務員気質について同様な指摘を行っている。さらに、環境の厳しい水面下の狭い空間でさらに狭い指令所―発令所―という空間で長時間にわたって孤独に指揮をとり、一瞬の判断ミスが全乗組員の生命を奪うことになる緊張した時空のなかでの潜水艦艦長の責任の大きさに言及している。

作戦行動中に米軍機の攻撃によって被害を受け、大破し浮上が困難となったものの、窮地を出したときの心境について、科学的精神の持ち主であった板倉自身も運命論者となったことを記している。板倉は伊一七六号勤務のときに、ラバウル出港後の作戦中に敵機によって艦は損傷し、艦長も機銃掃射で重傷となり、艦長に代わって指揮をとり、とっさに自艦をうっそうと茂った樹林を持つ海岸に座礁させ、再度潜航できるよう修理、満潮を待って離洲させた判断について、つぎのように回顧している。

「敵襲を受けて以来、乗員のとった一連の行動は全く反射的なものであったけれども、おおむね正鵠を失することがなかったのは、見えざる神の導きであったのか。それとも、われわれが、戦場において知らず知らずのうちに身につけた潜在能力のあらわれであったのか。このような場合、事態の急迫は、思い惑うことを許さないのである。」

また、この戦闘で不幸にして生命を落とした乗員がいる反面、艦長も含めて瀕死の重傷にもかかわらず生き残った者もいたことについても、板倉は「人間にも、軽微と思われる病傷でアッケなく死んでゆく者と、名医も匙を投げかけるような重病者が、奇跡的に助かる場合がある。この玄妙なる生命力の不可思議を、まざまざとイ一七六潜に見い出したような気がする」と振り返っている。

このあと、板倉は正式に旧式艦であった伊二号の艦長として、さまざまな故障を乗り越えて霧のアリューシャンへとキスカ島に残された守備隊兵士の救出作戦に参加している。板倉も緊張を強いられた艦内の様子についてUボート艦長のように、「由来、潜水艦は水上艦艇と異なり、艦内の気風は極めて家庭的であるので、形式的な軍規風紀とはおよそ縁遠いものがある。一見だらしないように見えるが、ひとたび鎖を巻いて出港すると、全員の注意が一点に集中し、以心伝心、一糸乱れぬ統率のもとに、すべての作業が流れるように運ばれてゆく、各自勝手にやっているように見えるが、決してそうではない。きわめて秩序正しく、一定のルールに従って動いている。早くもなければ遅くもない、……自己の錯誤がただちに、一艦の死命を制することを自覚しているからである。それだけに入港すると、ときとして、無礼講で飲むことも珍しくない」と指摘する。

必然、潜水艦乗務員のなかにも数字に関わる迷信もあったという。乗員からの信頼がきわめて篤く名艦長といわれた板倉でもつぎのようにいう。

「決して迷信にとらわれているわけではないが、潜水艦仲間で〝3〟という数は、いつとはなしに凶数とされていた。今日まで二十余隻の潜水艦がやられているが、その半数以上が艦名に〝3〟

がつくか〝3〟の倍数である。とくに、イ三三潜がトラックにおいて沈没したとき、三十三名が死亡し、そのときの水深は三十三メートルであった。しかも沈没した日が十月三日である。これでは、奇しき因縁といわれても仕方がない。この事実はだれも知っていながら、あからさまに口にしなかっただけに、かえって、隠し言葉めいた言いまわしでささやかれ、もはや、迷信とはいいきれない感じがあった。転勤する潜水艦の番号が〝3〟とは無関係と知ったときは、ひそかに胸なでおろした者も少なくなかったであろう。」

潜水艦というきわめて特殊な環境ゆえに、そこに必要とされる艦長はかえってリーダーシップの本質を明確に示しているのではないだろうか。さらに、組織を有効に動かすリーダーとはいろいろな職務を経験すれば自動的にできあがるものではなく、一つの組織を預かる長となることを当初から強く意識することによって生まれるものではないだろうか。この意味では、組織のリーダーは教育によって生み出されるものかどうか。

駆逐艦勤務経験を持つ矢花冨佐勝（海兵七三期）は、『駆逐艦勤務―旧海軍の海上勤務と航海実務―』で、「イギリス流」統率と「ドイツ流」統率という対比論を紹介している。矢花は、日本での統率は、海軍はイギリス流、陸軍はドイツ流であった。イギリス流は英ロイヤルネービーの流れをくみ、指揮官は下から成り上がったり、また物を一つ一つ覚えその積み重ねでなれる原則でなく、指揮官として別の素質があるとの考え方である。もちろん個々も広く知り勉強はするが、その集積でなく、それを通じた別の指揮官としての素質の体得がイギリス流である。ドイツ流は部下より立派にやれないと命令もできず、長たる資格がないということになる」と述べたうえで、旧日本海軍の場合について海兵六七期の山本康久大尉のとらえ方に言及している。

つまり、旧日本海軍では全体としてはイギリス流であるものの、潜水艦での統率はドイツ流であったというのである。つまり、山本の経験談として、「（潜水艦では――引用者注）この様にやるのだと自分でやって見せることが必要で、そうでなければ文句を言う資格がないと教育され、潜水艦での勉強は大変であった。イギリス流もドイツ流も一見異なるが結局は一致し、両方を身につけないと本当の統率にならないのではないか」と。

矢花の経験と観察からすれば駆逐艦もまた大艦と比べ、潜水艦と同様の狭い空間のなかで、「家族的雰囲気で上下まとまり、心の交わりと相互扶助の精神で育まれた独特の気質」があったという。ここで重要であるのは、マネジメントとリーダーシップの問題である。組織を考えるとき、この二つを混同してはならない。潜水艦や駆逐艦という空間では、一瞬の判断の遅れやミスが全員を危険に晒すような環境の下では、艦長のリーダーシップが大きな役割を果たす。

他方、潜水艦や駆逐艦だけでなく、戦艦や巡洋艦という大型艦船での経験も持つ乗員や指揮官には、単にリーダーシップだけではなく、大組織を動かすマネジメント能力が必要であることを強調する。それはベンチャー企業の場合、あるところまで急成長を遂げたあとに、成長スピードが落ちるものの、確実に大企業や中堅企業へと発展していくケースと、そのあと極端な場合は行き詰まるケース――倒産、あるいは他企業への統合など――もみられるのである。

組織と時代精神

先に佐野眞一の『カリスマ─中内功とダイエーの「戦後」─』を取り上げた。中内は日本の戦後経済を代表する急成長を遂げたベンチャー企業であったダイエーの創業者であり、長くその経営者であり続けた人物である。佐野は、なぜダイエーが行き詰ったのかを問う。その根本原因について、佐野は中内功の経営哲学が大企業ダイエーの組織的原理へと昇華しなかったとみていると、わたしには思える。

「弱者」として創始されたベンチャー企業ダイエーが大企業という「強者」となったことに対して、中内が「あまりにも無自覚だった」のではないかと佐野は問うのである。つまり、ダイエーはその成長とともに、「消費者に利益を還元するという視点が完全に欠落」し、「強者の驕りからくる時代錯誤的なバイイングパワー論」による成長そのものが自己目的化した組織となったのではないかと佐野は厳しく批判する。佐野はそうしたダイエーの組織原理についてつぎのように指摘する。

「中内ダイエーがこれまで成長につぐ成長をつづけてこられたのは、一つにはカリスマ支配というある意味で安上がりの統御システムをとってきたためだったといえる。中内をカリスマとして仰ぐこの集団は、あたかも戦時中のように、内部にかかえた矛盾を、平然と外部に捺しつけてきただけではなかったか。」

佐野は中内ダイエーだけにそうした問題を見出したのではなく、それは日本の流通業そのものの体質問題ではなかったとも分析する。佐野はいう。「中内ダイエーをはじめとする日本の流通業は、新興産業という口実に隠れて、これまでずっと未熟な少年を装ってきた」と。と同時に、それは中内ダイエーが育てた日本の消費者の姿であり、そうした日本の消費者が育てた日本の流通産業の問題ではなかったかと。佐野はつぎのように指摘する。

「戦後消費社会の最大の偶像に祭りあげるため、手放しで中内ダイエーを褒めあげたマスコミも、恥も外聞も忘れて安物買いに走った自分を忘れ、バブル期には海外旅行、ブランド品買いに狂奔した日本の消費者も、つまり日本人のひとりひとりが、いま中内ダイエーと同じ状況に置かれていることを忘れてはならない。（中略）一般消費者にとって『戦後』とは、中内ダイエーの誕生から始まり、その消長とあきれるほどみごとにリンクしていった。『戦後』という時空間を貫いていったのは、いまそこにある危機を『先送り』する怯懦な心根だった。中内ダイエーの崩壊によってわれわれの目の前に現出したのは、その貧寒たる風景だった。」

ダイエーを急成長させた経営環境条件の変化に幹部や社員たちが気づいても、従来のやり方を変更できなかったのは、なぜだろうか。これはバブル期の「財テク」というゼロサムゲームで将来の成長を期待された企業も破綻したことで、それは日本社会全体を覆っていたムードであったと指摘するのは一方で正しいが、他方でそうした経営破綻から無傷でいた企業も存在していた。この点からすれば、ダイエーは株式会社となったものの、ワンマンな経営体質であった中内商店の範囲を超えることはなかった。その原因は中内の経営的手腕の陰りにだけに起因するのだろうか。

むろん、そうであったとしても、中内に経営判断の誤りの自覚があったのかどうか。中内個人としてはそれなりの経営判断を行った結果であったはずである。ここに究明すべき個人と組織に関わる相互関係性の課題がある。日本は敗戦したことによって、広義であるべき組織論については民間企業などに偏り、軍事組織における研究が少ない。だが、外国には豊富にある。

そうしたなかで、日本について海軍だけではなく、陸軍についても見ておく必要があろう。防衛大学校などで組織の不条理性について研究を続けてきた菊澤研宗は『組織は合理的に失敗する―日本陸軍に学ぶ不条理のメカニズム―』で、旧日本陸軍の行動が不条理に満ちたものであったとして、そのメカニズムの特徴を明らかにしようとしている。

菊澤はインパール作戦やガダルカナル戦などにおける日本陸軍の不条理な行動の原因について、それを人間そのものの非合理性に求め、「このような不条理な行動は決して非日常的な現象ではなく、条件さえ整えばどんな人間組織も陥る普遍的な現象であり、現在でもそして将来においても発生しうるおそろしい組織現象」であると捉えている。高速増殖炉「もんじゅ」事故の隠ぺい工作、大和銀行の不正取引、神奈川県警の不祥事隠蔽などもまた同様の事例であるとされる。

菊澤は組織の分析に代理人関係論―エージェンシー論―や取引コスト論など経済学理論を応用する。エージェンシー論とは、主たる経済主体―プリンシプル―とその代理人として活動するエージェンシーの行動に関わる。むろん、代理人―エージェンシー―は、プリンシプルのためにその利益を最大化するよう行動するはずであるが、実際には双方の利害が一致しないことにより発生した不利益については、虚偽申告をするケースが出てくるのである。

他方、取引コスト論とは、市場取引に関わるさまざまな費用については、個人や企業などの組織はそれを抑えようと行動することを前提としている。一般に取引費用には、価格などの情報収集・分析に関わる費用、取引先など相手側に関わる情報収集・分析に伴う費用、相手側との交渉・契約に関わる費用、取引先の行動を監視・統制するための費用、取引先の変更などに伴う費用などが含まれる。

組織維持コスト

こうしたエージェンシー論や取引コスト論が浮上した背景には、個人、あるいは個別の判断と全体組織との関係における利害をめぐる不整合性がある。現場と本社などの間の意思決定の齟齬がもたらした大失敗、あるいは個人のレベルで先にみた取引コストを最小化させるような意思決定と実行が組織レベルにおける失敗―不条理性―につながった軍事史上の事実がある。なぜか。それは名誉心に駆られた現場指揮官の無謀な暴走となったインパール作戦や、米軍の近代兵器戦へ白兵攻撃を行ったガダルカナル戦での失敗から、ワンマン経営による企業破綻まで共通する。これは最終回で取り上げる組織内での革新的な取り組みの困難さにも通じる。

プリンシプルが十分な準備を説いているにもかかわらず、功名心に逸るエージェンシーが下す決断は準備のないままに行われたりする。その不適切で不条理な実行は、取り返しがつかないまでに組織全体を破壊させることになる。だが、なぜ、その初期においてそれを防止できなかったのか。

そうした事例は軍事作戦から金融証券における取引失態まで豊富である。また、一度、成功を収めたことで、その手法をさらに浸透させるために多額の費用を投じたプロジェクトなどを途中で頓挫させることは容易ではない。なぜなら、その結果、迫られる新たな関係の構築―企業でいえば新たな取引先の開拓など―はさらなる費用を必要とさせるため、結局のところ、これまた当初の段階で走り出した軍事作戦やプロジェクトを暴走させてしまうのである。それは取り返しのつかない大失敗に陥る。

それでは、菊澤はエージェンシー論や取引コスト論を踏まえて、そうした暴走を防止することが可能というのだろうか。それへの手がかりは菊澤が提唱する「限定合理性」への認識、組織に付随する非効率性や不正を排除する流れをつくる「批判的合理構造」の構築にあるという。要するに、それは従来からいわれてきた「風通しのよい組織風土」のことである。そこでは健全な批判精神と初期の失敗を認め改めようというトップの姿勢こそが、不条理な失敗を防ぐ手立てということになる。

さきほどのダイエーにもどれば、佐野眞一はダイエーの成長過程で中内功のリーダーシップと成功が皮肉なことに社員の健全な批判精神を萎えさせ、つぎなる成功もまた過去の成功体験の延長にあると慢心させたことを描いている。また、多くの企業小説を発表してきた高杉良の一連の作品の中心にあるテーマもまた、トップ層の成功体験にもとづく人間の判断が、限定的合理的であることを忘れ、迷走していたことへの怒りであったのではあるまいか。この点について、菊澤は抽象論を展開するのではなく、米国ＩＢＭのトップとしてその立て直しに大きな役割を果たした、ルイス・ガードナーの体験を紹介することでつぎのように明らかにする。

「彼は、ＩＢＭの再建は常に自己満足と自己正当化に対する戦いであったという。これまでの成功を記録し、成功へのマニュアルを作成したり、成功への手順を文章化したりして、自己正当化しようとすると、人は必要な調査や現状分析を忘れてしまうのである。とくに、人は大企業で成功すると、傲慢になり、内部志向になり、そして社内のことを優先させるようになる。こうして問題が起こる。何よりも、絶えず人間は批判的であるべきだ……」

では、社内を風通しのよい組織とするマネジメントと、企業が岐路に立ったときに多数決のような意思決定ではなく、周囲の反対を押し切ってまでも独断的に行う意思決定に関わるリーダーシップは両立するのだろうか。

この点に関して、菊澤自身は大企業の経営者にみられる集権的なリーダーシップ、あるいは、中小企業の経営者にみられるようなワンマン経営的リーダーシップの功罪のうち、むしろ罪の部分が大きいと分析しているようにみえる。ゆえに、菊澤は開かれた組織の重要性を強調している、とわたしには思われる。

果たして、どのようにして開かれた組織を維持できるのか。この点について、菊澤はつぎのように述べる。

「組織の本質は人間の限定合理性にあるといえる。とくに、批判的合理的構造を具備していない組織では、人間が誤って完全合理的な存在であると誤解し、失敗を積み重ね、時間とともに非効率と不正を増加させることになる。それゆえに、結果的に組織は不条理な状態を変革できず、淘汰されることになる。このような組織の不条理を回避するために、基本的に人間は完全合理性の妄想から解放される必要がある。（中略）もしすべての組織メンバーが限定合理的で誤りうることを自覚し、しかも意識的に誤りから学ぼうとするならば、互いに自由で批判的な議論ができるような批判的議論の場、批判的組織風土、批判的組織文化を形成する必要がある。このような批判的な議論の場は、ある特定の見解に固執するドグマ的で独裁的なメンバーの行動を抑制するシステムとして働くとともに、組織を進化させる原動力にもなるだろう。」

ここでの課題は、菊澤の「もしすべての組織メンバーが限定合理的であることを自覚……」させるための「もし」に関わる条件の整備である。元来、日本的組織は四月一日付け採用の内部労働市場型の人材に大きく依存している限り、それは「開かれた組織」ではなく、むしろ社内志向の強い「閉じられた組織」である。そこでの構成員の自覚はきわめて社内合理的な文脈において形成され、継承されたものである。これを防ぐには組織横断的な意識の定着が必要となるのである。

技術者であれば、一企業内の技術者ではなく、専門家としての技術者の意識が必要である。結果的には企業犯罪的な爪痕と悲劇を残したかつての公害訴訟の事例が示しているのは、一企業の会社員である以前に、専門的技術者として自社設備などが公害を引き起こす可能性に気付いている場合も多かったことである。なにも、これは技術者だけではなく、経理課の社員であれば、会計人としての自覚があれば不正経理に対して憤りを感じ、適切な経理処理をより一層求めざるを得なくなるのである。

そのように組織とはやっかいなもので、そこに属する人たちが内向きで組織内での序列関係にしかセルフアイデンティティを感じず、外向きの組織外への感覚が弱くなると、人の意識はまず組織ありきとなり、何のための組織という点が忘れ去られることになる。やがて、そこには組織の危機がやってくるのである。本田宗一郎と井深大は、組織についてつぎのような対談を行っている（井深大『わが友本田宗一郎』）。

本田「会社が大きくなると従業員でも人間関係がむずかしくなってきますね。最初から組織ができているわけじゃないからね。組織の一番大事なことは、自然のうちに、誰それができるから、と認められてだんだん働く人が上へ持ち上るという自然の姿がいいわけだけれど、そうばかりいかないから人為的に動かすけれどもね。」

井深「私は組織というのは反対で、組織は仕事の邪魔をするものである、というのが私の考え方です。まず仕事が最初にきて、その仕事を誰にさせたらいいのか、ということで決まるんです。組織があってやるのは役所仕事ですよ。仕事の内容はどんどん変わってくるんですからね。」

本田「われわれも仕事自体によって、組織がだんだん決まる。お前は、これが得意だからこれをやりなさい、ということになる。はじめから戒名をつけてポンとやるとおかしくなる。……」

つまるところ、事業とは人なりなのである。人の集合体である企業という組織もまたそこに集合した人なりなのである。この意味では、そこに働く人の個としての成長を見据えることのない組織体としての企業は、世代を超えて継承されるべき社会的な価値を失い、やがて消え去っていく運命にある。本田や井深の思いは、時代を超えて、わたしたちにそのようなことを自省させてくれるのである。

最終回 革新について

組織と放物線論

「革新（イノベーション）」を取り上げる。イノベーションは、単に技術や商品開発などのテクニカルな概念ではなく、組織における従来とは全く異なる新たな取り組みなどを促す組織の活性化のことである。その意味では、「革新」論は前章で展開した「組織論」の延長上にあるといってよい。

概して、企業などの組織は大きくなるにつれ、創業時の情熱などは「放物線」を描くものである。それはあたかも収益逓減の法則を示した放物線のようなものである。ゆえに組織は常に活性化されなければならない、そうでなければ、組織とは常に過去だけを振り返り、柔軟性を失い、未来志向ではなくなる。そのようにして、組織とは変革に対して保守的になり、官僚主義がそこかしこにはびこることになる。

官僚主義はもっぱら役所に関わる物言いである。民間企業なら、それは差し詰め「民僚主義」ということになる。変化への柔軟性を失った組織は実に脆い。より正確に言えば、組織が脆くなっているという自覚が失われる。そのような自覚のない組織の成員が増加することにおいて、組織の危機がある。結果、組織の脆さへの感性力そのものが低下し、革新を生み出しえない官僚組織と官僚主義が増殖することになる(*)。

＊ 組織の寿命については、つぎの拙著を参照のこと。寺岡寛『巨大組織の寿命―ローマ帝国の衰亡から学ぶ―』信山社、二〇一一年。

経済小説作家の高杉良は『組織に埋もれず』―文庫化によりのちに『辞表撤回』へ改題―で、日本交通公社―ＪＴＢ―でつぎつぎと新商品を生み出してきた「革新的サラリーマン」丸山敏治の組織内での孤軍奮闘ぶりを描いている。

丸山敏治が、当時の一橋大学の卒業生の人気企業であった三菱商事など、総合商社ではなく、ＪＴＢを選択したのは、「総合商社はノルマがきつい」という先輩の助言のほかに、彼自身の大学時代の北海道一周のヒッチハイク経験に加え、休学して世界一周放浪旅行をするほどの旅好きであったからであろう。要するに、丸山は旅行好きがこうじて、旅行業界を選んだ。好きこそ物の上手なれのたとえ通りである。その年、一橋大学からＪＴＢ入社は丸山一人であったという。

旅行好きの丸山は意気込んでＪＴＢに入社した。だが、いまもむかしも、新入社員がいきなり海外旅行企画などの大役を与えられることはない。丸山の新人生活も地味な支店勤務から始まった。丸山は先輩社員について行儀作法の基礎を叩き込まれる毎日であった。そうしたなかで、語学に自信をもつ丸山は初めて海外旅行添乗員としてハワイへ出かけるが、わがまま気ままのツアー客に振り回されることになる。だが、丸山はなんとか乗り切る。その後、丸山の才能を見込んだ上司は、支店ベースでさまざまな海外旅行パックを丸山に企画させる。

そうしたなかで、著名な女性画家たちのために、インドヒマラヤの旅を企画し、成功を収め、丸山ファンができ始めたころ、カナダ経由のペルー旅行を企画し添乗する。だが、丸山は全員の航空券を持ったまま一足早く帰国するというとんでもない失敗をしでかす。しかしながら、女性画家たちの機転で事なきを得たうえに、彼女は同行していた弟子たちにも「箝口令」を敷いてかばってくれた。丸山の人柄ゆえであろう。やがてこのミスは上司の知るところとなる。丸山も転職を考える。

丸山は独立して自分で事業を展開するとはどういうことなのか、体験することを試みる。丸山は郷里の母親の病気見舞いという口実で有給休暇をとり、同僚の義父の経営する浅草の商店で働いてみる。改めて、丸山は中小企業よりも大企業で働くことに自分の可能性を見出すことになる。その後、海外旅行については、ＪＴＢに丸山ありといわれるような断トツの企画力を誇る新商品をつぎつぎと発表していくことになる。

丸山が支店勤務から初めての本社勤務となるのは入社してから十年目のことであった。丸山は本社の市場開発室で丸山チームを組織し、ヒット商品を生み出す。そうしたチーム員から米国のビジネススクールへ派遣を望む米田のような若者もでてくる。丸山は上司に働きかけてつくったビジネススクール派遣制度の創設にも尽力する。丸山の面倒見のよさである。

ビジネススクールから帰った米田は社内でいろいろな改革案を提案しはじめる。だが、そうした提案は受け入られず、社内では自分の活かす場がないと米田は転職を決意する。他方、丸山はＪＴＢにとどまった。高杉は米田と丸山の会話をつぎのように描く。

丸山「きみはＪＴＢに育ててもらった、と考えたことはないのか。ビジネススクールで学んだことを生かすのはこれからじゃないか。愛社精神を持てなんて野暮なことは言わないが、米田さんが力を発揮するのはこれからだと思うけどなあ」

米田「（名古屋支店から――引用者注）上京して丸山さんと一緒に仕事をした一年間は楽しかったけど、それ以外にあんまりいい思い出はありません。丸山さんはＪＴＢなんかにまだいるんですか……丸山さんほどの人がこんな会社によくいられますねえ。わたしは丸山さんとは違います。ＪＴＢに見切りをつけました。決断が遅すぎて悔いを残さないようにします」

高杉は「性急すぎ、気負いすぎる」米田に対する丸山の胸中を「試行錯誤を繰り返す中で米田の提案は内容がこなれていないため、実現困難なケースが多く、次第に市場開発室で浮き上がった存在になっていった。（中略）若かりし頃の自分の姿を米田にダブらせて、丸山は米田に懸けてみようと思ったものだ。丸山は慰留してもムダだと思った。米田のように自分自身に素直すぎる行動を取る者はＪＴＢの組織に馴染まない」と紹介している。

その後、米田に代わって丸山チームに加わった大畑もまた、ビジネススクールに本人の希望で派遣されたあと外資系企業へと転じている。これには丸山も相当に落ち込んだという。反面、ＪＴＢから飛び出しそうで飛び出さない丸山は、独立精神と愛社精神を持つ人材としてＪＴＢにとって貴重な存在となっていく。

丸山の旅行商品の売り込みや世話好きの性格から、その社外ネットワークは直実に築かれていった。結果、ＪＴＢだけでなく、ガス会社、商社、建設会社、生命保険会社、銀行、百貨店などが出資し、サラリーマン向けのアーバンリゾートの調査・企画を目的として設立された株式会社アーバンクラブの非常勤役員に丸山が指名されることになる。

丸山はこの新しい事業に取り組むなかで、大企業の中間管理職のあり方、さらにはそうした肩書が消えた後の日本のサラリーマンのあり方について思いをめぐらしつつ、アーバンクラブに「日本の社長研究会」を設け、参加大企業の中間管理職たちと「中小企業の社長で、不況をものともしない元気な社長の元気の素を追求し、企業内起業家をめざすミドルの生き方と、新しい社長像を見出すことをテーマ」としたアンケート調査やインタビュー調査を企画し、その実現をリードしている。

丸山敏治―モデルの大東敏治―が若い頃に同僚の義父の会社で働いた経験、とりわけ、起業家として自ら事業を興すことについては、その後、この義父の会社を継いだ元同僚の談話がある。つまり、中小企業など同族企業の場合、その後継者は小さい時から無意識に「人の上に立つこと」を意識している。他方、大企業のサラリーマンで「独立して事業を始めたい」人は、若いうちから独立願望の強い人ならとっくに独立しているはずである。独立はあくまでも慎重であるべきだとされた。これは丸山自身の経験と思いでもあったろう。

その後の丸山の歩みである。ＪＴＢもまたバブル経済崩壊後に岐路に立たされる。丸山は常務会に「経営改革委員会設置」を働きかけ、大規模組織となり変革が容易ではなくなり、「今の異動制度は奴隷売買と変わるところはありません。……自己申告書で希望はとっていますが、ほとんど関係はないと思います。すべては組織のためが大義名分となっていて、それが習い性になっているので、専門性の乏しい社員ばかりになってしまう」組織の変革を訴えることになる。丸山は課長を一二名集めて組織変革のためのプロジェクトチームを組織した。

丸山は「募集者と応募者が直接交渉する」という人事制度を提案するが、人事部だけではなくプロジェクトメンバーからも反対される。丸山は「他部の者に口出ししてもらいたくない、不愉快至極という自負心に根ざした感情論と、上司の部長（大方が役員）がやりそうにならないことはしたくない、上司は大変革を望んでいない、とする保守的な社内官僚主義の強固さ」を知ることになる。いつしか丸山プロジェクトは実質的に立ち消えた。丸山は「社内改革を阻んでいるのは社内官僚にほかならない……社内に根強く跋扈する官僚主義の打破が一朝一夕にほかならないことを」確信する。

結局のところ、丸山の社内プロジェクトは頓挫したが、丸山が主張してやまなかった改革はＪＴＢの社内組織改革の一環として「経営改革推進プロジェクト」チームに引き継がれることになる。考えてみれば、丸山は予言者であり、大組織の構成メンバーがその必要性に気づくのはずいぶん後のこととなった。高杉が描く丸山の社内での軌跡はやがて大きな問題となる経営課題を常に先取りしていたことを示している。丸山―大東―は経済誌などにもよく寄稿している。

たとえば、『週刊東洋経済』への寄稿「大企業の社員よ、目を覚ませ」では、とりわけ大企業のような大組織の制度は「集団保護体制」になっていて、社員が経営環境の変化を感じることが少なく、さまざまな事象変化に素朴な疑問を持つこともなく、自らの専門性を磨くことに意欲的にならないような環境となっていることを指摘している。だからといって、「間違っても仕事に自信がないまま」の転職を勧めるのではなく、「自分の会社だけは大丈夫」と勘違いして組織の改革に個人として取り組まない社内官僚主義を断罪しているのだ。丸山にとって、それこそが大企業病の病巣であり、社内起業家精神がない組織はやがてその自重で停滞することを予言した。

さて、その後の丸山敏治＝大東敏治の軌跡である。丸山は自ら社内起業家として取り組んだ事業に、JTB関連会社で経営陣として携わることになる。こうしてみると、既存組織といえども、新規事業などへの果敢な取り組みがなければ、あるいは、そうした新しい取り組みを掣肘した従来のやり方だけ踏襲する民僚が闊歩するような組織であれば、やがて組織は新たな経営環境へ対応できなくなる。それ以前に、組織は新たな取り組みへと挑戦する精神とそれを担う人材不足に陥ることが分かる。このことは多くの企業の個別社史からも伝わってくることなのである。

そのためには、起業家精神を持つ人材による革新への強い意識が重要となる。そうした起業家精神を持った人材については、高杉が『組織に埋もれず』で取り上げた主人公の丸山敏治はまさに組織内起業家である。他方、高杉が『スピンアウト』で取り上げたＩＨＩから独立した碓井優は、優れた組織外起業家であったことになる。

企業という組織に限らず、組織とは大きくなるに従い、その運営は官僚化の風に翻弄されるものである（＊）。官僚化はしばしばルーティン化された日常業務などの遂行に必要であり、その限りでは弊害はない。だが、新たな事業環境変化等への適切かつ迅速な対応については、官僚主義特有の先例主義が優先されることで、そうした雰囲気が組織そのものを遅かれ早かれ衰退させることにおいて、そこには多くの問題が山積する。

＊　この問題については、つぎの拙著を参照。寺岡寛『巨大組織の寿命―ローマ帝国の衰亡から学ぶ―』信山社、二〇一一年。

組織がその健全性を保ち続けるには、常に革新を意識せざるを得ないのである。とりわけ、企業にとって、組織活性化のための経営革新をいかに取り込んでいくのかは、むかしもいまも、経営トップ層のマネジメント上の最大課題の一つであり続けている。

企業と経営革新

企業という組織は常に経営革新を必要とする。この経営革新にはいろいろな定義があろうが、その本質は適材適所の人材配置が組織内で常に適切に行われているかどうかに尽きる。日本企業における中間管理層の重要性をつよく意識する作家の高杉良は、生命保険業界での巨大企業のトップ人事の歪みを扱った『暗愚なる覇者―小説・巨大生保―』で、この問題を真っ向から取り扱っている。

主人公の吉原周平は、大日生命の将来を嘱望された「一選抜」―エリート―の社員である。広岡峻は、女性販売員の積極的な活用によって日本の生命保険業界でトップの地位をつくり上げた中興の祖である。広岡峻は創業者の広岡徹郎の三女である桂子の婿養子である。「淀殿」の桂子の強い希望もあり、広岡峻は商社勤務をしていた長男の厳太郎を大日生命に強引に引っ張り、国際業務強化を睨んで三九歳で取締役に大抜擢する。謙虚な厳太郎は仕事を順当にこなしていくが、過労で倒れる。

将来の社長候補であった厳太郎が亡くなったことで、広岡峻は副社長の瀬川厳太郎を次期社長に指名し、自らは会長となった。広岡峻は九一歳で亡くなり、桂子は大日生命のニューヨーク支店にいる吉原と同期の孫—広岡厳太郎の長男俊一郎—を将来の社長候補として「番頭」の瀬川に後見役を期待する。やがて、桂子も亡くなり、創業家の呪縛から離れた大日生命は、トップ人事をめぐって派閥抗争が益々激しくなっていく。

社内では、実務に徹した瀬川の後に社長となった藤原正司が、二人の副社長の高山明と鈴木隆造のどちらかを後継者に指名するのかが最大関心を呼ぶことになる。社内の公私混同した女性関係にルーズな藤原は、鈴木に弱みを握られていたのである。営業を中心に活躍してきた高山を次期社長に望む声が社員の間では大きく、「人事畑一筋の〝内務官僚〟」の鈴木を忌避する社内の様子についての吉原の思いを、高杉はつぎのように描いている。

「次期トップは高山で決まりと、職員（生命保険会社では社員ではなく職員—引用者注）の大半は思っていた。政界財界などの広い人脈、仕事への情熱と見識。どれをとっても、鈴木は高山の足元にも及ばなかった。〝内務官僚〟の鈴木がトップになったら、大日生命の社内は暗いムードに包まれ、ヘタをすれば、王国崩壊の萌芽を植えつけかねない。若手の俺がそんな予感にとらわれているのだから、ミドル（中間管理職）の危機感は相当なものだろう、と吉原は思う。」

高杉は大日生命のような巨大組織の究極の昇進レースであるトップ人事の激しさについても、吉原の胸のうちをつぎのように忖度し、紹介してみせる。

「鈴木の暗い雰囲気は、生来のものだから、クレームを付けられる筋あいではない。……同期ではただ一人、営業部門担当の高山明を除いて、百二十余人のキャリアを蹴落としてきた。経営トップを極めるには、前後五年のライバルに勝ち抜かねばならないとすれば、その数は想像もつかない。」

やがて藤原の後継人事が決まる日がやってくる。ニューヨーク駐在から本社の法人営業本部の国際担当課長へと戻された吉原周平は、財部部門の課長となっていた同期で創業家に連なる広岡俊一郎と久しぶりに再会する。高杉は吉原に後継人事について、人の良すぎるところのある前出の俊一郎への吉原の直言をつぎのように描いている。

「自覚が足りない。広岡俊一郎を広岡峻の再来だと思っている人はけっこう多いことを忘れないでもらいたいな。……ヘタなサラリーマンがトップになるよりも、創業家が求心力をもつほうが、よっぽど社員にとってハッピーなことは歴史が証明している。大生（大日生命の略―引用者注）はヘタなサラリーマンがトップになる可能性のほうが高いらしい。あの人は職員を大切にしないんじゃないのかなぁ。あの暗さは、どうにもならないだろう。」

その後、金融・証券業界の総会屋利益供与の不祥事、バブル経済崩壊後の課題が山積していくなかで、藤原は鈴木に次期社長職を譲り、高山を社外へ退かせ、大生基礎研究所の社長とする人事を発表した。側近社内政治の鈴木体制下で、大日生命は低迷しはじめる。だが、人事権を持つトップほど強いものはない。トップを強く批判し、それが鈴木の耳にも届いたことで、吉原は本社から営業成績が低迷する支部の責任者に左遷される。

業界トップの大生とはいえ、「バブル期のピーク時に約八万五千人ものセールスレディ（営業職員）が……平成十一年三月現在で約五万五千人に減少、営業職員の大量脱落と質の低下は、大生にとって大きな経営課題」(*)となっているなかで、負けず嫌いの吉原は目を見張るような営業業績を残すものの、ノルマを背負った現場の厳しさを自らも体験することになる。

＊ 高杉良が指摘した生命保険業界は、その後、さらに大きく変化していくことになる。女性販売員による死亡保障保険の販売に特化したやり方は、外資系保険会社による医療費保障保険商品の導入、インターネットによる格安掛捨保険による競争激化によって大きな曲がり角を迎えることになる。また、資金運用における収益性の確保も困難になる問題も現実化することになる。

吉原はそのような現場の苦労に無関心なトップへの反発も一層強めることになる。吉原は外資系企業などへの転職を強く意識しはじめる。社内結婚した妻は吉原の「愛社精神」の無さを嘆き、転職に強く反発する。吉原は妻の博美に胸のうちをつぎのように語る。

「いやロイヤルティはあるし、諸先輩にも恵まれて、育ててもらい、能力を引き出してもらったことも確かだ。いまの大生には希望が持てない。……大生という巨艦が沈んでゆく、傾いてゆくのが実感できる。モチベーション、モラールの低下は、これからもっとひどいことになるんじゃないかな。会社はリーダー、トップによって、こうも変わるかというのがいまの大生の現実だ。」

その後、金融・証券業界を対岸の火とみていた大日生命も、週刊誌に保険加入者による社員総代が、自社に都合の良いような人たちの選抜であったことが報じられたことによって、大日生命の相互会社組織という閉鎖的な体質が大きな批判を受けることになる。吉原は生命保険会社が従来の相互会社でなく、株式会社化すべきであることを上司などに強く進言する。吉原は大生基礎研究所社長となっていた高山に、「大生のトップとしてパワーが無さ過ぎます。ビジョンのない人がトップになった悲劇、というしか言いようがありません。わたしは、株式会社化に向けてアプローチすべきだと主張していますが、一顧だにされません」とこぼす。

海外出張などに公私混同が激しい鈴木の茶坊主のような川上専務への次期社長指名にも嫌悪感を強める吉原は、「ノルマ生保の見通しは暗い。鈴木、川上と、暗愚のトップが二代続くことは、どう考えても容認し難い。株式会社化は永遠にあり得ないだろう」の思いを抱き、まるで自爆のように鈴木社長あての意見書を叩きつけ、転職のあてがないままに大日生命を去る。

高杉が紹介するこの種の話は、それなりの規模の企業であれば、大なり小なりある話ではある。それはわたしも含め、それなりの規模をもつ組織に勤務した者であれば、ある程度の察しのつく経験知である。それゆえに、トップは自制心―セルフ・リーダーシップ―も含め、裸の王様にならない意識とモラールの維持が重要となる。これは企業において経営革新を進めるうえでのトップの意識の大前提である。吉原の指摘を待つまでもなく、変革を説きながら、自らの変革に努力を傾けないトップ層の言行不一致ほど、組織のモラールを低下させるものはない。

そうしたなかで、平生釟三郎（一八六六〜一九四五）という経営者の姿勢と矜恃をわたしたちは記憶にとどめておいて良い。平生は商業学校の若い校長をへて東京海上に入社し、三〇年間近くその経営トップの地位にあった人物である。平生は企業の私益と公益との均衡を図りつつ、東京海上のほかにも川崎造船などの組織改革に取り組んでいる。保険業界で功なり名を遂げた平生が六六歳になった昭和八（一九三三）年当時、経営危機にあった川崎造船再建という苦労の多い大役を引き受けたのは、彼自身が若い頃から馴染み深かった神戸への深刻な影響を思ってのことであった。若くして社会奉仕の人生哲学を持ち実践してきた平生は、経営トップとしての報酬を一切受け取らず、会社再建の目途がついた段階でトップの職を去ることを条件に社長となった。

社長となった平生は、人事の刷新と組織改革を果敢に実施している。組織改革とは企業の成長期にはたやすく、企業の停滞期にはこれほどむずかしいことはない。平生は外部からも信頼できる人物を招く一方で、船舶の設計部門と造船部門の一体化を図るなど既存組織の簡素・効率化に乗り出し、各部門の役割を明確にしている。また、平生は資金のやりくりが苦しい中で、技術陣には積極的な研究開発に取り組ませ、国産技術の確立を促し、いまでは当たり前になった内部監査制度を徹底させ、経営の公正化と効率化にも取り組んでいる。

同時に、平生は労働組合に対して、労使協調と生産性向上の必要を説きつつ、長年の懸案であった労使対立の解消のために、従業員のさまざまな福祉対策にすぐさま着手し、それまでの貧弱な社内の医療施設を改め、川崎造船の従業員だけではなくその家族も対象とした川崎病院の建設にも着手した。

平生の再建策は景気の回復にも助けられたが、川崎造船のめざすべき再建方向をわずか二年ほどの短い在職期間の間にはっきりと確立させ、鮮やかに退任している。

平生釟三郎の根底には、貧しい家庭環境のなかで育ち、平生家の養子になることで、高等商業学校に学ぶ機会を得たことへの謙虚で限りない感謝の気持ちがあった。卒業後、平生は朝鮮仁川税関の官吏となるが、恩師―校長―の勧めで当時多くの問題を抱えていた神戸商業学校の若い校長として赴任し、その立て直しに奔走することになる。その後、恩師から東京海上の立て直しを要請され、実業界に入ることになる。

平生釟三郎の人生の歩みをみると、はったりや大言壮語とはおよそ無関係で、朴訥で誠実な性格と、気骨ゆえに組織の立て直しを見込まれることが多かったこと、また、その精神の中心に教育者として人の素質や、能力を見抜き育てる意識が強かったことが分かる。平生は個人として実に多くの苦学生を物心両面で援助し、後に神戸に甲南中学校―後に七年制の甲南高等学校となる―の設立に尽力している。平生は強い社会意識を持った経営者であり、完全看護を目指した甲南病院の設立など福祉事業に関心を持ち続けた。

平生の引き際や生涯を通しての福祉事業への思いは、宅急便サービスを確立させたヤマト運輸の小倉昌男（一九二四〜二〇〇五）にも共通するものがある。小倉にとっても、経営革新とは組織改革のことにほかならなかったのである。父親から陸運業を継承した小倉にとって、旧態依然たる組織の改革とあらたな事業機会の創造は苦悩に満ちたものであったという。労使対立の解消、情報がすばやく流れる風通しのよい組織風土の確立など、そうした問題は平生が取り組んだ課題でもあった。

試行錯誤を重ねつつも、経営革新をやり抜き、宅急便に特化させたヤマト運輸の改革を成し遂げた小倉は、自らの引退について、『小倉昌男経営学』で「明治二十二年（一八八九）生まれの創業者小倉康臣は、昭和四十四年（一九六九）に右半身不随となりながら社長の座を譲ろうとはしなかった。社長職を四十七歳の私に譲ったのは昭和四十六年（一九七一）だった。すでに八十二歳になっていた」と先代を振り返った上で、つぎのように述べている。

「社長の老害については身にしみて感じていた。だから、自分がまだ元気なうちに役員の定年制をつくり、実行するつもりでいた。で、結局、ヤマト運輸の社長定年を六十三歳に決めたのである。六十三歳で社長を辞め、それから会長を四年、さらに相談役から会長に戻って二年。これ以上いると社員が私の顔ばかり見るようになり、会社にとってデメリットになる。そう思ったので、平成七年（一九九五）六月をもって、私はヤマト運輸とのつながりを一切なくしたのである。」

こうした経験を持つ小倉は、日本の組織構造で改めるべきは「年功的序列主義の仕組み」であると断言する。小倉はいう。「年功序列は組織をピラミッド型にし、また実力主義の導入を妨げる。組織をフラット化し社内のコミュニケーションをよくする。そうなれば経営のスピードも速くなる。一方で、正確で公正な人事考課の制度を確立するのは至難の技だ。……企業が成長すれば、時とともに組織は肥大化し、官僚的になる傾向がある。経営者は常に組織の肥大化を防ぎ、活性化の道を探らなければならない」と。

なにも、年功序列主義がすべて悪いわけではない。要するに、組織の活性化のための、あるいはその結果としての「年功序列主義」であればなにも問題がない。しかし、年功序列主義ゆえに、企業という組織の活性化が阻害され、組織が階層的になり、そうした階層的組織が年功序列主義を生み出すとすれば、年功序列主義は見直されるべきである。

小倉自身は、経営者とは常に「時代の風を読み」、戦術的ではない戦略的発想ともに起業家精神を持つべきであると説く。小倉は経営者の起業家精神について、「経営者にもっとも求められているのは、〝起業家精神〟である。企業は年を経るにしたがって大きくなり、同時に古くなっていく。経営者は、企業が新しいとか古いとかに関係なく、常に起業家精神を持っていなければならない。経営者が、攻めより守りの姿勢にかわってきたら、次の世代にバトンタッチする必要がある」と主張する。

小倉のいう「時代の風を読む」ことと「起業家精神」は相互作用的でもある。「時代の風を読む」とは同業他社の経営者たちがそう感じているということではなく、自己の原体験として「時代の変化」を自ら感じることなのである。日本企業の多くの経営者たちにとって、「時代の風を読む」ということでは、第二次大戦敗戦後の混乱期を除き、三つの転換期があった。この変化を敏感にかつ正確に読み切ったのかどうかが、その後の日本企業の命運を分けたのではないだろうか。

一つめの転換は、昭和四六（一九七一）年のいわゆるニクソンショックと昭和六〇（一九八五）年のプラザ合意による為替調整であった。二つめの転換は、昭和期最後の時期から平成の一九九〇年代前半のバブル経済とその崩壊後のデフレ経済であった。この二つの時代の風の変化への対応如何が、その後の日本企業の命運を大きく左右してきた、とわたしは思う。

最初の為替調整については、とりわけ、プラザ合意(*)によって、円・ドル為替の変動は米国の外交・政治によってときにきわめて恣意的に進行し、日本の製造業の国際競争力が国内での生産性向上のあり方を超えて外生的に決定されるようになった。日本経済にとって、プラザ合意は歴史的にみても決定的な転機となった。それまで米国政府は日欧諸国などからの輸入増によって苦しむ国内産業保護のために、そうした諸国からの輸入の抑制をもっぱら通商政策による直接的な罰則規定の適用によって行っていた。しかしながら、そうした措置はGATTやその後のWTOという多国間協定の精神に反するものであり、欧州諸国からも批判も多かった。

* プラザ合意については、つぎの拙著を参照のこと。寺岡寛『日本型中小企業―試練と再定義の時代―』信山社(一九九八年)同『日本経済の歩みとかたち―成熟と変革への構図―』信山社(一九九九年)。

そのため、直接的で強引な通商政策ではなく、米国政府は通貨調整政策にシフトしていくことになる。ドルが世界経済の基軸通貨である以上、その通貨調整であれば、従来の通商政策への批判をかわしつつ円高誘導政策をとることによって、日本産業の国際競争力に大きな影響を及ぼすことができることになったのである。その影響は、日本企業などによるアジアへの工場進出によって日本産業の空洞化とあいまって、アジア諸国の工業化を急速に進め、すでに空洞化が顕著であり、モノづくり機能を大きく失った米国へのアジア諸国からの輸出を増加させた。この循環はさらにアジア経済を成長させていった。

この結果、中国をはじめとしてアジア諸国の世界工場化が進展し、金融自由化の掛け声の下で、日本の金融証券業界も金融経済化した米国型の産業構造へと転換を志向するが、いまに至るまで小さな成功ですら勝ち得ているとは言いがたい。いずれにせよ、日本の大企業はプラザ合意を境にして、それまでの日本からの輸出からアジア諸国などへの直接投資―工場建設など―を通じての輸出へという「国際化」―アジア化―への対応を迫られることになる。日本的経営、とりわけ国際経営における有効性と限界性が、日本経営学において大きな検討命題となるのはこの頃からである。

日本企業の国際化は他方において、日本国内での事業の再編整理を促し、地方工場などの再配置をもたらした。そうした動きを国民経済的な側面からみた場合、とりわけ、日本における大企業の雇用創出・維持効果を押し下げるとともに、下請・外注型の中小企業にとってもまた大きな転換を迫られることになる。他方、多国籍化を進める日本の大企業はすでに進めてきた欧米企業との競争において、対抗しうる人材を従来型の内部労働市場依存型の人材配置で育成できるのかどうかも問われ続けているのである。

二番目の転機は、バブル期の日本企業の本業から逸脱したような事業の破綻であった。見通しのない事業は、その後も長期間にわたってその負の遺産の清算を長期化させた。とりわけ、深刻であったのは、金融・証券業界のモラールハザードといっていいようなトップ経営層のビジョンと節度なき経営のあり方であった。商業銀行は有望な事業と事業家を見つけ出し、その可能性を支援し協力するというそれまでの役割を実質的に自己否定するような不祥事―違法行為―の続発は、あらためて組織において経営革新とモラールの維持がマネジメントの本質であることを反面教師的に示しているのではあるまいか。

金融自由化の下でのバブル経済の崩壊は、「山高ければ谷深し」のたとえどおり、日本経済に長期デフレの足枷を課することになる。エコノミストの炭本昌也は『デフレ・自由化時代―市場メカニズムの展開と限界―』で金融自由化など規制緩和とデフレの時代について、「マクロ経済としては大きく発展する余地を与えられるが、個々の企業の経営環境は、インフレ・規制時代に比べ厳しくなる。言い換えれば、個々の企業には厳しい環境に耐えさせることによって、マクロ経済が資本主義としての健全性を取り戻した時代」であると規定するものの、個々の企業にとってきわめて厳しい時代が続くとつぎのように予想した。

㈠「企業が大きく波に乗って発展することは難しくなった」―「インフレ・規制時代に比べて、経済成長は鈍化し、大きな需要の伸びは期待できなくなった」こと。

㈡「産業構造の変化が厳しく、企業の盛衰も厳しくなる」―「経済全体の量的な変化は小さくなるが、内部の質的変化は従来以上に厳しくなろう。技術革新が頻繁で、新たな業種が次々に生まれ、企業の勃興も相次ぐようになる。そうなると、技術の陳腐化も早く、衰退する業種、倒産する企業も増加してくる」こと。

㈢「デフレ・自由化時代への転換にともなう経営への打撃である」―とりわけ、「賃金の抑制は消費財産業に打撃になる。また、規制による保護がなくなれば競争は激化し、国境措置の撤廃があれば、国際的競争に巻きこまれる」こと。

炭本の指摘はおよそ一五年前の指摘であるが、最初の点はともかくとして、二番目と三番目の点は的確であり、慧眼であったことが分かる。こうしたなかで、炭本が示した処方箋はつぎの四点にわたったものであった。紹介しておこう。

①　組織の意識改革の必要性―まず、経営者が「デフレ・自由化時代」の到来を早く意識すること。その上で、それまでのインフレ・規制時代の「経営風土を一新して、社内の意識改革を進めることである。それによって、社内の官僚主義や大企業病を一掃しなければならない」こと。

②　経営戦略の時代へ―「企業自身が企業の方針を決めるという覚悟を固めることが重要である。これまで規制当局の指導方針を勘案し、同業他社の動向を見ながら、天下の大勢に追従することを心がければよかった。しかし、デフレ・自由化時代になるとそうではない。……言い換えれば、デフレ・自由化時代になってはじめて、ほんとうの経営、ほんとうの経営者が求められてきたと言ってよい。」

③　イノベーション、合理化、コストダウンの時代の到来―「デフレ・自由化時代には、製品・商品の販売価格は、市場によって決められる。……インフレ・規制時代には、供給量を規制できる供給者の市場支配力が強く、需要が拡大傾向にあったため、コストが上昇すれば、それを販売価格に転嫁することができた。しかし、デフレ・自由化時代では、需要の伸びが弱く、供給者側は多数が競争している。したがって、供給者は、市場で決まった価格を所与のものとして、それを

前提にして採算のとれるコストにしなければならない。そのために創意工夫を凝らさなければならず、そこに合理化、コスト削減のための厳しい競争が起きる。」

④　おみこし型経営の終焉と新たな人事管理の時代―「技術革新にせよ、効率化にせよ、従業員に対して厳しい取り組みが求められたため、おみこし型の経営ではうまくゆかず、トップの明確なリーダーシップがおよびにくく、……分社化が進められる。人事管理は、もっとも大きく変わる部分であろう。……これまでの終身雇用・年功序列型が崩れ、そのような企業の雇用姿勢の変化の結果、労働市場の流動化が進んでくる。」

炭本の指摘は、そこに新しいマネジメント手法が提案されているわけでは必ずしもないが、正論であった。企業をとりまく経営環境条件が変われば、それにそってマネジメントのやり方にもそれまでとは異なった工夫が必要となるのである。炭本も「終身雇用・年功序列」型の雇用形態の改革を求めた。むろん、日本企業もデフレ経済化の厳しいコスト削減競争のなかで、早期退職による中高年層の削減、関連先企業への出向・転籍の推進、新規採用数の削減を行った。これはそれまでの雇用形態を変革するというよりも、むしろその中核部分を守るために行った側面がつよい。

さらに、日本企業は雇用のいわゆる「ＪＩＴ化」を図った。つまり、必要なときに、必要な労働量を確保するパートタイマー、アルバイト、派遣従業員といういわゆる縁辺労働力が従来以上に活用され始めたのである。これもまた従来の雇用形態を守るための方策であった。そうしたなかで、日本全体の労働市場でいえば、長期雇用の中心であった正規雇用の割合は低下し、非正規雇用の割合は確実に上昇してきた。むろん、他方で長期雇用こそが日本的経営の真髄であるとして、それに拘るべきであるという意見と主張もある。

だが、もともと内部労働市場に依拠しすぎた日本企業、とりわけ、大企業にとって、外部労使市場を活用する経験とノウハウはきわめて貧弱であり、炭本のいう「デフレ・自由化の時代」の下で、短期間にそのような雇用システムに変換できるはずもなかった。必然、海外進出して、海外法人の人材確保について、内部労働市場だけから供給できない日本企業が苦労するのも、当然すぎるぐらい当然である。日本国内ですらそのような経験がないのである。

今後も、こうした「デフレ・自由化の時代」が続くとは限らない。日本でこそ、「デフレ・自由化の時代」に他の諸国では「インフレ・自由化」の時代が続いた。他方、そこに共通したのは「自由化の時代」、とりわけ、金融自由化の時代であり、その結果として世界の金融市場は不安定化し、再び、規制の時代に入ろうとしている。いずれにしても重要なのは、企業という組織が外部環境の変化に対応できるマネジメントを維持できるかどうかの点である。

まずは、本書の随所で指摘したように、四月一日の新卒一括採用という制度の柔軟な見直しが必要である。それが困難であれば、日本企業は卒業後、五年目、あるいは一〇年目、一五年目などの時期を対象とした二回目、三回目などの就職機会を提供すべきではないだろうか。また、経営トップ層もまた必要に応じて外部労働市場から供給されるべきなのである。

企業内でさほど大きな貢献ができていない埋もれた技術やノウハウは、意外にも他社と他業界にとっては宝の山であることも多いのである。同様に、埋もれた人材もまた多いのである。ただし、埋もれた人材の発掘には、経営トップ層の明確な経営戦略意識と人材活用意識が必要なのである。

この意味では、終身雇用＝長期雇用とその下で形成された年功序列賃金制度などが、本当に日本的経営の本質なのであろうか。適切な人材活用と活発な組織改革への絶えざる取り組みこそが日本的経営の本質であるべきであって、そのプロセスが果たして日本的経営の本質なのであろうか。

たしかに、インフレと規制の時代であった高度成長期にこそ、そうした日本的経営を支えたのが終身雇用制度などであったすれば、その条件が消え去った段階で、それが継承されるはずもない。最後に、日本的経営のあり方をさぐっておこう。

荒野と七人の侍

日本で公開された昭和二九（一九五四）年の黒澤明監督による『七人の侍』は日本映画史上でもっともヒットした作品の一つであるとともに、後にハリウッド映画界からも注目を集めた作品でもあった。

『七人の侍』の時代背景は、戦国の世が終わり、武士が主君を失い浪人となったころに設定されている。そうした侍のなかには野武士となり、米や麦などの収穫の時期に村々を襲う盗賊となった集団もいた。そうした貧村の一つが『七人の侍』の舞台である。盗賊たちの略奪に困り果てた村人たちは長老と相談して、浪人となった武士を雇い、やがて襲ってくる野武士たちを追い払うことを考えつく。

村人たちは自分たちの村を守ってくれそうな侍たちを探すため、町へと出かける。村人はそこで出会った島田勘兵衛の能力と腕を見込む。だが、報酬といっても「白い飯」を腹いっぱい食わせるというだけの約束である。だが、勘兵衛は村人たちの願いを聞き入れた。勘兵衛は村の様子を聞き、村を守るには七人の侍が必要であることを村人たちに説いた。

勘兵衛と村人たちはあと六人の侍を求めて動く。最初に出会ったのは、片山五郎兵衛である。五郎兵衛は勘兵衛の人柄に惹かれ、この仕事を引き受ける。さらに、勘兵衛の下でかつて働いたことのある七郎次も加わった。五郎兵衛は茶屋で無銭飲食の代わりにマキ割りをしていた平八に出会い、勘兵衛と相談し、「腕は普通だが、苦しくなったときにこの明るい人柄が役に立つ」と平八にも参加してもらうことになった。

途中、勘兵衛は寺の境内で剣の腕比べをしていた久蔵に出会う。最初は木刀で立ち会っていた二人がやがて真剣で戦い、相手を一刀の下に切り捨てた久蔵の腕を見込む。これで五人が集まった。そんな中、勘兵衛たちの侍集めをずっと見守っている二人の男がいた。その一人は自ら百姓である出自を隠し、武士になることを夢見ている菊千代であり、もう一人は勘兵衛たちに真の侍の姿を見出し、憧れを抱いた若武者の勝四郎であった。

勘兵衛は、当初、この二人の参加を認めようとはしなかった。だが、最終的に、勘兵衛たちはこの二人を受け入れ、七人の侍として村へと向かった。七人だけで村を守ることが困難とみた戦いのプロである勘兵衛たちは、麦などの刈り取りの終わった畑に水を引いて堀をつくり、要所には柵を設けた。

と同時に、村人たちの軍事訓練に取りかかった。

やがて、野武士軍団が村を襲ってくる。七人の侍と村人たちは善戦するが、守るばかりで雌雄を決することが困難とみた勘兵衛たちは、野武士たちを一騎ずつ村へと誘い込み勝負を決する。戦いが終わってみれば、七人の侍のうち生き残ったのは勘兵衛、七郎次、勝四郎の三名であった。

黒澤の綿密な時代考証、明確なストーリー性、ローアングル撮影などを駆使して何台ものカメラから同時に撮影する当時としては斬新な映像手法、テンポのよいアクションシーンなどで、『七人の侍』は日本のみならず、米国などをはじめとして多くの国でも注目を浴びることになった。

こうした日本の戦国時代の終焉期、武士や農民という日本人を印象付ける登場人物から構成される日本のこの映画が、どのようにしてハリウッド映画としてリメイクされることになるのか。『七人の侍』はその六年後に『荒野の七人』—The Magnificent Seven—として再登場することになるのである。この『七人の侍』と『荒野の七人』は、日本的組織がどのような米国的組織観によって解釈されるのかという比較文化的命題を浮上させる。改めて、日本的組織あるいはその下での日本的経営が何であるのかを探るうえで、その対比はわたしたちの興味を引くのではあるまいか。

『七人の侍』から『荒野の七人』へのきっかけは、この日本映画を観た俳優のアンソニー・クィーンや映画製作者のルー・モーハイムがその卓越したストーリー性に興味を持ったことによる。クィーンは当時、自ら監督を務めた作品の主役俳優のユル・ブリンナーに『七人の侍』を見せたところ、ブリンナーもまたリメイクにつよい興味を示し、すでに日本からリメイク権を手にしていたモーハイムからさらにその権利を買い取り、映画化に乗り出すことになる。

だれが製作や監督に当たるかについては、裁判沙汰の紆余曲折の結果、監督・製作には『ＯＫ牧場の決闘』の監督であったジョン・スタージェスが当たり、モーハイムが共同製作者となった。侍からガンマンへと移し替える脚本についても、すんなりと決まったわけではない。主役の勘兵衛役のクリスについては、南北戦争の敗残兵の案も検討されたが、結局のところ、決定までの経緯ははっきりとはしていない。また、名誉、カネ、新たな主君への仕官の保障も全くなく、ただ白い飯が食えるという条件だけで引き受けた島田勘兵衛のような人物が米国人観客に理解されるのか。また、勘兵衛のリーダーとしての人柄だけに惚れ込んで、名誉やカネのためではなく、あとの六人が集まるのかどうかも検討されたようだ。舞台は米国の某所ではなく、最終的にはメキシコの寒村に設定された。

こうした経緯の末に制作が決定された『荒野の七人』では、『七人の侍』のように最初から用心棒を雇うというストーリー性がとられてはいない。三人の村人は舞台俳優イーライ・ウォラック演ずる盗賊の頭領カルヴェラに襲われてきた自分たちの村を守るために、村中のカネをかき集め国境の町へ出かける。銃の購入を手助けしてくれる米国人ガンマンを探すためだ。

『七人の侍』で村人たちと七人の侍を率いることになる勘兵衛との出会いは、勘兵衛が押し込み強盗の人質になった子どもを救った場面である。他方、『荒野の七人』では、白人の町でインディアンの埋葬をめぐって揉めていた場面であった。村人たちがそこで出会ったのはブリンナー演ずるクリスとスティーブ・マックィーン演じるヴィンであった。

銃の購入を望んだ村人たちであったが、「銃は高価だ。ガンマンを雇う方が安い」というクリスに説得されることになる。三人の村人たちとクリスは、彼が集めた六人のガンマンたちとともにメキシコのイスカラント村に向かうことになる。

映画キャストでは、監督ではなく主役のブリンナーが脇役たちを選んだ。二つの映画の対応キャストを比較しておこう。

七人の侍	荒野の七人
島田勘兵衛（志村喬）	クリス（ユル・ブリンナー）
片山五郎兵衛（稲葉義男）	ヴィン（スティーブ・マックイーン）
久蔵（宮口精二）	ブリット（ジェームズ・コバーン）
七郎次（加東大介）	ハリー（ブラッド・デクスター）
岡本勝四郎（木村功）	チコ（ホルスト・ブッフホルツ）
林田平八（千秋実）	ベルナルド（チャールズ・ブロンソン）
菊千代（三船敏郎）	該当せず
該当せず	リー（ロバート・ヴォーン）

米国リメイク版では、日本の封建的土壌ならではの出自を持つ菊千代や勝四郎、忠臣の鏡のような忠誠心を持つ七郎次たちを、単独の配役で捉えることは困難とみたようである。両映画のキャストの対比では、ドイツ人ホルスト・ブッフホルツが演じたメキシコ人ガンマンのチコは勝四郎だけではな

く、菊千代の性格とも重ねている。

また、ブラッド・デクスター演じるハリーも、金銭に淡白で勘兵衛の忠実な家臣であった七郎次の役どころに完全に重ねているわけでもない。ハリーはむしろ二〇ドルたらずで用心棒で雇われたものの、村人が金鉱の在り処を知っており、やがて大金にありつけると考えた山師的な人物である。日米の配役ではこのようにずれがある。このハリーは一旦村を去るものの、最終決戦に加勢するため村に戻ってくる。この設定は原作にはまったくなく、米国側が新たに付け加えている。また、賞金稼ぎで過去のトラウマに取りつかれ、常に誰かの陰に怯えているような謎めいたロバート・ヴォーン演ずるリーもまた原作にはない人物である。

盗賊の襲撃に恐れる村人たちとガンマンたちの関係は米国側も原作どおり設定している。クリスたちは村の周囲の守りを固め、村人たちに銃の使い方の訓練を施し、自分たちの村は自分たちの力で守るべきことを説く。やがて、カルヴェラは盗賊を率いて村を襲いにやってくる。

原作にないのは、村の雑貨商ソテロが戦いに巻き込まれるのを恐れて、クリスたちを裏切ったことで、七人のガンマンたちがカルヴェラたちにとらえられたことである。七人は村を去ることを条件に解放された。黒澤映画では、そうした裏切りは全く描かれてはいない。日本の農民たちは七人の侍にあくまでも忠実であった。

クリスたちは裏切られたものの、村に戻ることを決意する。戦いは激烈を極め、カルヴェラたち盗賊は全滅するが、七人のなかでハリー、ブリット、リー、ベルナルドが倒れ、ヴィンも負傷する。最後は、原作の勘兵衛と同様に、リーダー格のクリスは「本当に勝ったのは農民たちだ。俺たちじゃない」というセリフを語るシーンは全く同じである。侍の時代が終わりつつあったのと同様に、ガンマンの時代の終焉が示唆されている。

こうしてリメイクされた『荒野の七人』は米国内で上映されたものの、最初の一週間で上映中止となる映画館もあった。当初、西部劇の本場であるはずの米国ではまったく注目されなかったのである。後日、ロバート・ヴォーンなど出演者たちも、日本の侍映画が米国でリメイクされても、米国で受け入れられるはずもないと感じていたという。その後、思わぬ人気を呼んだのは欧州諸国での上映からであり、欧州でのヒットが話題となって米国でも再上映され、『荒野の七人』が一躍注目を集めたのである。さらに続編が三本もつくられるとともに、テレビ映画化されていくことになる。『荒野の七人』はようやく米国映画として米国人には知られることになる。

考えてみれば、『荒野の七人』がロバート・ヴォーンのいうように侍映画の米国版であるからヒットしなかったというよりも、その頃、米国映画市場では、イタリア制作のいわゆるマカロニウェスタン—米国ではスパゲッティ・ウェスタン—だけが物珍しさで注目されていただけで、「インディアン＝悪玉、白人＝善玉」という単純な勧善懲悪のワンパターン化した西部劇そのものが曲がり角に来ていたのである。

では、米国人などが『荒野の七人』のどこに何を見出し、そのなかで何を米国的と感じていたのか、わたしたちの興味を引く点である。『荒野の七人』が『七人の侍』のリメイク版であるだけに、わたしなどはリーダーのクリスと勘兵衛の組織編成のやり方やそのマネジメント、リーダーシップなど日米間の相異点と類似点が何であるのかというところに関心が向かう。要するに、相違点ではなく、むしろ類似点こそがその人気を呼んだのではあるまいか。

『荒野の七人』が米国で人気を呼んでからおよそ二〇年後に、日本的経営が米国などでも注目を浴びることになる。背景には、一九八〇年代以降に、日本企業の国際化が加速され、日本的経営について海外での通用性＝普遍性が問われるようになったことがあった。日本企業の系列取引、その下での長期取引慣行や内部労働市場型の長期雇用が果たして国際化した日本企業の現地法人でのマネジメント面でも通用するのかどうかが問われるようになったのである。

他方、一九九〇年代に進展した米国企業の「リエンジニアリング」や「コアコンピタンス」重視、さらには「サプライチェーン・マネジメント」などの考え方や手法による事業再編成で特徴づけられることになる米国的経営論の登場は、改めて日本的経営の本質は一体どこにあるのかという問いを浮上させた。『荒野の七人』と『七人の侍』がいまもわたしたちに示唆する点は、そのようなものではなかろうか。

こうした国民文化のあり方が冠されて、企業の経営スタイルが論じられるのは、スポーツ競技で、優勝や連続優勝したチームの勝因をめぐって展開される議論のようなものである。事業分野でトップにある企業のあり方が常に注目され、そうした事業分野で米国企業が多ければ、米国的経営論が、ドイツ企業が多ければドイツ的経営論が、将来、中国企業が多くなれば、まちがいなく中国的経営論が論議されるのである。同様の経緯で、日本的経営論も論じられてきたのである。

一九八〇年代のソニーやトヨタの興隆とゼネラルエレクトリックやゼニス、フォードやクライスラー、さらにはゼネラルモーターズの凋落は、日米経営比較論を浮上させた。だが、その後、ソニーなど日本の電気・電子機器メーカーの苦戦とサムソンの興隆やノキアの登場で、韓国経営論やフィンランド経営論が登場してきてもいるのである。

さて、日米経営論比較に戻ると、管見では、この二つの経営スタイルをシンボリックに捉えるものとして、同じ主題を扱ったこの二つの映画が取り上げられ、日本的経営の特質が米国との対比で論じられたことはそう多くないのではないかと思う。映画文化の日米比較、さらにはその先にある日米経営の比較という視覚からすれば、いくつかの検討すべき点がある。わたしなりにつぎのように整理しておこう。
(一) 組織のリーダー像─先にふれたように、名誉も一銭のカネにもならず、仕官の機会にもならないような野武士の盗賊退治に命をかけて乗り出す勘兵衛のような人物が米国の観客たちに理解されるのかどうか。この点では、日本の「白い飯」が、米国では二〇ドルのカネに置き換わっている。とはいえ、どちらのリーダーも個性あふれる専門家集団を率いる卓越したリーダーシップを持っていることにおいて、両映画とも、リーダーとリーダーシップの重要性が強調されている。
勘兵衛とクリスのストイックな性格とリーダーとしての信頼感は双方に共通している。
(二) 金銭意識─米国版では最後までカネにこだわるハリーのような人物が描かれるが、そのモデルである七郎次は金銭に淡泊で、勘兵衛への忠誠心が強い戦いのプロである。また、七郎次は五郎兵衛とともに勘兵衛の参謀役も務めている。リーダーを生かすも殺すもフォロワーの持つプロフェッショナリズムである。これも双方に共通する。

㈢　人物設定─『七人の侍』では百姓の素性を隠した菊千代は別として、六人とも個性豊かな武士である。だが、武士という社会階層は教養文化・立ち振る舞いなどにおいて共通点を有しており、そこには暗黙知的な階級社会の存在がある。勘兵衛の苦労は、侍たちとのコミュニケーションよりも、盗賊相手の戦略を練ることに集中している。他方、『荒野の七人』の主役たちはさまざまな人種を背景にしており、また、その経歴もバラバラなガンマンたちであって、クリスにはそうしたガンマンとのコミュニケーションの確立が必要となっている。この背景には、ガンマンと武士とはその社会的階層性が全く異なっていることもあろう。この点は大きな相違点である。

㈣　集団主義と個人主義─『七人の侍』では盗賊が銃─種子島─を持ち、七人の侍たちは刀や槍で立ち向かうことになり、互いに協力しなければ相手を倒すことができないことから、集団主義的な行動が目立っている。他方、銃と銃との戦いである『荒野の七人』では、チームとしての防衛ラインが明確に映像化されず、個々のガンマンの「名人芸」が映像的に印象付けられている。ガンマンたちの連携プレーは、七人の侍たちに比べて大きく劣っている。

こうしてみると、日米の比較で視覚的に目立つのは、三つめや四つめの点であって、そのほかについては日米の顕著な相異はない。二つめの金銭主義についても、米国人のガンマンがメキシコの部族間の争いに意気に感じて参加することは、きわめて無理のある設定である。だが、最初は金銭目当てであっても、ガンマンたちはそうした金銭目当ての枠を超えて、メキシコ寒村の貧しい生活をさらに貧しくさせるカルヴェラを追放しようという、ある種の社会的正義感に目覚めることになる。

そうした中で、帰る家も家族もない六人のガンマンを率いて、メキシコの寒村のために戦うことを決意させたクリスのリーダーシップは、勘兵衛のそれと甲乙つけがたい。勘兵衛もまた主君を失い、戦国の世から新しい世へと転換しつつある時代の下で展望を見い出せない六人の侍を奮い立たせ、ある種の社会的正義のために戦うことを決意させているのである。とにもかくにも、二人のリーダーシップが光っている。

後日、ユル・ブリンナーが語っているところによれば、そのようなリーダーは従来の西部劇にはない役柄であったとされた。日米という文化差を越えて、この二つの映画に共通するのは、展望のない時代においてこそ、組織の活性化にとっては革新こそが必要であり、そのためのリーダーの重要性の強調ではあるまいか。日米の差異なるものをはるかに越えて、この点を理解することが重要である。

ところで、作家の高杉良は、バブル経済崩壊後のわが国金融業界の再編を取り上げた『銀行大統合—小説みずほFG—』で、第一勧業銀行、富士銀行との統合に大きな力を尽くした日本興業銀行の黒沢洋の跡に頭取となり、統合の実務に関わることになる西村正雄が、統合に向かっての年頭挨拶を自室のパソコンに向かって打つ情景と、その締めくくりの文章をつぎのように紹介している。

「戦後の日本が失った最大のものは、自らの歴史と文化に対する誇りであると思います。サッチャー改革やレーガン改革は、究極のところアングロ・サクソンの伝統的な価値観とアイデンティティに支えられていたがゆえに成功したと言われております。ボーダレス化やグローバル化が急速に進みつつある中で、我々がグローバルなマネーセンターバンクとして再生するためには、ただ表面的に欧米の模倣をするのではなく、大きな使命感と歴史的認識をもって、『活力に溢れる日本』と言うべきものへの可能性への地に足のついた自負こそが必要ではないかと思います。……『変革と挑戦』をキーワードとして今年も大いに頑張りましょう。」

その後の日本の金融機関の迷走ぶりをみると、西村が言うように金融の自由化そのものは単にテクニカルな転換ではなく、その改革の先にあるミッションやビジョンを、トップ層が示しえなかったことにその真の原因があるのではないだろうか。

この意味では、西村のいう「アングロ・サクソンの伝統的な価値観とトップ人事がアイデンティティに支えられていた」かどうか以前に、銀行の改革は船団方式の横並び経営に慣れ、トップ人事が官僚化した行内組織で順送りされてきたなかで、自らの頭で考え抜いたビジョンなきリーダー、リーダーシップなきリーダーこそが大きな問題ではなかったろうか。

組織は常に革新されなければならず、それにはプロフェッショナリズムを持った侍やガンマンが必要であり、それ以上にこの七人の侍とガンマンたちの物語は、そうした人材たちを束ねるリーダーの重要性を示している。だからこそ、この二つの物語は映画史に長く名をとどめることになったのである。

あとがき

人は周囲環境の影響を大きく受ける。社会科学系の研究者は、多くの場合、研究だけに専念して生活しているわけではない。むろん、実質上、そのようなことだけが許された学者や研究者もいるにちがいない。だが、そうした事例は稀である。多くの研究者はどこかでなんらかのかたちで教鞭をとっているのである。

そうした研究者のなかには、「わたしは教員ではなく研究者だ」と堂々と主張する人もいることはいる。他方、「わたしは研究者ではなく教員だ」と遠慮がちに言う人もいる。だが、前者が教え下手で、後者が教え上手であるとは限らない。研究を生き生きと続け、その教え手として学生たちを知の世界へと導く先導者として活躍する両刀使いの人たちだっている。

とりわけ、自然科学と異なって、社会科学の場合、それは教えることを前提にして成り立っている、と少なくともわたしは思ってきたし、また、いまも強く思っている。必然、対象が誰であるかによって、この教えることとの作用・反作用は異なる。ここで私事にふれる。

大学に大学以外の場から移って、最初の一〇年間は職業体験などほとんどもたない学部学生相手に経済学と経営学を論じてきた。そのあとの一〇年間では夜間の社会人大学院―ビジネススクール―で教鞭をとることが付け加わった。この変化はわたしには実に大きかった。要するに、教えることとの作用より反作用が遥かに大きい時空がそこにあったからだ。

　つまり、わたしにとってそのような二つの異なる時空は、これから日本の企業社会に飛び出す前の若者たち学部生、そしてそのような社会で一〇年近くあるいは二〇年近く時を重ねてきた社会人の意識の違いを感じ、分析し、これからの日本の企業社会のあり方を予測しうる場であったたし、いまもそうあり続けている。

　多くの人は何らかの組織で時を重ね歳をとる。こうした組織には、役所も含まれる。そうした組織に属することが安定と考え、そこへの帰属を強く望む人たちも多い。だが、ほとんどの人たちは民間組織に属する人生を送る。自らの人生を五度も変え、江戸時代から昭和時代へと生き抜いた渋沢栄一は、一生をかけて日本社会に強く根付いた「官尊民卑」の風を正すことに生涯を費やしたといってよい。

　しかしながら、江戸期の士農工商という地中深く埋め込もれたパイルの上に築かれた堅固な建造物のように日本社会に深く根づいた「官尊民卑」の風は容易に改まらず、不況の度に「民間活力」という言葉の強調の割にはどこかよそよそしい感じが改まらない。

　そして、ベンチャーや新産業創造などが強調される。そのようなことが官から強調されること自体、その根底にこの国の経済風土の白々しさと未成熟さがある。経済産業省発ベンチャーや財務省発ベンチャー、自治省発コミュニティービジネスの簇生があってしかるべきで、そこに本来的な意味での「官尊民卑」是正のモーメントがあるのである。

さて、わたし自身は渋沢栄一のように五度も人生を変えたわけではない。それでも、「民」・「官」・「学」という三つの職業領域を経験してきた。最後の学については歴史―産業史―をやりたくて大学に移り、結局のところ、中小企業政策史に関する専門書を多く書いた。だが、やがて学生たちと接するうちにわたしの関心は再びいまの時代、そしてこれからの時代に向かっていった。さらに、経済学から経済社会学に自分の専門領域が移るうちに、個人というミクロ単位と経済や社会というマクロ単位の中間にある組織に興味が向かっていった。

そうしたなかで、経済学的な組織分析はともかくとして、経営学的な組織分析中心の研究論文などに目を通すうちに、そうした論文や著作は現実の組織に関わるなにかを伝えていないと感じることも多かった。つまり、それは組織研究においては、理論的な論文と実際の組織のありかたを伝えるノンフィクションの間にこそ、本質的な領域があるのではないかという感じなのである。すくなくとも、わたしは経営組織などを研究しているなかで強く感じるようになった。

ところで、銀行員出身の作家山田智彦（一九三六～二〇〇一）は、城山三郎の山陽特殊鋼をモデルとして、創業経営者の「あくの強さと意思の強さが起業を大きく発展させる」反面、そうしたバイタリティーが同時にその企業を破綻させもする倒産劇を取り上げた『当社別状なし』（文春文庫版）の「解説」で、城山三郎の作品がいまも読み継がれている背景と理由についてつぎのように指摘している。

「世の中の混迷が大きくなればなるほど、小説に情報としての役割を求める読者が増えてくる。が、単に情報だけが氾濫しているのなら、新聞や綜合雑誌やノンフィクションでこと足りるわけである。つまり、ノンフィクションを読んだだけではあき足りない何か、人間の喜怒哀楽や感情の機微のデティールについての深い洞察を、読者は求めているのである。最近になって、小説が衰微しているというような論議をよく耳にするが、これは読者がたんなるノベルに飽き足らなくなっている事情をよく物語っている。フィクションだけでも、ノンフィクションだけでも、読者は満足しない。フィクションなのか、ノンフィクションなのか、などという分類を必要としない。……読者にその種の分類を思いつかせない小説が、もっとも歓迎される小説なのではなかろうか。城山三郎氏がそうした小説の数少ない書き手の一人である。……」

考えてみれば、わたしが城山三郎などの作品をよく読んでいたのは、企業や役所という組織に帰属しはじめた若いころと、中間管理職世代となって上と下に挟まれて組織の条理・不条理がようやく分かってきたころではなかったか。城山三郎あたりの作品を読みつくすと、本書でもよく取り上げた高杉良あたりに向かうのがわたしの世代ではなかったろうか。いまの世代では、真山仁などあたりがよく読まれているのかもしれない。

そうした作品は、学者や研究者ではなく銀行という実際の組織に長くいた山田が言うように、人と事業との関係を扱ったノンフィクションでもなくフィクションでもない、あるいは理論書でもなければ実用書ではない組織論ではなかろうか。こうしたことを意識しながら、本書では人と事業を論じたが、実際には組織という人の織りなすビジネス原論となった。

結局のところ、経営学とはビジネスを目的とする組織の人間に関わる原論なのである。本書の執筆中に、東北地方を中心とした地震・津波災害とともに、東京電力福島第一原子力発電所の大事故があった。いまようやくその大事故の原因について解明されつつあるが、その最大原因は技術的問題をはるかに越えて、わが国の原子力行政のあり方と東京電力など電力会社という大組織の問題に収斂しつつある。その後、わが国の原子力発電所の検査と再稼働をめぐっていろいろな問題が起きた。

いままでも、原子力発電所の事故については、大きな事故だけが報道されている。だが、大きな一つの事故の背後に一九の中事故、三〇〇の小事故があるとしたハインリッヒの法則の通り、そのような事故を隠蔽して、それを反社会的行為であるとさえ感じることがなかった電力会社の閉鎖的な体質が、改めて問題視されるにいたっている。

そうした折に、電力会社が検査中の原子力発電所の再稼働をめぐって政府開催の説明会へ、それを容認する電子メールやファックスを送るように指示した経営幹部等の「やらせメール」問題が明らかになった。この電力会社の三〇年以上にわたる株主であるわたしは、同社の株主からの問い合わせメール受付に、一株主であり大学で経営倫理について講義をしている旨の氏素姓をきちんと明らかにしたうえで、今回の「やらせメール」について説明を求めるきわめて抑制の効いた丁重な電子メールを送ったこともあった。

その企業にかぎらず、現在多くの企業のウェブサイトには企業の社会的責任についての美しい文章が掲載されている。今回の事故を通じて日本企業の組織のあり方をこれからも問うことが、経営理論史な「経営」学ではなく、世界に通用する生きた日本「経営」学の発展に繋がることをあらためて確認できたように思われる。
本書の発行については、税務経理協会の新堀博子さんにいろいろとお世話をおかけした。心から感謝申し上げたい。

二〇一二年二月

寺岡　寛

参考文献

【あ】

石井　勝『海軍兵学校に学んだ指揮官経営学』元就出版社、二〇〇六年
井上太郎『へこたれない理想主義者―大原総一郎―』講談社、一九九三年
板倉光馬『あゝ伊号潜水艦―海に生きた強者の青春記録―』光人社、二〇〇九年
伊東光晴『日本の経済風土』日本評論社、一九七八年
伊丹敬之『イノベーションを興す』日本経済新聞出版社、二〇〇九年
生出　寿『作戦参謀辻正信―ある辣腕参謀の罪と罰―』光人社、二〇〇三年
　同　『悪魔的作戦参謀辻正信―稀代の風雲児の罪と罰―』光人社、二〇〇七年
岩瀬達哉『血族の王―松下幸之助とナショナルの世紀―』新潮社、二〇一一年
ウォード、キングスレイ（城山三郎訳）『ビジネスマンの父より　息子への三〇通の手紙』新潮社、一九九四年
内田　樹『日本辺境論』新潮社、二〇〇九年
大西康之『三洋電機　井植敏の告白』日経ＢＰ社、二〇〇六年
小川守正・上村多恵子『平生釟三郎―暗雲に蒼空を見る―』ＰＨＰ研究所、一九九九年
奥村　宏『会社はなぜ事件を繰り返すのか―検証・戦後社会史―』ＮＴＴ出版、二〇〇四年
小倉寛太郎・佐高信『組織と人間』角川書店、二〇〇九年
小倉昌男『小倉昌男経営学』日経ＢＰ社、一九九九年

【か】

加藤敏春『創業力の条件―チャンスに満ちたマイクロビジネスの時代へ―』ダイヤモンド社、一九九九年
金谷治訳注『新訂・孫子』岩波書店、二〇〇〇年
ガルブレイス、ジョン・ケネス（都留重人他訳）『新しい産業国家』河出書房新社、一九七二年
菊澤研宗『組織は合理的に失敗する―日本陸軍に学ぶ不条理のメカニズム―』日本経済新聞出版社、二〇〇九年
衣川　恵『日本のバブル』日本経済評論社、二〇〇二年
ギル、マイケル・ゲイツ（月沢李歌子訳）『ラテに感謝―転落エリートの私を救った世界最高の仕事―』ダイヤモンド社、二〇一〇年
久保田章市『百年企業―生き残るヒント―』角川SSコミュニケーションズ、二〇一〇年
クランプ、ジョン（渡辺雅男・洪哉信訳）『日経連―もうひとつの戦後史―』桜井書店、二〇〇六年
クルユ、ミカ（末延弘子訳）『オウルの奇跡―フィンランドのITクラスター地域の立役者達―』新評論、二〇〇八年
ケリー、トム・リットマン、ジョナサン（鈴木主税・秀岡尚子訳）『発想する会社―世界最高のデザイン・ファームIDEOに学ぶイノベーションの技法―』早川書房、二〇〇二年
小谷敏・土井隆義・芳賀学・浅野智彦編『若者の現在・労働』日本図書センター、二〇一〇年
ゴーラー、ジェフリー（福井七子訳）『日本人の性格構造とプロパガンダ』ミネルヴァ書房、二〇一一年
ゴールドマン、ダニエル（土屋京子訳）『こころの知能指数』講談社、一九九八年

【さ】

斎藤　寛『鉄の棺―最後の日本潜水艦―』光人社、二〇〇四年

佐木隆三『高炉の神様―宿老・田中熊吉伝―』文藝春秋、二〇〇七年
作道洋太郎『関西企業経営史の研究』御茶の水書房、一九九七年
佐貫亦男『不安定からの発想』講談社、二〇一〇年
佐野眞一『カリスマ―中内功とダイエーの「戦後」―』（上・下）新潮社、二〇〇一年
白州次郎『プリンシプルのない日本』新潮社、二〇〇六年
城山三郎『鼠―鈴木商店焼打ち事件―』文藝春秋、一九七五年
同　『価格破壊』角川書店、一九七五年
同・伊藤肇『対談・サラリーマンの一生―管理社会を生き通す―』角川書店、一九八六年
同　『勇者は語らず』新潮社、一九八七年
同　『わしの眼は十年先が見える―大原孫三郎の生涯―』新潮社、一九九七年
同　『当社別状なし』文芸春秋、二〇一〇年
同　『運を天に任すなんて―人間・中山素平―』新潮社、二〇〇三年
菅山真次『「就社」社会の誕生―ホワイトカラーからブルーカラーへ―』名古屋大学出版会、二〇一一年
炭本昌哉『デフレ・自由化時代―市場メカニズムの展開と限界―』日本経済評論社、一九九七年
盛山和夫『経済成長は不可能なのか―少子化と財政難を克服する条件―』中央公論新社、二〇一一年

【た】
田尾雅夫『企業小説に学ぶ組織論入門』有斐閣、一九九六年
高橋伸夫『経営の再生―戦略の時代・組織の時代―』有斐閣、一九九五年
高原基彰『現代日本の転機―「自由」と「安定」のジレンマ―』日本放送出版協会、二〇〇九年

参考文献

ダガン、ウィリアム（杉本希子・津田夏樹訳）『戦略は直観に従う―イノベーションの偉人に学ぶ発想の法則―』東洋経済新報社、二〇一〇年
竹内常善・阿部武司・沢井実編『近代日本における企業家の諸系譜』大阪大学出版会、一九九六年
高杉　良『懲戒解雇』講談社、一九八五年
同『労働貴族』講談社、一九八六年
同『広報室沈黙す』（上・下）講談社、一九八七年
同『銀行人事部』徳間書店、一九九二年
同『濁流―企業社会・悪の連鎖―』（上・下）講談社、一九九六年、
同『指名解雇』講談社、一九九九年
同『辞表撤回』講談社、二〇〇〇年
同『勇気凛々』角川書店、二〇〇〇年
同『銀行大統合―小説みずほＦＧ―』講談社、二〇〇四年
同『小説ザ・外資』講談社、二〇〇四年
同『燃ゆるとき』角川書店、二〇〇五年
同『ザ・エクセレントカンパニー―新・燃ゆるとき―』角川書店、二〇〇五年
同『不撓不屈』（上・下）新潮社、二〇〇六年
同『濁流―企業社会・悪の連鎖―』（上・下）徳間書店、二〇〇八年
同『炎の経営者』文藝春秋、二〇〇九年
同『暗愚たる覇者―小説・巨大生保―』（上・下）新潮社、二〇〇九年
同『反乱する管理職』講談社、二〇〇九年

参考文献

同　『会社蘇生』新潮社、二〇一〇年
同　『(新装版)虚構の城』講談社、二〇一〇年
同　『生命燃ゆ』徳間書店、二〇一〇年
同　『(新装版)大逆転—小説三菱・第一銀行合併事件—』講談社、二〇一〇年
同　『スピンアウト・大脱走』新潮社、二〇一一年
田中祐二・小池洋一編『地域経済はよみがえるか—ラテン・アメリカの産業クラスターに学ぶ—』新評論、二〇一〇年
玉岡かおる『天涯の船』(上・下)新潮社、二〇〇五年
同　『お家さん』(上・下)新潮社、二〇一〇年
多摩川精機・社史編纂委員会『多摩川精機六〇年史』多摩川精機株式会社、一九九八年
千早正隆『日本海軍の戦略発想—敗戦直後の痛恨の反省—』プレジデント社、一九八二年
鄭　賢淑『日本の自営業層—階層的独自性の形成と変容—』東京大学出版会、二〇〇二年
土屋喬雄『日本経営理念史』麗澤大学出版会、二〇〇二年
徳川宗英『江田島海軍兵学校—究極の人間教育—』講談社、二〇〇六年
戸高一成『聞き書き日本海軍史』PHP研究所、二〇〇九年
同　編『「証言録」海軍反省会』PHP研究所、二〇〇九年
ドラッカー、ピーター(牧野洋訳・解説)『知の巨人ドラッカー自伝』日本経済新聞出版社、二〇〇九年
手塚正己『凌ぐ波濤—海上自衛隊をつくった男たち—』太田出版、二〇一〇年

【な】
中岡哲郎編『戦後日本の技術形成—模倣か創造か—』日本経済評論社、二〇〇二年
楡　周平『異端の大義』（上・下）新潮社、二〇〇九年
丹羽　清『イノベーション実践論』東京大学出版会、二〇一〇年
野中郁次郎監修・東京電力技術開発研究所ヒューマンファクターグループ編『組織は人なり』ナカニシヤ出版、二〇〇九年

【は】
バイグレイブ、ウィリアム、ザカラキス、アンドリュー（高橋徳行・田代泰久・鈴木正明訳）『アントレプレナーシップ』日経BP社、二〇〇九年
ピーター、ローレンス・ハル、レイモンド（渡辺伸也訳）『ピーターの法則—創造的無能のすすめ—』ダイヤモンド社、二〇〇三年
平間洋一他『今こそ知りたい江田島海軍兵学校—世界に通用する日本人を育てたエリート教育の原点—』新人物往来社、二〇〇九年
ビルダール、サンドラ・トラビス（今村寿宏訳）『合衆国海軍兵学校—アナポリスの一日—』かや書房、二〇〇四年
福間良明『「戦争体験」の戦後史—世代・教養・イデオロギー—』中央公論新社、二〇〇九年
古川栄一『経営学通論（三訂版）』同文舘、一九七四年
法政大学産業情報センター・宇田川勝編『ケースブック・日本の企業家活動』有斐閣、一九九九年
保坂正康『敗戦前後の日本人』朝日新聞社、一九八九年

堀江邦夫『原発労働記』講談社、二〇一一年
ホワイト、ウィリアム（岡部慶三・藤永保訳）『組織のなかの人間―オーガニゼーション・マン―』（上）東京創元社、一九五九年

【ま】

ましこ・ひでのり『ことばの政治社会学』三元社、二〇〇二年
松田公太『すべては一杯のコーヒーから』新潮社、二〇〇二年
真山　仁『虚像（メディア）の砦』講談社、二〇〇七年
同『マグマ』角川書店、二〇〇九年
同『ベイジン』（上・下）幻冬舎、二〇一〇年
溝端佐登史・小西豊・出見世信之編『市場経済の多様化と経営学―変わりゆく企業社会の行方―』ミネルヴァ書房、二〇一〇年
三戸　公『公と私』未来社、一九七六年
同『「家」としての日本社会』有斐閣、一九九四年
同『会社ってなんだ―日本人が一生すごす「家」―』文眞堂、一九九一年
同『科学的管理の未来―マルクス、ウェーバーを超えて―』未来社、二〇〇〇年
宮田由紀夫『アメリカのイノベーション政策―科学技術への公共投資から知的財産化へ―』昭和堂、二〇一一年
宮本又次『大阪商人』講談社、二〇一〇年
宮本又郎『企業家たちの挑戦』中央公論新社、一九九九年
ミルズ、ホワイト（鈴木　広訳）『社会学的創造力』紀伊国屋書店、一九六五年
同（杉　政考訳）『ホワイト・カラー―中流階級の生活探求―』東京創元社、一九七一年

森岡孝二編『格差社会の構造―グローバル資本主義の断層―』桜井書店、二〇〇七年
森川英正『トップ・マネジメントの経営史―経営者企業と家族企業―』有斐閣、一九九六年
森田松太郎・杉之尾宜生『撤退の本質―いかに決断されたのか―』日本経済新聞出版社、二〇一〇年
藻谷浩介『デフレの正体―経済は「人口の波」で動く―』角川書店、二〇一〇年

【や】
山崎豊子『暖簾』新潮社、一九六〇年
同　『沈まぬ太陽』(一)~(五) 新潮社、二〇〇一年
読売新聞社会部編『会長はなぜ自殺したのか―金融腐敗=呪縛の検証―』新潮社、二〇〇〇年
同　『会社がなぜ消滅したのか―山一證券役員たちの背信―』新潮社、二〇〇一年

【ら】
ライシュ、ロバート(雨宮寛・今井章子訳)『暴走する資本主義』東洋経済新報社、二〇〇八年

【わ】
渡辺銕蔵『自滅の戦い』中央公論社、一九八八年

＊　小説などについては、入手しやすい文庫本を挙げている。

[ら 行]

人名索引

[あ　行]

[か　行]

[さ　行]

事項索引

著者紹介

寺岡　寛（てらおか　ひろし）
1951年神戸市生まれ
中京大学教授，経済学博士

主　著

『アメリカの中小企業政策』信山社，1991年
『アメリカ中小企業論』信山社，1994年，増補版，1997年
『中小企業論』（共著）八千代出版，1996年
『日本の中小企業政策』有斐閣，1997年
『日本型中小企業―試練と再定義の時代―』信山社，1998年
『日本経済の歩みとかたち―成熟と変革への構図―』信山社，1999年
『中小企業政策の日本的構図―日本の戦前・戦中・戦後―』有斐閣，2000年
『中小企業と政策構想―日本の政策論理をめぐって―』信山社，2001年
『日本の政策構想―制度選択の政治経済論―』信山社，2002年
『中小企業の社会学―もうひとつの日本社会論―』信山社，2002年
『スモールビジネスの経営学―もうひとつのマネジメント論―』信山社，2003年
『中小企業政策論―政策・対象・制度―』信山社，2003年
『企業と政策―理論と実践のパラダイム転換―』（共著）ミネルヴァ書房，2003年
『アメリカ経済論』（共著）ミネルヴァ書房，2004年
『通史・日本経済学―経済民俗学の試み―』信山社，2005年
『中小企業の政策学―豊かな中小企業像を求めて―』信山社，2005年
『比較経済社会学―フィンランドモデルと日本モデル―』信山社，2006年
『起業教育論－起業教育プログラムの実践―』信山社，2007年
『スモールビジネスの技術学－Engineering & Economics－』信山社，2007年
『逆説の経営学―成功・失敗・革新―』税務経理協会，2007年
『資本と時間―資本論を読みなおす―』信山社，2007年
『経営学の逆説―経営論とイデオロギ――』税務経理協会，2008年
『近代日本の自画像―作家たちの社会認識―』信山社，2009年
『学歴の経済社会学―それでも，若者は出世をめざすべきか―』信山社，2009年
『指導者論―リーダーの条件―』税務経理協会，2010年
『市場経済の多様化と経営学―変わりゆく企業社会の行方―』（共著）ミネルヴァ書房，2010年
『アジアと日本―検証・近代化の分岐点―』信山社，2010年
『アレンタウン物語―地域と産業の興亡史―』税務経理協会，2010年
『イノベーションの経済社会学―ソーシャル・イノベーション論―』税務経理協会，2010年
『巨大組織の寿命―ローマ帝国の衰亡から学ぶ―』信山社，2011年
『タワーの時代―大阪神戸地域経済史―』信山社，2011年
Economic Development and Innovation: An Introduction to the History of Small and Medium-sized Enterprises and Public Policy for SME Development in Japan, JICA, 1998
Small and Medium-sized Enterprise Policy in Japan: Vision and Strategy for the Development of SMEs, JICA, 2004

著者との契約により検印省略

平成24年3月20日　初版第1刷発行

経営学講義
－世界に通じるマネジメント－

著　者　寺　岡　　寛
発行者　大　坪　嘉　春
印刷所　税経印刷株式会社
製本所　牧製本印刷株式会社

発行所　〒161-0033　東京都新宿区下落合2丁目5番13号　株式会社 税務経理協会
振替　00190-2-187408　電話（03）3953-3301（編集部）
FAX（03）3565-3391　（03）3953-3325（営業部）
URL　http://www.zeikei.co.jp/
乱丁・落丁の場合は，お取替えいたします。

ISBN978-4-419-05809-8　C3034